职业院校机电类专业中高职衔接系列教材（中职）

机电产品营销实务

主　编　李习伟　侯守军

副主编　吴宇琴

参　编　蒋国银　魏远斌　陈雪飞

季梦兰　张道平

西安电子科技大学出版社

内 容 简 介

本书是职业院校机电一体化技术(机电技术应用)专业中高职衔接“十三五”规划教材，是按照职业教育教学改革要求，结合湖北省职业院校中高职衔接机电一体化技术(机电技术应用)专业教学标准及课程要求编写的。

本书主要内容包括机电产品市场营销概述、机电产品市场分析、机电产品发展策略、机电新产品开发、机电产品价格策略、机电产品用户购买行为分析、机电产品市场营销策略、机电产品国际市场营销和机电产品的电子商务与网络营销。

本书可作为机电技术应用、工业机器人技术和电子技术应用等相关专业教材，也可作为相关行业从业人士的业务参考及培训用书。

图书在版编目(CIP)数据

机电产品营销实务 / 李习伟，侯守军主编. —西安：西安电子科技大学出版社，2020.3
(2023.2 重印)
ISBN 978-7-5606-5504-8

Ⅰ. ① 机…　Ⅱ. ① 李…　② 侯…　Ⅲ. ① 机电设备—工业产品—市场营销学
Ⅳ. ① F764.4

中国版本图书馆 CIP 数据核字(2019)第 251921 号

策　　划　秦志峰　杨丕勇
责任编辑　秦志峰
出版发行　西安电子科技大学出版社(西安市太白南路 2 号)
电　　话　(029)88202421　88201467　　　邮　　编　710071
网　　址　www.xduph.com　　　电子邮箱　xdupfxb001@163.com
经　　销　新华书店
印刷单位　广东虎彩云印刷有限公司
版　　次　2020 年 5 月第 1 版　2023 年 2 月第 2 次印刷
开　　本　787 毫米×1092 毫米　1/16　印张 13
字　　数　298 千字
印　　数　2001～3000 册
定　　价　32.00 元
ISBN　978-7-5606-5504-8 / F
XDUP 5806001-2

职业院校机电类专业中高职衔接系列教材（中职）

编审专家委员会名单

主　任　黄邦彦(武汉船舶职业技术学院　院长、教授)

副主任　章国华(武汉船舶职业技术学院　副教授)

张道平(湖北信息工程学校　高级讲师)

易法刚(武汉市东西湖职业技术学校　高级讲师)

程立群(武汉市电子信息职业技术学校　高级讲师)

杨亚芳(武汉市仪表电子学校　高级讲师)

周正鼎(武汉机电工程学校　讲师)

编委委员　(委员按照姓氏拼音顺序排列)

毕红林(武汉市东西湖职业技术学校)

程立群(武汉市电子信息职业技术学校)

贺志盈(武汉机电工程学校)

侯守军(湖北信息工程学校)

李碧华(宜都市职业教育中心)

李世发(宜都市职业教育中心)

李习伟(湖北信息工程学校)

刘伦富(湖北信息工程学校)

罗文彩(武汉市仪表电子学校)

邵德明(湖北城市职业学校)

沈　阳(武汉机电工程学校)

杨亚芳(武汉市仪表电子学校)

杨成锐(宜城市职业高级中学)

易法刚(武汉市东西湖职业技术学校)

张道平(湖北信息工程学校)

张凤姝(宜昌机电工程学校)

周正鼎(武汉机电工程学校)

前　言

本书主要介绍机电产品市场营销的基本知识、机电产品市场分析、机电产品发展策略、机电新产品开发、机电产品价格策略、机电产品用户购买行为分析、机电产品市场营销策略，以及机电产品国际市场营销和机电产品的电子商务与网络营销等知识，重点在于培养学生的机电产品营销能力。

本书在编写过程中力求体现以下特色：

(1) 执行新标准。本书依据教育部于2014年颁布的《中等职业学校机电技术应用专业教学标准》和2016年制定的《湖北省职业院校机电一体化技术(机电技术应用)专业教学标准》及课程要求，配合营销师国家职业标准中的营销员(四级/中级)岗位需求编写。

(2) 体现新模式。本书按照职业教育“理实一体化”的教改模式编写，重点突出机电产品营销的真实过程，以案例法的教学形式来体现职业教育特色。

(3) 强化针对性。本书主要针对机电产品营销的应用加以阐明，其中所列机电产品营销案例，可帮助学生更好适应机电产品营销岗位环境。

(4) 突出简洁性。本书注重对机电产品营销技能的培养，简要阐述了市场营销理论。

本书由湖北信息工程学校李习伟、侯守军主编，荆门职业学院吴宇琴为副主编。湖北信息工程学校的李习伟编写了项目一、项目二，十堰职业技术(集团)学校的蒋国银编写了项目三，宜都职教中心的魏远斌编写了项目四，荆门职业学院的陈雪飞编写了项目五，荆门职业学院的季梦兰编写了项目六，荆门职业学院的吴宇琴编写了项目七，湖北信息工程学校的侯守军、张道平编写了项目八、项目九。

湖北省电子电气教学指导委员会的黄邦彦教授对本书内容进行了审阅并提出了许多宝贵意见，本书的编写也得到了湖北楚大机电设备有限公司的大力支持，在此一并表示衷心的感谢。同时还要感谢本书所参考的一些教材和论著的作者。

由于编者水平有限，书中难免有疏漏，恳请读者批评指正。

编　者

2019年12月

目　录

项目一　机电产品市场营销概述

【项目导航】

市场营销学是研究产品的生产经营和销售规律的科学。任何一个现代企业的生存和发展，甚至一个国家经济的发展，都离不开市场营销。市场营销学是一门哲理性、社会性、技术性、艺术性和实践性互相兼容的应用性学科，其应用已延伸到社会学、政治学、人际关系学等许多领域，远远超过了营销学的范畴。

本项目在介绍市场营销基本知识的基础上，以机电产品作为研究对象，介绍机电产品的营销理论和方法。通过学习，要求掌握市场及市场营销的基本概念与特征，包括市场营销观念及其演变过程、市场营销活动所涉及的基本要点；了解市场营销研究的主要内容与方法。

【案例导入】

案例 1-1　两个推销员

两家鞋业制造公司分别派出了一个推销员去开拓市场，他们一个叫杰克逊，一个叫板井。

在同一天，他们来到了南太平洋的一个岛国。他们发现当地人全都赤足，从国王到贫民，从僧侣到贵妇，竟然无人穿鞋。

当晚，杰克逊向总部拍了一封电报：“上帝呀，这里的人从不穿鞋，有谁还会买鞋？我明天就回去。”

板井也向公司总部拍了一封电报：“太好了！这里的人都不穿鞋。我决定把家搬来，在此长期驻扎下去！”两年后，这里的人都穿上了鞋……

营销启示：许多人常常抱怨难以开拓新市场，其实新市场就在面前，问题是怎样发现这个市场。

知识点 1　市场与市场营销概念

机电产品营销是市场营销的一个重要分支，接近于工业品营销的范畴，但与工业品营销又有所区别，它不包括工业品(初级产品和工业制成品)范围中的工业初级产品(主要是原材料，如矿产品、钢材、建材、纺织纤维等)的营销。

机电产品营销是制造商(企业)与制造商(企业)、组织、结构、政府等市场间的营销，也可以称为制造商(企业)间的营销。

一、市场

从经济学的观点来讲，市场的概念可以分为狭义和广义两种。

1. 狭义的市场

狭义的市场是指在一定的时间、一定的地点买卖商品的场所。这一概念反映了以商品交换为市场活动中心内容及其表现的时间和空间，但没有反映出交换活动所体现的经济关系。

2. 广义的市场

广义的市场是指一定经济范围内商品交换活动所反映的各种经济关系和经济现象的总和。这种关系主要表现为供给与需求的关系。因此，广义的市场概念所指的不是特定的买卖场所，而是指供求双方的关系。

3. 市场的构成因素

市场的构成一般具备以下三个因素：市场上存在买方和卖方；买方有购买力和购买的欲望，卖方有可供交换的商品；具备买卖双方都能够接受的交换价格及其他条件。

市场的三个构成因素是相互制约、缺一不可的，只有三者结合起来才能构成现实的市场，才能决定市场的规模和容量。例如，如果一个国家或地区人口众多，但收入水平很低，购买力有限，则不能构成容量很大的市场；又如，购买力虽然很大，但人口很少，也不能成为很大的市场。只有人口既多，购买力又强，才能成为一个有潜力的大市场。但是，对销售者来说，如果产品不满足需要，不能引起人们的购买欲望，仍然不能成为现实的市场。

总之，市场是上述三个因素的统一。市场是指具有特定需要和欲望，而且愿意并能够通过交换来满足这种需要或欲望的全部潜在顾客。因此，市场的大小取决于那些有某种需要，并拥有使别人感兴趣的资源，同时愿意以这种资源来换取其需要的人数。

在现代社会，任何组织、个人都不能离开市场而存在。作为营销活动主体的企业(制造商)，在其经营活动中可能会涉及以下一些类型的市场，如消费者市场、中间商市场、资源市场、政府市场等。在市场营销中，一般将个人购买者称为消费者。生活中的每个人都是消费者，消费者需要购买和使用各种各样的生活消费品，就反映了这种最基本的买卖关系。简单的市场结构如图 1-1 所示。当然，现实经济社会中的市场结构是十分复杂的，复杂的市场结构如图 1-2 所示。

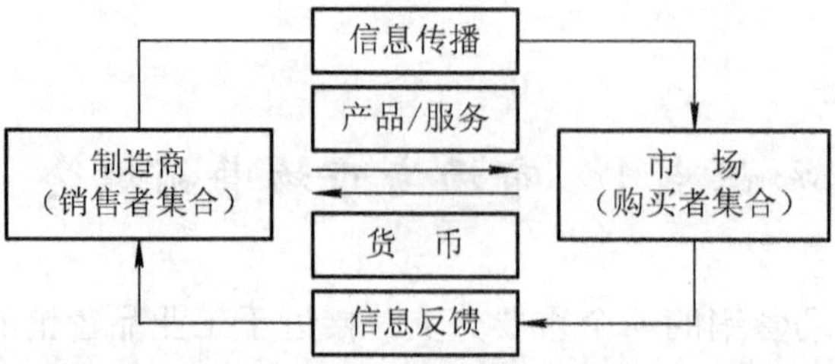

图 1-1　简单的市场结构图

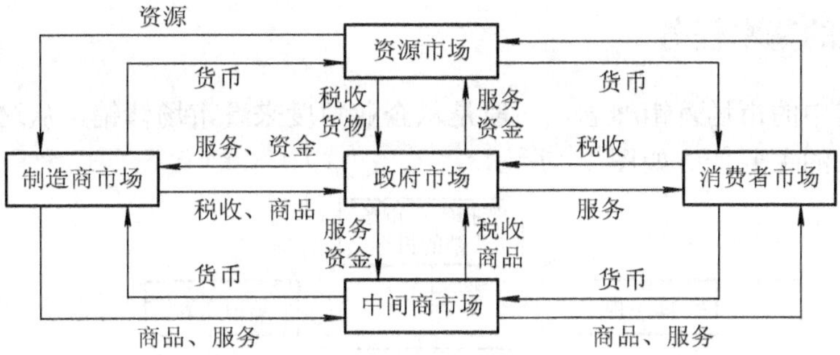

图 1-2　复杂的市场结构图

二、市场营销

西方市场营销学者从不同角度，用发展的观点，给出了市场营销的不同定义。

麦卡锡于 1960 年对微观市场营销下的定义是：市场营销“是企业经营活动的职责，它将产品及劳务从生产者直接引向消费者或使用者，以便满足顾客需求及实现公司利润”。

美国市场营销协会(AMA)于 1985 年给出了市场营销更完整和全面的定义：市场营销“是对思想、产品及劳务进行设计、定价、促销及分销的计划和实施的过程，从而产生满足个人和组织目标的交换”。这一定义比前面的诸多定义更为全面和完善。

2013 年，美国市场营销协会再次更新了市场营销的概念：营销就是创造、沟通、交付和交换对顾客、客户、合作伙伴以及社会有价值的市场供应物的活动、系列制度和过程。

美国市场营销学家菲利普·科特勒教授在早期对市场营销的解释得到了广泛的认同，市场营销是个人或组织通过创造并同他人交换产品和价值以满足需求和欲望的一种社会过程和管理过程。市场营销含义的要点归纳如图 1-3 所示。

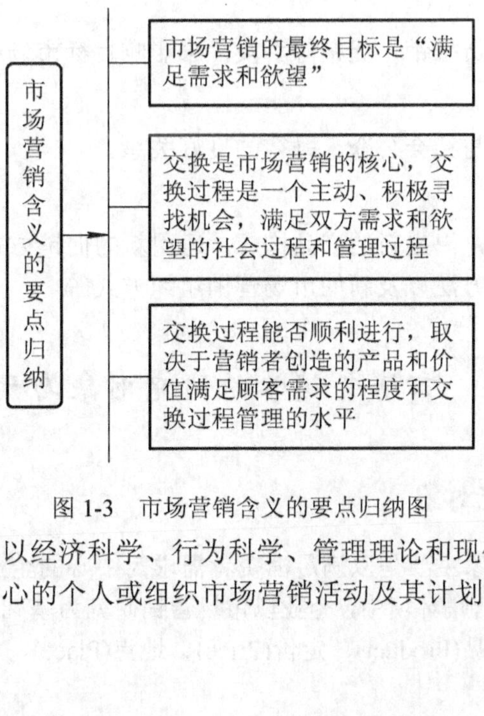

图 1-3　市场营销含义的要点归纳图

市场营销学则是一门以经济科学、行为科学、管理理论和现代科学技术为基础，来研究以满足消费者需求为中心的个人或组织市场营销活动及其计划、组织、执行、控制的应用科学。

三、市场营销的基本任务

市场营销学中的市场营销概念，一般是从企业角度来看市场营销，从这点出发，企业市场营销应完成的主要任务如图 1-4 所示。

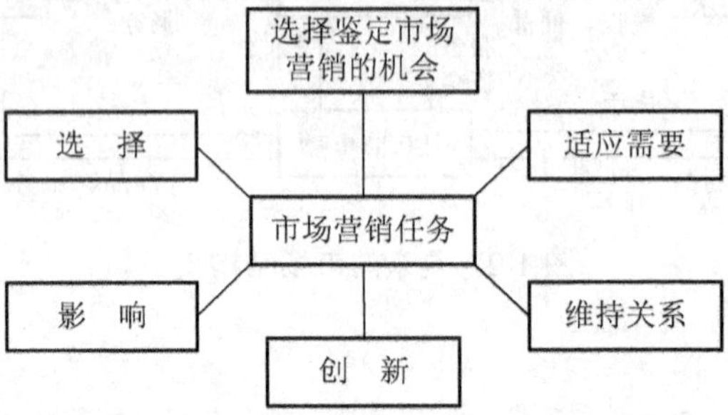

图 1-4　市场营销应完成的主要任务

1. 选择鉴定市场营销的机会

选择鉴定市场营销的机会是指运用市场研究的方法，通过对市场环境的分析，例如对政治环境、经济环境、社会环境、文化环境、科技环境、竞争环境的分析，来识别目前未满足的需求和欲望，估计和确定需求量的大小，选择企业最好的目标市场，即为企业选择营销机会，这是市场营销的首要任务。

2. 适应需要

适应需要是指企业要考虑如何根据企业的资源适应目标市场的需要。

3. 选择

选择即选择适合的产品、适当的价格、适当的销售渠道，为目标市场服务。

4. 影响

影响即通过广告、人员推销、促销等手段，来影响目标市场中顾客的需要。

5. 维持关系

维持关系即维持企业与社会公众、顾客的良好关系。

6. 创新

创新是指发展新技术，提出新的产品构想，运用新的促销方式、新的销售渠道、新的定价方法、新的市场研究方法以及新的市场营销组织方式等。

知识点 2　市场营销学的研究对象与研究内容

一、市场营销学的研究对象

市场营销学的研究对象主要是以满足消费者需求为中心的企业市场营销活动过程及其规律性，即在特定的市场营销环境中，企业以市场营销研究为基础，为满足消费者现实和潜在的需要，所实施的以产品(Product)、定价(Price)、地点(Place)、促销(Promotion)为主要内容的市场营销活动过程及其客观规律性。市场营销学的研究对象如图 1-5 所示。

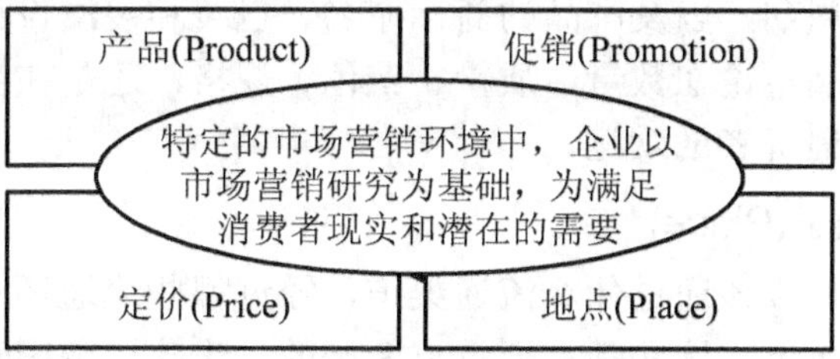

图 1-5 市场营销学的研究对象

市场营销学主要研究制造商的产品或服务如何转移到消费者和用户手中的全过程，探讨在生产领域、流通领域和消费领域内运用一整套开发原理、方法、策略，不断拓展市场的全部营销活动及相应的科学管理方法。

正如管理大师菲利普·科特勒所说，“顾客是把他们的欲望带给我们的人，我们的工作是为其服务，使他们和我们都得益”。

二、市场营销学研究的主要内容

市场营销学研究的内容是随着营销学的发展而不断丰富的。近几十年来，市场营销学研究的内容不断扩大，已经突破了原来的流通领域，上延至生产领域的产前活动，包括市场调查、预测，企业经营决策和商品发展计划；下延至消费领域的售后服务，包括商品的运送、维修，征求消费者对商品或劳务的意见和要求等。因此，营销学的研究就从研究消费者开始一直延伸到消费者消费的结束。因此，市场营销学以消费者为中心，主要研究以下五个方面的内容，如图 1-6 所示。

图 1-6 市场营销学研究的主要内容

1. 研究消费者的需求及其变化规律(Need)

市场营销学研究的核心既然是消费者，就要研究消费者需求的特征(包括购买动机、购买行为、购买倾向、购买模式，以及消费者需求变化的趋势)，分析影响消费者需求变化的各种因素，以便企业采取相应的策略，满足消费者的需求，实现生产目的。

2. 研究产品策略(Product)

要满足消费者的需求，首先要生产或提供适合消费者需要的产品，因此，市场营销学要研究同市场经营活动有关的产品策略。市场的产品策略包括产品的发展计划、设计、生产和创新、产品的生命周期，以及产品的商标命名、包装和装潢设计、产品的标准化、分级等方面的内容，使产品不论在数量、质量、花色、规格，还是在商品命名、商标、包装装潢等方面，都能受到消费者的欢迎。

3. 研究商品流通渠道(Place)

产品生产出来以后，应该通过什么流通渠道，经过哪些流通环节，才能及时把商品卖出去，获得较好的经营效果，这些都是要重点考虑的。为此，市场营销学要研究市场销售渠道的类型，正确地选择流通渠道，使商品由生产者到达消费者手中经历的环节最少、路程最近、时间最短、费用最低。

4. 研究定价策略(Price)

价格定得是否恰当，直接影响到消费者的需求，关系到企业经营的成败。如果定价合理，能被消费者所接受，商品就能顺利销售，否则，就会造成滞销积压。据此，营销学就要研究国家的物价方针、相关政策，以及企业成本、定价的原则、定价的方法和策略，使消费者买到物美价廉的商品。

5. 研究商品促销策略(Promotion)

市场营销学主要研究如何根据市场情况来恰当运用促进销售的各种手段，这些促销手段包括广告宣传、人员推销和其他推销策略，使企业的经营活动适应市场需要。为了对产品负责，使消费者满意、放心，市场营销学还要研究各种销售服务活动，如送货上门、设备安装，对产品实行包换、包退、包修等。销售服务活动对促进产品顺利销售和连续销售作用极大。在国外早已将销售服务作为市场竞争的重要手段之一。

知识点3　市场营销学的产生与发展及其在中国的传播

一、市场营销学的产生与发展

市场营销学是英文 Marketing 的意译，它是广泛应用于商品或劳务销售与管理的一门新兴学科。市场营销学是商品经济高度发展、市场日益扩大的产物。市场营销学的产生与发展与西方市场经济的发展和企业经营理念的不断演进有着紧密的联系。市场营销学自诞生以来，大体上可以分为四个阶段，如图 1-7 所示。

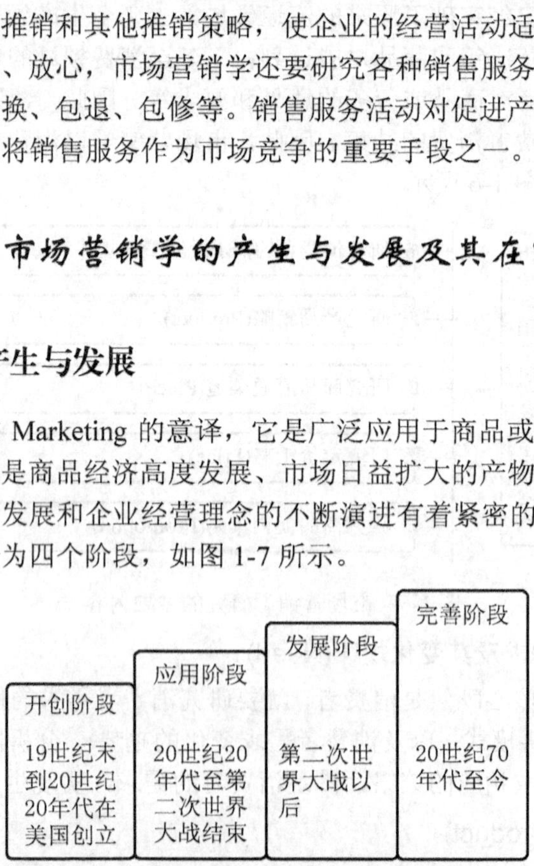

图 1-7　市场营销学产生与发展的四个阶段

1. 开创阶段

市场营销学于19世纪末到20世纪20年代在美国创立，其形成源于工业的飞速发展。早在19世纪，美国就已经出版了属于营销学研究范畴的论著，这些论著涉及广告、推销、包装、物质分配等方面。但直到20世纪初，美国学者才把上述方面综合起来进行研究。美国大学的讲坛上出现了Product-Marketing的有关授课内容。1905－1910年克罗西(W. E. Kreusi)和拉尔夫•巴特勒(Ralph Starr Butler)先后在美国宾夕法尼亚大学、威斯康星大学讲授产品营销学和营销学方法等课程。哈佛大学赫杰特齐(J. E. Hagertg)通过走访企业主，了解他们开展销售活动的情况，总结销售经验，并在此基础上于1912年出版了以《营销学》命名的教科书。这本书被认为是使营销学成为独立学科的里程碑，但是，其实际内容仍限于广告宣传、推销技术、产品分配方法等方面，真正具有系统理论和方法的现代营销学尚未形成。

市场营销学开创阶段的研究特点如下：

(1) 研究着重推销术和广告术，现代市场营销的理论、概念、原则还没有出现。

(2) 研究活动基本上局限于大学的课堂和教授的书房，还没有得到社会和企业界的重视，也未应用于企业实际活动。

2. 应用阶段

20世纪20年代至第二次世界大战结束为市场营销学的形成阶段，此时的营销学初具规模。营销学开始从课堂走向社会，转向应用阶段。1915年美国成立全国广告协会，1926年该协会改组为营销学和广告学教师协会。1929－1933年爆发了震撼世界的生产过剩的经济危机，工厂、商店纷纷倒闭，工人大量失业，商品销售困难，市场商品供过于求，大量商品积压。在这种情况下，作为研究营销问题的营销学，开始受到社会的广泛重视。1931年专门讲授和研究营销学的组织，即美国市场营运社(Operation Society)成立。1937年上述两个组织合并组成美国市场营销协会，并先后在全国成立了几十个分会，参加的成员不仅有经济学家和企业主，还吸收了销售、广告、市场研究部门的负责人入会，共同探讨营销学的理论问题和实际运用问题。1960年，美国的麦卡锡(Jerome Mocarthy)集大成而著的《基础营销学》，提出了市场营销组合(4P，即Price，Promotion，Place，People)理论，终于使市场营销学的幼芽破土而出，此时营销学成为具有纯市场导向特点的市场营销学。

市场营销学应用阶段的研究特点如下：

(1) 没有脱离产品推销这一狭窄的概念，在更深、更广的基础上研究推销术和广告术。

(2) 研究有利于推销的企业组织机构设置。

(3) 市场营销理论研究开始走向社会，被广大业界所重视。

3. 发展阶段

第二次世界大战以后，特别是在新兴的科技革命的推动下，劳动生产率大幅度提高，市场商品供应量急剧增加，产品的花色品种日新月异。但是随之而来的经济危机越来越频繁，危机周期也越来越短，整个市场形势发生了根本的变化，即从过去供不应求的卖方市场变成了供过于求的买方市场。过去是顾客找商品，现在是商品找顾客，企业从过去以生产为中心，转变为以市场为中心。企业不能再生产什么供应什么，生产多少供应多少，而只能根据消费者的需要来组织生产和流通。在这种情形下，原来营销学单纯的推销观念已不能适应形势。

1967年，美国的菲利普·科特勒(Philip Kotler)出版了《市场营销管理：分析、计划与控制》，促进了市场营销学的发展。进入20世纪70年代，由于社会的普遍重视和应用，以及理论界的不懈努力，市场营销学的理论与方法日臻完善。1984年，科特勒又出版了《营销学纲要》，提出了社会市场导向理论，标志着传统市场营销学走向了现代市场营销学。

4. 完善阶段

20世纪70年代至今是市场营销学的完善阶段。市场营销学与经济学、管理学、心理学、社会学、哲学、数学、统计学、系统论等学科日益紧密结合起来，使市场营销学理论更为成熟，成为一门综合性的经济管理类的应用学科。现代市场营销学的广泛应用为企业和其他组织带来了非凡的发展成就，给市场营销学的研究和应用带来了空前的繁荣。

1986年，科特勒提出了“大市场营销”这一概念，提出了企业如何打进被保护市场的问题。在此期间，“直接市场营销”也是一个引人注目的新问题，其实质是以数据资料为基础的市场营销，由于电视通信技术的发展，事先获得的大量信息使直接市场营销成为可能。

进入20世纪90年代以来，关于市场营销、市场营销网络、政治市场营销、市场营销决策支持系统、市场营销专家系统等新的理论与实践问题开始引起学术界和企业界的关注。进入21世纪，因特网的发展与应用，推动着网上虚拟市场的发展，使基于因特网的网络营销得到迅猛发展。

二、营销学在中国的传播

新中国建立之前，我国针对市场营销学(当时称为“销售学”)的研究，仅限于几所设有商科或管理专业的高等院校。在1949—1978年间，除了中国台湾和港澳地区的学术界、企业界对这门学科已有广泛的研究和应用外，在中国的其他地区，市场营销学的研究一度中断。在近三十年的时间里，国内学术界对国外市场营销学的发展情况知之甚少。

中国于1978年12月到1985年初步引进市场营销，以后的三十多年企业营销的发展与经济体制改革和发展同步进行。十一届三中全会后，随着改革开放政策的确立和实施，中国的营销理论工作者开始引进国外有关市场营销学的著作，把国外的营销思想传入国内。但这时中国的市场仍处于供不应求的卖方市场阶段，企业仍在沿用传统的经营模式，营销思想是混合型的，生产观念占据主导地位。中国企业界对营销的认识还是模糊不清的，处在感性认识阶段，市场营销理论仅限于大学课堂和学术界的交流。

20世纪80年代中期到90年代中期是中国经济的转型时期，市场由卖方市场向买方市场转变，企业间的竞争日益激烈，消费者需求向多样化发展。中国市场环境的改变为市场营销理论的传播和应用创造了条件，外资品牌的进入加速了中国企业营销实践的步伐。与此同时，对市场营销理论的研究和传播进一步展开，中外学术交流日益频繁。1991年中国市场学会成立，市场营销理论开始与企业经营实践相结合，理论研究的重点由初期的单纯引进发展到探讨理论与实践的结合点。

20世纪90年代中期以后，我国市场营销进入理性反思和积极探索时期。随着经济改革的深入，原先被国内企业推崇备至的价格竞争策略和各种促销策略不再起作用，企业对市场的控制力减弱甚至消失。国外的营销理论在中国企业的营销实践中不再灵验，中国企业面临更加严峻的竞争形势。这种状况迫使理论界和企业界开始进行理性反思，重新审视市场营销的含义，试图探索适合中国国情的营销理论。

尤其是进入 21 世纪，我国营销学界一方面密切关注国外市场营销研究的最新进展，广泛吸取我国市场经济建设中既需要又可行的前沿理论和观点；另一方面密切关注国内市场营销理论与实践的新发展，积极吸纳市场营销的新成果，努力形成既具有中国特色、能解决中国本土问题，又适应国际市场竞争要求的中国市场营销理论，逐步实现市场营销理论研究和实践应用的国际化与本土化的完美结合。

与此同时，大量国外市场营销学的教材和论著被翻译出版。中国的学者们也在对市场营销学进行悉心研究的基础上，编著了大量市场营销学方面的教材和专著。据不完全统计，目前中国"市场营销学"方面的教材和专著已达百余种，在促进市场营销学普及和发展上发挥着重要作用。

知识点 4　市场营销观念及其发展

市场营销观念属于上层建筑的范畴，是一种意识形态，也就是指以什么指导思想，以什么态度和什么思想去从事市场营销活动。因此，市场营销观念是一种观点、态度和思想方法。而市场营销活动是在一定的市场营销观念支配下进行的。为此，在研究各项具体市场营销活动之前，必须对市场营销观念的产生和发展有一定的了解。

市场营销观念是一种指导市场营销活动的基本思想，所以人类自产生市场营销活动以来，便产生了相应的营销思想。不过，人类社会自产生商品交换以来，由于生产力发展缓慢，因此直到产业革命前很长一段时间，交换制度都极其简单，交换对象仅限于小量生产的手工业品，市场营销仅处于萌芽阶段。那时，一小群木匠、制鞋匠、裁缝师傅等各种各样的手工业者，只与少数顾客进行了小规模的交易。随着产业革命的到来，个体商品生产让位给大工业生产，买者与卖者之间的个人对个人的关系已变得少见了，商业活动也变得更加复杂了。这时的市场营销活动才真正向前迈进了一步，市场营销观念才逐步形成，并一直处于发展之中。

一、市场营销观念的内容及产生背景

市场营销观念的内容大致可以归纳为五种(如图 1-8 所示)，即生产观念、产品观念、推销观念、市场营销观念、社会营销观念。

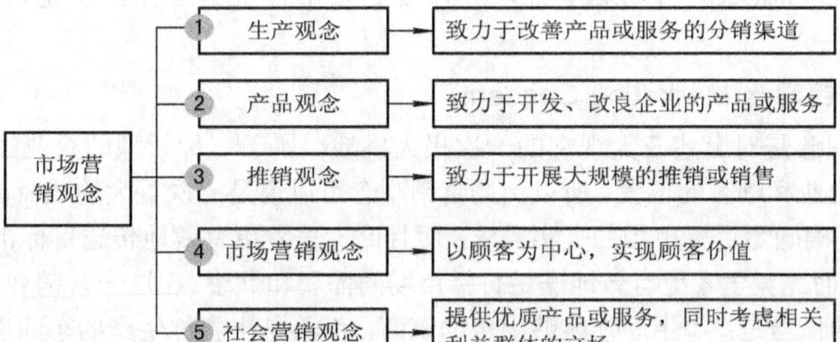

图 1-8　市场营销观念

1．生产观念(Production Concept)

生产观念即以生产为中心的企业经营思想。生产观念的基本点是以产定销，顾客可以接受任何能买得起的产品，企业应致力于提高生产效率和分销效率，扩大生产，降低生产成本以扩展市场。生产观念是一种重生产、轻营销的商业管理哲学。

生产观念的产生背景：生产观念是在卖方市场条件下产生的。生产观念在两种情况下仍然可行。其一，当物资短缺，市场产品供不应求时，管理部门应该采用各种方式增加生产。在第二次世界大战末期和战后一段时期内，生产观念在企业的经营管理中颇为流行。其二，在有些企业产品成本太高，且提高生产率可以降低成本时，其市场营销管理也受生产观念的支配。

2．产品观念(Product Concept)

产品观念是以产品为中心的企业经营指导思想。产品观念认为消费者喜欢高质量、多功能和具有一定特色的产品。因此，企业往往会认为"是金子总会发光的"，只要有好的产品就不担心客户的来源。

产品观念的产生背景：产品观念是产生于市场产品供不应求的"卖方市场"条件之下的。每当企业发明一项新产品时，这种产品观念表现得尤为明显。此时，企业最容易发生"市场营销近视症"，把注意力全部集中在产品本身，而忽略了市场的需要，在市场营销管理中缺乏远见，只注重产品的质量，看不到市场需求在不断发展变化，致使企业经营陷入困境。

3．推销观念(Selling Concept)

推销观念(或称销售观念)，是许多厂商向市场进军的另一种普遍的观念，是以销售为中心的企业经营指导思想。推销观念认为：消费者是被动的，在消费过程中常常表现出一种购买的依赖性，如果听其自然，一般不会主动足量购买企业的产品，因此企业必须进行积极推销和大力促销，以刺激消费者的购买欲望。

推销观念的产生背景：推销观念被大量应用于推销那些非渴求物品上；同时，当许多企业在出现产品过剩时，也常常会采用这一观念进行营销。推销观念产生于"卖方市场"向"买方市场"过渡的这一阶段。在19世纪20年代到40年代之间，由于科学管理和大规模生产的推广，产品产量迅速增加，逐渐出现了产品供过于求，因此卖方之间竞争日益升温。当时的企业界认识到；即使有物美价廉的产品，也未必能卖出去；企业要在日益激烈的市场竞争中求胜，就必须重视推销工作。于是，推销观念应运而生。

4．市场营销观念(Marketing Concept)

市场营销观念是对上述三大观念的一次极大挑战，属于一种新型的企业经营哲学。它第一次摆正了企业和顾客的位置，所以市场营销观念可以说是一次重大的革命。市场营销观念的核心是：正确确定目标市场的真实需求，而且比竞争者更有效地传送目标市场所需求的产品和服务，进而比竞争者更有效地满足目标市场的需要和欲望。在这一营销观念的指导下，许多企业提出的口号是："生产你能够出售的东西，而不是出售你生产的东西""顾客就是上帝"。中外许多成功的公司都采用了市场营销的观念，例如，L.L.比恩公司承诺："所有的产品我们保证在各方面给予100%的满意。向我们购买的任何东西如果证实不好，随时可以退回。只要你愿意，我们可以替换产品或退回你购买时所花的钱，或将退款计入你的信用卡的贷方。我们不希望你从L.L.比恩公司购买的任何东西是不完全满意的。”

推销观念和市场营销观念的对比如图1-9所示。推销观念是从内向外进行的，注重卖方的需要，追求的是一种短期利益；市场营销观念是从外向内进行的，它强调的是顾客的需求，建立与顾客长期的互惠关系，追求的是一种长远利益。从本质而言，市场营销观念是一种以顾客需要和欲望为导向的哲学，是消费者主权论在企业营销管理中的体现。

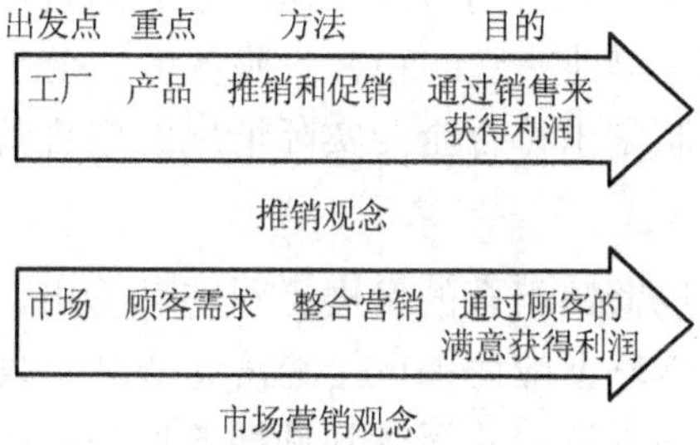

图1-9　推销观念和市场营销观念的对比

市场营销观念的产生背景：随着科技和生产效率的大大提高，各种市场的竞争越来越激烈，产品处于一种供大于求的情况，在这种情况下，企业就不能够仅仅局限于推销或对自己的产品盲目自信，而应该走入市场，始终围绕顾客需求进行产品的研发、生产、销售等，因此产生了现代市场营销观念。

5. 社会营销观念(Social Marketing Concept)

社会营销观念可以说是对市场营销观念的一个补充和发展，它具体产生于20世纪70年代西方资本主义出现能源危机、通货膨胀、失业增加、环境污染严重的新形势下。前文阐述的市场营销观念忽略了消费者的需求、消费者的利益和长期社会利益之间的冲突。社会营销观念认为，作为一个企业的使命是确定各个目标市场的真正需要、欲望和利益，并且要以保护消费者和社会利益的方式，比竞争者更有效、更有利地向目标市场提供能够满足其需要、欲望和利益的产品和服务。总而言之，社会营销观念要求企业要兼顾三方面(即企业利润、消费者需要的满足和社会利益)的平衡发展。

几种营销观念的比较如表1-1所示。

表1-1　几种营销观念的比较

市场观念	营销出发点	营销目的	基本营销策略	侧重方法
生产观念 产品观念	产品	通过大批生产产品或改善产品即刻获利	以增加产量、提高质量、降低价格竞争	坐店等客
推销观念	产品	通过大量推销产品获利	以多种推销方式竞争	派员销售、广告宣传
市场营销观念	消费者需求	通过满足需求达到长期获利	以发现和满足需求竞争	实施整体营销方案
社会营销观念	消费者需求	通过满足需求达到长期获利	以获取消费者信任、兼顾社会利益影响消费等竞争	与消费者及有关方面建立良好的关系

二、现代市场营销观念

1. 整合营销

整合营销是一种通过对各种营销工具和手段的系统化结合，根据环境进行即时性的动态修正，以使交换双方在交互中实现价值增值的营销理念与方法。整合营销就是把各个独立的营销综合成一个整体，以产生协同效应。这些独立的营销工作包括广告、直接营销、销售促进、人员推销、包装、事件、赞助和客户服务等。企业通过战略性地审视整合营销体系、行业、产品及客户，制定出符合企业实际情况的整合营销策略。

2. 大市场营销

大市场营销是对传统市场营销组合的发展。科特勒指出，企业为了进入特定的市场，并在那里从事业务经营，在策略上应协调运用经济、心理、政治、公共关系等手段，以博得产品所在地各方面的合作与支持，从而达到预期的目的。这里所讲的特定市场，主要是指贸易壁垒很高的封闭型市场或保护型市场。在这种市场上，已经存在的参与者和批准者往往会设置种种障碍，使得那些能够提供类似产品，甚至能够提供更好的产品和服务的企业难以进入，无法开展经营业务。

3. 整体营销

1992年，菲利普·科特勒提出了跨世纪的营销新观念——整体营销(Total Marketing)。所谓整体营销，就是企业营销活动应该囊括内外部环境的所有重要行为者，其中包括供应商、中间商、最终消费者、员工、竞争者和公众等。整体营销强调的是：营销活动不要仅局限于外部营销，还要注重内部营销。

内部营销(Internal Marketing)是通过满足雇员需求来吸引、发展、刺激、保留能够胜任的员工。内部营销的核心是培养员工对顾客的服务意识。在把产品和服务通过营销活动推向外部市场之前，应先对内部员工进行营销，向内部人员提供良好的服务和加强与内部人员的互动关系，以便一致对外开展外部营销。

4. 关系营销

所谓关系营销，是指把营销活动看成是一个企业与消费者、供应商、分销商、竞争者、政府机构及其他公众发生互动作用的过程，其核心是建立和发展与这些公众的良好关系。

关系营销的实质是在市场营销中与各关系方建立长期稳定、相互依存的营销关系，以求彼此协调发展，因而必须遵循主动沟通原则、承诺信任原则和互惠原则。

5. 文化营销

文化营销就是利用文化力量进行营销，是指企业营销人员及其他相关人员在企业核心价值观念的影响下，所形成的营销理念及所塑造出的营销形象在具体的市场运作过程中所形成的一种营销模式。文化营销是大市场营销观念的衍生。

企业卖的是什么？麦当劳卖的不仅是面包加火腿，还有快捷时尚且个性化的饮食文化(QSCV 形象)。中秋节吃月饼不只吃的是味道，我们“吃”的还有饱含团圆喜庆的中国民族传统文化。

通过以上例子可以看到，在产品的深处包含着一种隐性的东西——文化。企业向消费者推销的不仅仅是单一的产品，产品在满足消费者物质需求的同时还要满足其精神需求，给消费者以文化上的享受，满足他们高品位的消费。这就要求企业转变营销方式，进行文化营销。

6. 全面营销

全面营销(Holistic Marketing)观念的基础是营销计划、过程及活动各具宽广度且相互依赖。全面营销理论认为营销应该贯穿“事情的各个方面”，而且要有宽阔的、统一的视野。全面营销涉及关系营销、整合营销、内部营销和社会市场营销四个方面，如图 1-10 所示。全面营销理论试图认识和协调市场活动的宽广度与复杂性。

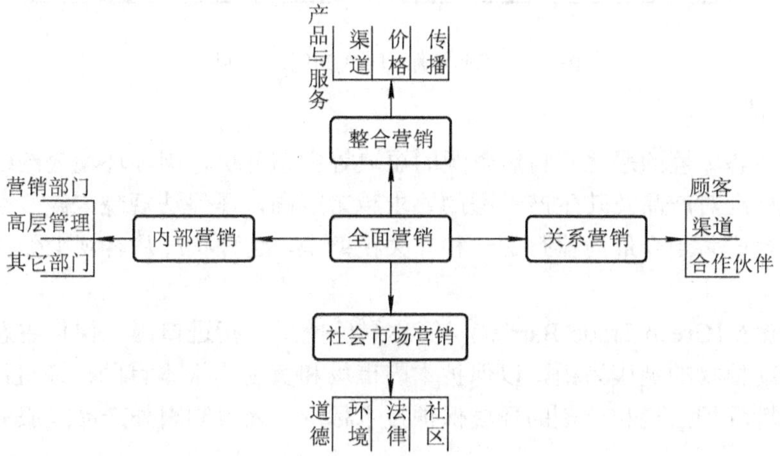

图 1-10　全面营销涉及的四个方面

7. 4C 营销和 4R 营销

(1) 4C 营销。4C 营销是美国营销专家劳特朋教授在 1990 年提出的，包括顾客(Consumer)、成本(Cost)、便利(Convenience)和沟通(Communication)四个要素。

4C 营销强调企业首先应该把追求顾客满意放在第一位，其次是努力降低顾客的购买成本，然后要充分注意到顾客购买过程中的便利性，而不是从企业的角度来决定销售渠道策略，最后还应以消费者为中心实施有效的营销沟通。

(2) 4R 营销。21 世纪初，《4R 营销》的作者艾略特·艾登伯格提出并阐述了关联(Relativity)、反应(Reaction)、关系(Relation)和回报(Retribution)四个全新的营销组合要素。

4R 营销理论以关系营销为核心，注重企业和消费者关系的长期互动，重在建立顾客忠诚。它既从企业利益出发又兼顾消费者的需求，是一个更为实际、有效的营销制胜术。

4R 所要求的同顾客建立关联关系，需要实力基础或某些特殊条件，这并不是所有的企业都可以轻易做到的。但不管怎样，4R 营销提供了很好的思路，是经营者和营销人员应该了解和掌握的营销方式。

顾客满意时代的组织体制如图 1-11 所示。

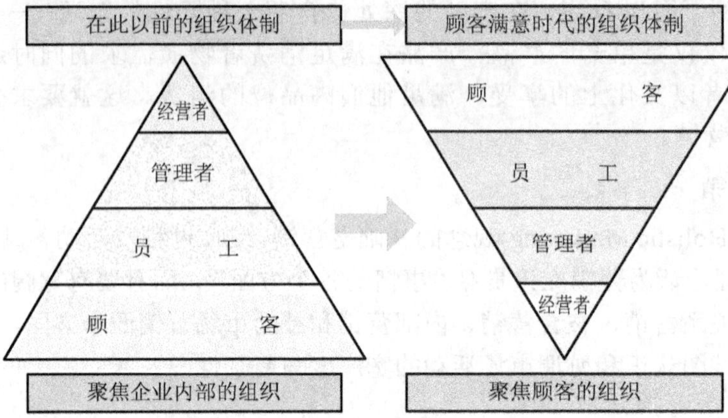

图 1-11 顾客满意时代的组织体制

8. 绿色营销

面对全球生态环境的恶化、自然资源的短缺等生态危机，国际环境公约纷纷出台，各国环境与技术标准对产品及其生产过程的要求越来越高，环保法规越来越复杂和严格，绿色贸易壁垒甚至成为当今最为盛行的一种非关税壁垒，这种状况从客观上促使企业转向绿色营销。

绿色贸易壁垒(Green Trade Barrier)，简称绿色壁垒，指进口国以保护生态环境、自然资源、人类和动植物的健康为由，以保护本国市场和贸易为根本目的，通过制定、颁布、实施严格的环境保护法规和苛刻的环境保护技术标准，来限制国外产品或服务进口的贸易保护措施。

绿色壁垒产生于 20 世纪 80 年代后期，90 年代开始兴起于各国。如美国拒绝进口委内瑞拉的汽油，因为含铅(Pb)量超过了本国规定；20 世纪 90 年代后，欧洲国家严禁进口含氟利昂的冰箱，导致中国冰箱的出口率由此下降了 59%。

当前世界范围内构成绿色贸易壁垒的主要限制措施如下：

(1) 涉及环境保护问题的国际环境公约，如《保护臭氧层维也纳公约》(1985 年)、《保护生物多样性公约》(1992)等。

(2) WTO 有关协议中的环境条款，如《建立世界贸易组织协议》指出：在符合可承受的发展速度的前提下允许缔约国合理地利用世界资源，以符合各国经济发展水平所决定的各自需求与利害关系的方式寻求环境得到保护，并提高这种保护的手段。

(3) 国际标准化组织颁布的国际环境管理体系系列标准(ISO 14000 系列标准)。

(4) 绿色标志制度。绿色标志(Green Label)也称为环境标志或生态标志，是指由政府部门或其授权的部门按照一定的环境标准颁发的特定的图形，用以表示某种商品符合环境要求。

(5) 进口国国内环境与贸易法规，如欧盟《消费者保护法》，禁止使用和进口能分解成致癌芳香胺的 118 种偶氮染料及其染色的纺织品。

(6) 进口国环境与技术标准，特别是发达国家的规定都相当严格。

9. 全球营销

进入 21 世纪以来，伴随着网络技术、高新技术的快速发展和广泛应用，经济全球化的进程明显加速，全球营销理念要求企业必须彻底打破以国界、区界划分国际市场与国内市场的传统认识，强化竞争全球化、资源全球化、顾客全球化的全新经营理念，开拓思维和视野，应以全球市场的观点来制定和实施经营战略，选择目标市场和战略定位，要善于借助网络等现代化的信息技术手段了解和掌握国际市场营销的发展动态，发掘商机，主动营销，大力开拓企业的市场。例如，海尔的全球化营销战略——开拓国际市场的三个 1/3，即国内生产国内销售 1/3、国内生产国外销售 1/3、海外生产海外销售 1/3。

10. 个性化营销

个性化营销亦称为定制化营销，其基本做法是以量体裁衣的方式为顾客定制其所需要的合适的产品或服务。

个性营销是随着社会经济的发展，使市场进一步细分化和个性化的必然要求。它强调当今企业须满足顾客个性化的需求，代表着当今企业营销的理论和实践发展的新趋势，是适用于 21 世纪新经济条件下的一种营销思想。

20 世纪末，我国的海尔集团提出了“您来设计，我来实现”的新口号，由消费者向海尔提出自己对家电产品的需求模式，包括性能、款式、色彩、大小等。

今天 DIY(即 Do It Yourself 的缩略语)电脑、DIY 服装、DIY 贺卡、DIY 家具、DIY 音乐……成为年轻一族的时尚，存在于北京、上海、广州等城市的各个角落。

知识点 5　营销学的研究方法

营销学的研究方法实际上是指从什么角度来研究市场营销的问题。市场营销学的研究方法是随着市场营销学的发展而变化的，营销学的研究方法如图 1-12 所示。在 20 世纪 50 年代前，对市场营销学的研究主要采用传统的研究方法，包括产品研究法、职能研究法、机构研究法。20 世纪 50 年代以后，市场营销学从传统市场营销学演变为现代市场营销学，研究方法主要是现代研究方法，包括管理研究方法、系统研究方法及社会研究方法。

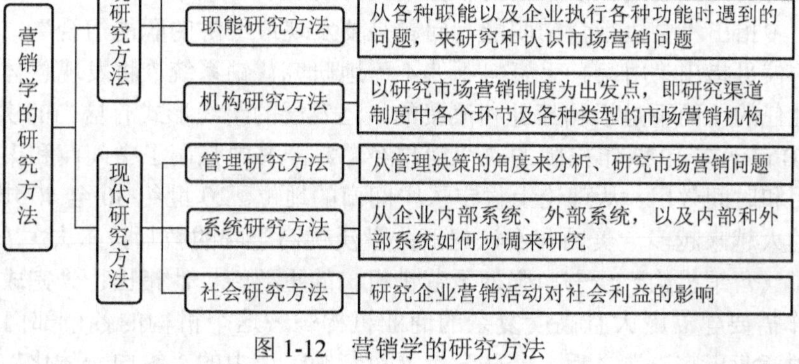

图 1-12　营销学的研究方法

一、传统研究方法

1. 产品研究方法

20 世纪初，市场营销研究刚刚开始的阶段，营销学者们主要是通过对各种不同产品在市场交易活动中的特征分析来研究企业的营销行为的。如韦尔德最早的市场营销学的著作就是《农产品的市场营销》(1916 年)；科普兰(Melvin Copeland)在 1923 年提出了著名的产品分类理论，将所有的消费品分为便利品、选购品和特殊品，并研究了消费者在购买这些不同类别产品时的行为特征；在此之前(1912 年)，另一位叫帕林(Charls Parlin)的学者就已提出对“妇女购买的商品”进行分类的思想，他将这些商品分为便利品、急需品和选购品等不同类型；劳德斯(E. L. Rhoades)在 1927 年还提出根据产品的使用特征、物理特征(易腐性、体积、价值集中)和生产特征(生产规模、生产地点、生产周期、生产方法、生产集中度)来对产品进行分类的思想。这些理论的提出强调了市场营销对各种不同类型的企业和产品的适应性，是基于相当实用性的原则。

2. 职能研究方法

从企业营销职能的角度对市场营销学进行研究集中于 20 世纪 30 年代之前，肖(Arch Shaw)1912 年在《经济学季刊》中第一次提出了职能研究的思想，当时他将中间商在产品分销活动中的职能归结为风险分担、商品运输、资金筹措、沟通与销售及装配、分类与转载五个方面。韦尔德在 1917 年对营销职能也进行了研究，提出了装配、储存、风险承担、重新整理、销售和运输等职能分类。

从职能角度对市场营销学的研究直接导致了对营销策略组合的研究。尼尔·博登(Neil Borden)在 1950 年提出的“营销策略组合”将企业的营销活动的相关因素归结为 12 个方面，包括产品、品牌、包装、定价、调研分析、分销渠道、人员推销、广告、营业推广、售点展示、售后服务及物流等；之后，弗利又将这些因素归纳为同提供物有关的“基本因素”和同销售活动有关的“工具因素”；直至 1960 年杰罗姆·麦卡锡(Jerome McCarthy)提出著名的“4P's”组合，实际上都继承了职能研究的分类研究方法。因此，职能研究方法为以后占主导地位的营销管理学派的产生奠定了基础。

3. 机构研究方法

同职能研究方法不同，机构研究方法主要分析执行营销职能的组织及其相互之间的关系。早期的机构研究主要集中于中间商和分销渠道的组织与效率。韦尔德在他的《农产品的市场营销》中指出“要执行营销职能，问题是要发现最经济的职能组合”，他针对一些人对中间商的偏见指出“用第一手资料不偏不倚地研究营销系统，将发现总体上已发展的营销系统是胜任的，而不是极端臃肿和浪费的，已发展的组织形式有恰当的实际原因”。巴特勒(R. S. Butler)在 1923 年出版的《营销与经销》一书中强调了中间商和渠道机构所创造的地点效用和时间效用，从理论上肯定了中间商的地位。20 世纪 30 至 40 年代，加入营销机构研究的人越来越多，美国宾夕法尼亚大学沃顿商学院的教师拉尔夫·布莱耶(Ralph Breyer)撰写了《营销机构》一书，强调了营销机构的重要性，他指出：“完成执行营销职能的相关工作需要建立庞大且高度复杂的商业机构……这个机构的各个部门都涉及与营销有关的各种商业事宜。”之后，一些学者又对营销渠道中的“纵向一体化”问题展开了研究，考虑到了对生产和分销过程中独立营销机构的总体控制和协调，最后形成了“垂直营销系统”的理论，这实际上已经进入了营销管理研究的领域。因此，从管理角度对市场营销进行研究的营销管理学派，其理论基础仍来源于之前的产品、职能和机构研究学派。

二、现代市场营销的研究方法

1. 管理研究方法

从 20 世纪 50 年代开始，随着国际市场竞争的日益激烈，从企业整体角度进行营销的战略决策变得格外重要。企业要获得营销的成功，决不能仅依赖于在某一具体部门或个别行为上的努力，而是取决于企业各种营销资源的有效组合和相互支撑，因此市场营销的研究也就自然而然地进入了以管理为导向的阶段。

尼尔·博登在 1950 年提出了“市场营销组合”的概念，强调了从企业整体营销目标的实现出发，对各种营销要素的统筹和协调，而企业的经理就是“各种要素的组合者”，这是从管理的角度提高营销效率的重要思想。这一思想后来被麦卡锡发展为“4P’s”营销策略组合的著名理论，20 世纪 80 年代后出现的“整合营销”理论也包含了这方面的思想；1956 年温德尔·史密斯的“市场细分”理论的提出使企业的市场营销真正上升到战略规划的层次，该理论同之后的“目标市场”和“市场定位”理论一起，共同构成了“STP”的营销战略思想，为从管理角度研究市场营销做出了重要的贡献；1960 年，西奥多·莱维特(Theodore Levitt)提出了“市场营销近视症”的问题，强调了以顾客需求为导向来制定企业发展战略规划的问题，实际上是进一步明确了市场营销观念在企业管理决策中的重要地位；菲利普·科特勒于 1967 年出版了《营销管理》的著作，之后不断完善，最终形成了对市场营销进行分析、计划、管理与控制的完整理论体系，以管理角度研究市场营销的方法成为集各种研究方法之大成的基本研究方法，从而在推动市场营销理论和实践的发展方面发挥了重要作用。

2. 系统研究方法

系统研究方法是系统理论具体应用的一种研究方法，是从企业内部系统、外部系统，以及内部和外部系统如何协调来研究市场营销学的。企业内部系统主要是研究企业内部各职能部门，诸如生产部门、财务部门、人事部门、销售部门等如何协调，以及研究企业内部系统与外部系统的关系如何协调。企业外部系统主要研究企业同目标顾客外部环境的关系。内部与外部系统又是通过商品流程、货币流程、信息流程联结起来的。只有市场营销系统的各组成部分相互协调，才能产生较高的营销效益。

3. 社会研究方法

社会研究方法主要是研究企业营销活动对社会利益的影响。市场营销活动，一方面带来了社会经济繁荣，提高了社会及广大居民的福利；另一方面造成了某些负面效应，诸如污染社会及自然环境、破坏社会生态平衡。因此，有必要通过社会研究方法，寻求使市场营销的负面效应减少到最低限度的途径。

近年来，市场营销研究方法都是以实证主义方法论为基础的。

【思考与练习】

1. 什么是市场营销？

2. 什么是市场？市场的组成条件是什么？

3. 营销学研究的主要内容与对象包括哪些？

4. 从理论与实际的结合上阐述市场营销学研究内容的发展。

5. 营销学的产生与发展经历了哪几个阶段？

6. 市场营销观念大致可以归纳为几种？

7. 营销学的研究方法有哪些？

8. 你认为我国企业的经营管理者在市场营销活动中应树立什么样的观念？

9. 自20世纪50年代起，市场营销观念已是企业活动的指南，但这并不意味着在以前没有存在过。试分析下面两个案例体现了当时的什么营销观念。

(1) 公文柜的营销观念。有一家办公用公文柜的生产商，过分迷恋自己的产品质量并追求精美。生产经理认为，他们生产的公文柜是全世界质量最好的，从四楼上扔下来都不会损坏。当公文柜拿到展销会上推销时却遇到了强大的销售阻力，这使得生产经理难以理解，他觉得产品质量好的公文柜理应获得顾客的青睐。销售经理告诉他，顾客需要的是适合他们工作环境和条件的产品，没有哪一位顾客打算把公文柜从四楼扔下来。

(2) 汽车推销员的“推销术”。顾客进入汽车样车陈列室，推销员就对顾客做出心理分析：如果顾客对正在展销的样车发生兴趣，推销员就会告诉顾客已经有人想购买它了，促使顾客立即做出购买决策。如果顾客认为价格太高，推销员就接着请示经理可否降价，顾客等了10分钟后，推销员告诉顾客“老板本不想降价，但我已说服他同意了”。

10. 阅读下例，请简述你的观点。作为销售电视卡的商家，你认为应该如何处理问题，才能让老王这样的顾客满意？

老王在市场购买了一个电视卡，以便在电脑上直接收看电视节目。老王回家后按照使用说明书将电视卡插到电脑上，发现能搜出九十多个电视频道，而且图像、声音都还不错。但是，第二天就出现了问题，老王发现无论如何也收不到电视节目。为此，老王找到商家换了一块电视卡，可是问题依旧。老王来回折腾了好几次，花费了不少时间和路费，身心疲惫。

项目二　机电产品市场分析

【项目导航】

机械制造业永远是人类物质生产的基础行业。在不断创造和吸收新技术的过程中，机械制造业以其巨大的能力促使社会的发展日新月异，也为人类带来新的享受和满足。

任何事物的存在和发展都离不开特定环境的影响，机电产品市场营销活动也是这样。从本质上看，机电产品市场营销活动就是营销者努力使企业可控制的因素与外界不可控制的因素相适应的过程。

通过本项目的学习，要求能够了解机电产品的特点；掌握市场营销环境因素中所包括的微观环境因素和宏观环境因素的构成，分析和鉴别由于环境变化对企业开展市场营销活动造成的主要机会、威胁和影响。

目标市场策略是市场营销学的重要组成部分，其中市场细分、目标策略和市场定位是现代企业应对竞争挑战、满足市场需要、提升企业绩效的有效手段。通过本项目的学习要了解目标市场营销的主要步骤，掌握市场细分的主要变量和方法，以及目标市场策略，懂得如何进行企业与产品的市场定位。

【案例引入】

案例 2-1　准确的市场定位助推一路"顺丰"

1. 顺丰的市场定位

顺丰为中端客户提供高端服务，收取高端价格。

顺丰的产品定位是小件高价值的货品，比如商业票据等，以快件递送为主且只做小件，不做重货，与四大国际快递重叠的高端不做，五六元钱的同城低端也不做，剩下的中端客户被锁定为唯一目标。这样的产品定位基于两点原因：一是作为中端商户本身有很大的忠诚度，不会因为几个广告就改变选择；二是小件高价值货品对快递质量要求高而对快递价格承受力强。在目标市场确定的前提下，顺丰按照客户细分设计了自己的市场定位——为中端客户提供高端服务，收取高端价格。

2. 顺丰的服务水平定位

针对商户对快递可靠性和速度的需求特点，顺丰一直在谋求高效的快递服务。顺丰借助航空线路，实现了全天候，全年365天无节假日派送。顺丰是一家物流综合服务商，不仅提供配送端的高质量物流服务，还要延伸至价值链前端的产、供、销、配等环节，从消费者需求出发，为客户提供仓储管理、销售预测、大数据分析、金融管理等一系列解决方案。

顺丰控股公布2018年半年间，营业收入达到425亿元，实现了32.16%的稳健增长，远超行业增速，市场占有率稳步回升。与此同时，顺丰的新业务迅猛发展，负债率稳步下降，软件和硬件的实力同步提升。在传统业务的基础上，顺丰构筑了重货、冷链、同城、国际业务群，一个超级物流综合服务平台崭露峥嵘。

3. 顺丰的产品设计

在产品的设计上，顺丰别具一格的推出承运文件而不承运包裹的服务。顺丰认为承运文件的风险小而利润大，而机场等运输渠道的野蛮操作容易造成包裹损坏。顺丰还有不做单票5000元以上的业务，不为同行送件等特殊的规定。据说某大型跨国企业曾找到顺丰，希望其参与物流项目的投标，但顺丰考虑再三之后没有接单，理由是“重货成本大，利润薄，也不是顺丰的强项”。也许正基于此，坊间盛传的“暴力分拣、野蛮操作”的批评与顺丰无关，而牵涉其中的某些快递公司却成为众矢之的。

4. 顺丰的价格设计

在价格设计上，顺丰长期坚持优质高价的策略，在其他快递公司规定500克以内的快件收取10～15元快递费时，顺丰始终坚持收取20元。事实证明，顺丰所谓的高价并没有吓走客户，原因在于这种定价策略符合了顺丰一贯的市场定位：为中端客户提供高端服务，收取高端价格。此外，顺丰相信口口相传的口碑效应，从来不进行广告投资，而把资源用于提升快递速度和质量，结果是用有限的成本付出取得了不错的质量提升，在更好地满足客户需求的同时保障了利润空间。因此“优质高价”的定价策略正是顺丰准确市场定位策略的延伸。

案例2-2　环保主义对市场营销的影响

环保运动是关心环保的消费者和政府为了改善人们的生活环境所进行的有组织的运动。环保主义者关注着掠夺式采矿、滥伐森林、工厂排烟、户外广告牌和乱丢垃圾、再生机会的丧失，以及越来越多因空气污染、水源污染和化学污染食品而导致的健康问题。

环保主义者并不反对市场营销和消费，他们只是希望企业和消费者能够更多地遵守生态原则。他们认为市场营销系统的目标是最大限度地提高生活质量，而生活质量不只包括消费的商品与服务的数量和质量，还有环境的质量。

环保主义者希望生产者和消费者在决策时应考虑到环境成本的因素。他们赞成通过征税和立法来限制有损环境的行为。他们认为，企业应投资处理污染的设备，对不能回收的瓶子征税，禁止含磷量高的洗涤剂等，这些对于引导企业和消费者保护环境是必要的。

环保主义者对某些行为的抨击是极为严厉的，这使得钢铁公司和公用事业公司不得不在污染控制设备与昂贵的能减少污染的燃料上付出巨大投资。比如，汽车业只能在汽车上安装昂贵的排气控制器，制皂业必须提高产品的生物降解能力，汽油业只得提炼低铅或无铅汽油。这些行业对环保条例是不满意的，尤其在环保条例的实施使他们难以很快调整时，这些公司耗费的成本就会转嫁到消费者头上。当然也有公司承担了环保责任，比如，广州市公共汽车公司对所有汽车的发动机进行了降低污染的改装。

知识点1　机 电 产 品

机电产品包括的范围极广。在中华人民共和国出入境检验检疫行业标准 SN/T 2838.2—2011《进出口机电产品检验专业通用要求术语和定义》中，关于机电产品的定义是：机电产品(mechamical and electrical products)是指能量产生、转换、传输、测量的设备，一般包括机械设备、电气设备、交通运输工具、电子产品、电器产品、仪器仪表、金属制品及其零部件、元器件等。

机电市场主要是以五金机械、电工电气为主的产品集群市场，由于用途广泛，在全国各个省市均有集群商户或者企业，从而形成机电市场。

一、机电产品的范围

机电产品是一个非常宽广的范畴，门类多，品种复杂，型号规格多，功能各异，有技术知识密集型产品和劳动密集型产品。机电产品的用途涉及各个领域、各行各业，从大型成套设备、生产线到各种单机、单一零部件，从大型钢厂到家庭生活都离不开机电产品。

机电产品的主要类别如表 2-1 所示。

表 2-1　机电产品的主要类别

序号	机电产品名称	包 含 类 别
1	重大技术装备	① 火力、水力、核发电设备 ② 为钢铁、冶金、石油、化工、交通运输、港口、矿山、建筑工程、国防工业等配套的重大技术装备、成套设备及生产线
2	工作母机及基础机械	① 加工中心、数控机床、车床、铣床、钻床、磨床、电火花机、线切割机等 ② 铸造、锻压、焊接、热处理等生产设备
3	动力机械	各种动力设备、电机、内燃机、汽轮机、水轮机、锅炉等
4	电工及电子机械	生产各种电子元器件的机械与设备等
5	通用机械	泵、风机、压缩机、阀门与管件、换热器、干燥器等
6	仪器仪表	测量仪、传感器、测温仪等
7	搬运机械	起重机、运输机械、吊车、输送设备、集装箱等
8	专用机械	① 拖拉机、农业机械、农产品加工机械、林业机械、备牧机械、渔业机械等 ② 工程建筑机械、矿山机械、冶金机械、石油化工机械等 ③ 汽车、船舶、飞机、火车、摩托车 ④ 制浆造纸机械、食品饮料机械、橡胶塑料加工机械、印刷机械、包装机械、环保机械、医疗机械等 ⑤ 纺织机械、服装机械、文化办公机械、制冷空调设备、燃气用具等
9	基础零件	液压元件、气动元件、密封件、轴承、螺母螺钉、刀具、量具、工具、齿轮、蜗轮、五金件等

机电产品与各个行业有着广泛的关联度，各个行业的技术装备从主机、辅机、单机到零部件，无一不以机电产品为基础。美国认为：68%的财富来源于制造业。世界上70%～80%以上的产品都是创造出来的，因此，发展机电产品市场具有战略意义。

机电产品的市场营销基本上分为生产资料与消费资料两大类。用户对机电产品的需求，总体上包括以下四个方面：

(1) 功能：产品的性能、效率。

(2) 质量：产品符合技术标准、质量标准，且安全可靠。

(3) 服务：售前售后服务、交货期、付款方式、购买方便性、企业及产品声誉。

(4) 价格：价格与产品的功能和提供的服务有关，用户通过确认其能从产品中得到的满意程度来衡量价格，功能与价格能否平衡，是用户决定是否购买商品的重要依据。

二、机电产品的基本功能、特性和结构

1. 基本功能

机电产品的基本功能如下：

(1) 提供动力或提供完成某一个方面工作的能力。例如，电机：提供功率；风机：提供风量；空调机：提供制冷及供热。

(2) 加工、制造各种材质的零件。能够快速、准确、经济地制造出满足各种不同需求的产品，如各种机床。

(3) 由单机、辅机、主机组合成生产线，从事某一方面的制造，如冰箱生产线、快食面生产线。

(4) 满足人们生活中的需要，如洗衣机、空调器、电饭锅、缝纫机等。

2. 基本特性

由于机电产品多作为一种基础产品、先导产品，因此应用面广泛，具有极强的再造工程能力，需满足各种各样的需求，这就决定了机电产品的适应性、复杂性、严密性、精确性和可靠性，即技术上要先进，使用中要可靠，经济上要合理，适应性要强。

3. 基本结构

机电产品一般是由很多零部件构成的，包括机械、液压、气动、电器、数控等各个系统，而每一个系统又由许多零件组成，系统内部和系统之间必须匹配并有严格的精度要求，以保证产品的工作能力、准确性、精度、灵敏度、使用效果和工作寿命。

三、机电产品的技术、生产、市场特征

1. 技术特征

1) 机电产品的品种规格繁多、标准化要求高

由于应用机电产品的行业极多，又要满足各自不同的需求，因此每一种机电产品都有很多的品种和规格。为了有利于组织生产经营活动，提高生产的经济效益，科学地进行生产，机电产品必须实现标准化，其主要形式如下：① 简化；② 统一化；③ 系列化；④ 通用化；⑤ 组合化。

针对不同的标准化任务，达到不同的标准化目的。设计制造一系列通用性较强的单元，根据需求组成不同用途的产品；选择具有功能互换性或尺寸互换性的单元，可以很容易进行零部件的更换组合，以适应各种需求。

2) 机电产品加工工艺繁多、流程长、要求高

机电产品一般由很多零件构成，而每一个零件的加工，基本上都要经过毛坯制造、零件加工、装配等三个基本阶段。每一个基本阶段，又划分为很多个工序，每一个工序又有更细的操作规程。例如，汽车发动机制造，第一阶段是各个零件的毛坯铸造，要经过型砂配制、造型和造芯，合金熔炼、浇注、清理，才能得到缸体等各个零部件的毛坯；第二阶段是毛坯经过车床、刨床、钻床、磨床、铣床等各种切削加工及热处理才能成为零件；第三阶段是把缸体、缸盖、进排气管、活塞、曲轴等很多零件组装成发动机。生产过程的复杂性，决定了机电产品生产过程中的技术要求高，每一道工序的质量都会影响到最终产品的质量。

2. 生产特征

1) 零件制造专业化

现代机器的产品结构复杂，构成零件多，每一个零件又有各自的加工工艺及技术标准，而每一种加工工艺又有自身的一套生产设备及工艺装备。如汽车上的零件、缸体是铸造厂生产的，化油器是压铸厂生产的，连杆是锻压厂锻造出来的，车门是冲压厂冲压出来的，而汽车制造厂主要负责汽车装配和主要部件的生产，提供配套汽车零件的厂家可达几百家。一辆汽车需要由 1 万至 2 万个零件组成。

零件专业化生产，是生产社会化的产物，是现代大生产的客观要求，由于零件在不同的专业厂生产，产品成套组织工作、相应的协作工作较复杂，因此，在技术、时间及数量上都要按主机要求组织零件生产，严格地相互协调和配合、相互适应，生产过程要相互衔接，才能把成千上万个零件最终装配成一台主机。

2) 机电产品耗用的原材料多

机电产品在生产过程中需要使用和消耗大量原材料、辅助材料和燃料，这些原材料费用在机电产品成本构成中一般要占 60%左右，一般的中型机械厂需用到上万种物质，主要包括下列几种物质：

(1) 金属材料，其中又包括钢、铁、锌、铝、铜等；

(2) 油料，其中又有柴油、汽油、润滑油等，还有燃料、木材、型砂、塑料、橡胶等。

以上各种原材料的成分和质量直接影响机电产品的质量。

3. 市场特征

机电产品主要用作生产资料，销售对象主要为基本建设单位和生产企业，购买从属生产之需求，集团购买决策程序复杂。

机电产品市场是由那些需购买机电产品、又有购买能力的单位构成的，购买单位越多，市场规模越大。购买力是构成市场和影响市场规模大小的一个重要因素，而这种购买力又受到各种经济因素和社会环境的影响。

(1) 购买力受国民经济总方针、总政策的影响。当基本建设投资增长、规模扩大时，对大型成套设备的需求将增长，与之配套的各种机电产品需求也将增长；而当国民经济处

于调整期时，基本建设投资减慢，对机电产品的需求也会减少。

(2) 购买力与各个行业的发展有关。当这些行业加快产品更新换代、加大技术改造力度、更新设备及生产线时，必然需要更先进的装备。自 20 世纪 80 年代开始，机械工业从为重工业服务转移到为农业、能源、交通、轻工、城建、生活等方面服务，这就为机电产品的发展提供了更多的机会和市场。

(3) 机电产品本身技术水平的提高会影响购买力。机电产品的性能更先进、品种规格更多样化、能从各方面满足用户的需求时，市场对机电产品的需求也会大大增加。

(4) 利率、资本效用、货款效用，都会影响购买者的意愿和投资的大小。

(5) 机电产品市场属于专业市场。在这个市场上，不论是购买者、经营者、生产者，都需具有专门的技术水平和专业知识，了解熟悉其产品的性能、技术指标、价格、使用操作等。机电产品的技术特性，使具备专业知识的人在市场营销中能发挥更大作用，而用户在购买机电产品时，不仅对产品性能、规格、型号、价格、交货期有严格的要求，还要求提供设备的安装、调试、维修、培训、配件供应等多项服务，这一切都只有专业技术人员才能做到。

(6) 机电产品市场活动的理智性。机电产品作为生产资料用于生产中，用户对产品的购买，尤其是购买大型设备，极为慎重，一般都要作预先的计划，有严格的标准，考察过实际使用效果后才会购买。这些都是基于理性动机，有异于消费市场较多出于情感色彩，多利用广告和形象来吸引顾客。生产企业更注重从技术创新上吸引用户。例如，日本东洋公司在推销其压铸机时，经常举办压铸新技术讲座，以周到的服务来吸引用户对其产品的注意，而用户在接受了这一方面的最新技术后，也会对其产品产生购买的欲望。

机电产品市场的用户与普通消费品市场的消费者的主要差异如表 2-2 所示。

表 2-2 机电产品市场的用户与普通消费品市场的消费者的主要差异

差异的内容	机电产品市场(组织市场)	普通消费品市场
产品	产品更专业	标准化形式，服务因素重要
价格	多采用招标方式决定	按标价销售
分销渠道	较短，多采用市场直接决定	多通过中间商接触
促销	强调人员销售	强调广告
顾客关系	长久而复杂	较少接触、关系浅
决策过程	多采用群体决策	各人或家庭决策

四、机电产品市场前景

人类将走进知识经济时代，传统的机械制造业也面临巨大的机遇和挑战，最重要的是用高新技术装备机械工业，把电子、通信、计算机、网络技术充分应用到机电产品上。例如，日本将 Internet 用于机床，利用电脑技术使机床业实现跨行业、跨国界的服务；德国西铁城公司在 NC 自动机床内装上个人电脑，在用户的生产现场装备摄像机、麦克风，当机床出现故障时，用户通过电话与公司联系，公司经过网点，利用简洁直观的 Windows 界面和多媒体功能，能够对现场故障做出诊断，并进行检查和工具交换等操作。

高新技术的应用，将使机电产品个性化，求新、求异，更快、更好地满足各个领域、各个层次用户的需求，也使生产组织和生产条件更加高效、灵活、适用、先进，产品将转向知识密集性。例如，按传统工艺加工一把刀具需用到车床、铣床、钻床、滚齿机、磨床等设备才能完成，而使用一台欧洲最新开发出的 6 轴联动 CNC 工具磨，就可以完成各种复杂的加工，也就是说，这样一台磨床代替了传统的几台机床才能进行的加工。

在激烈的市场竞争中，机械产品的市场前景在于以市场为中心，以用户为中心，快速响应市场的需求，快速满足用户的需要。要以最短的产品开发时间(Time)、最优的产品质量(Quality)、最低的成本(Cost)、最合理的价格(Price)、最佳的服务(Service)，即“TQCPS”，去赢得用户，占领市场。为了做到“TQCPS”，机电产品生产企业利用精益生产、敏捷制造、智能制造、虚拟制造等新的生产组织方式、新的生产模式，大大加快了机电新产品的开发应用。因为制造过程与研究开发和市场开拓是紧密相连的，所以新技术的应用和产品的创新大大提高了产品在市场上的竞争力。

随着整个社会经济的发展，人们的生活水平日益改善和提高，消费心理需求也呈现出多元化的趋势。因此，体现出高技术、高品位、高质量、高附加值的消费品将引导消费潮流。而人们的每一个新需求以及求异求新、注重享受和品位的心态，都会带来市场机会，可以说机电产品面对着广阔的市场前景。

机电产业是现今高新技术产品贸易的主导产业，在国际贸易中占有重要地位，它是货物贸易、服务贸易等多种贸易结合的新型产业。机电贸易发展迅速，在国内出口产品中所占比重过半，成为当今国际上衡量一个国家经济水平、国际贸易竞争力的重要标志。近年来，我国对机电产业越来越重视，国家政策对机电产业的重点扶持以及多方面的优待与保护，加速了机电产业的迅猛发展。因为机电产业包含的行业范围较为广泛，而且产业智能化技术的升级速度不断加快，所以机电产业的发展前景不可估量。加入 WTO 以后，我国在保持机电行业稳步增长的同时，更注重出口产品结构的完整性，以及提高产品质量，拓展产品出口市场。

知识点 2　机电产品市场营销环境

任何企业都生存在一定的客观环境之中，这种环境实质上是一种社会的生态环境。

现代市场营销观念认为，企业的决策者必须采取适当的措施，经常监视和预测其周围的市场营销环境的发展变化，善于分析和鉴别因环境变化而造成的主要机会和威胁，及时调整市场营销中的各种可控因素，使经营管理与市场营销环境的发展变化相适应。因此，市场营销环境是一个不断发展和完善的动态概念。

一、营销环境的构成

市场营销环境是指对企业的营销活动产生重要影响的全部因素。按照这些因素对企业营销活动的影响不同，营销环境可分为微观环境和宏观环境。由于营销环境是客观存在的，有很多不可控制的因素，这些因素的变化一定会引起市场需求的变化，因此企业只能适应客观规律，分析、研究市场营销环境，把握有利条件和制约因素，明确风险和机遇，不断调整其市场营销组合策略，在大环境下创造自己的“小气候”。市场营销环境如图 2-1 所示。

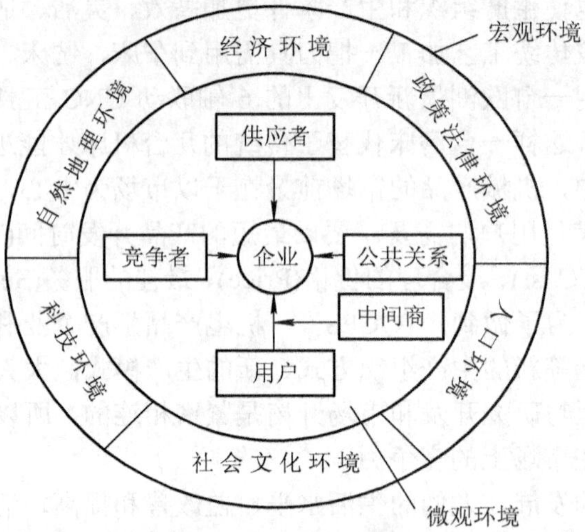

图 2-1　市场营销环境

1. 市场营销微观环境

市场营销微观环境是指那些与生产经营企业关系密切、能够影响生产经营企业服务消费者能力的所有因素。市场营销微观环境的影响因素如图 2-2 所示。

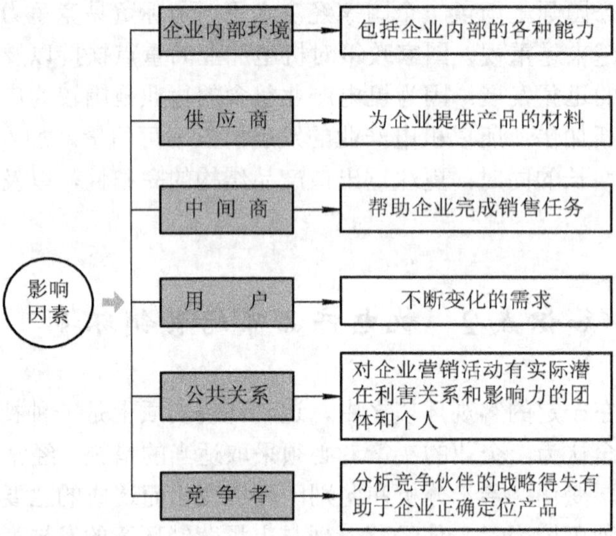

图 2-2　市场营销微观环境的影响因素

1) 企业内部环境

企业的内部环境包括组织能力、生产能力、资金能力和营销能力。

(1) 组织能力：领导水平、政策水平、价值观、质量保证体系等。

(2) 生产能力：设备技术水平、效率、成本、利率、交货期、产品开发等。

(3) 资金能力：银行信用、流动资金等。

(4) 营销能力：产品知名度、品牌、广告、推销策略等。

2) 供应者

供应者向企业提供生产所需要的资源、能源、原辅材料、设备、配件、协作件等，这些物资直接关系到企业产品的质量、数量和成本。企业对供货者采取“货比三家、择优选用”的政策，即与生产供应者保持较稳定的配套协作关系，在利益上共享，提出严格要求，并让供应者之间形成适度的竞争关系，从而保证本企业产品质量与成本的相对稳定性，这对企业的生产经营活动具有较好的效果。

3) 中间商(分销商)

企业希望产品市场覆盖面大，除了自销部分产品外，还需依靠中间商帮助推销产品。企业与中间商要建立良好的贸易伙伴关系，利益共同分享。中间商起着连接生产者和用户的桥梁和媒介作用，特别是配件、工具、易耗品销售要使用户能随时买到，更需要大量的销售网点充分发挥中间商的作用。建立健全的销售和售后服务网络，有利于企业产品市场流通，提高营销效率，加速资金周转，减少经营风险。

中间商主要包括批发零售企业(reselling firms)、物流企业 (physical distribution firms)、营销服务代理机构 (marketing services agencies)(如广告企业、咨询机构、律师/会计事务所等)和金融中间机构 (financial intermediaries)(银行、信贷机构、保险机构等)。

4) 用户

用户是企业赖以生存和发展的“衣食父母”。企业市场营销的一切活动都是为了满足用户的需求，而机电产品用户更是带着专业的眼光去挑剔产品。在“以用户为中心”和“生态学营销”的观念中，企业提供的产品及服务，不仅要满足消费者的欲望和需求，而且要符合消费者和社会的最大长期利益。

5) 竞争者

任何一个企业产品都会受到同样产品生产企业的挑战，特别是在供过于求的状况下，企业要特别关注竞争对手的规模、生产能力、产品方向、技术水平、销售潜量的变化趋势，以及同样产品在外观、性能、品质、新产品开发等方面的发展趋势，从而制定自己的发展策略。市场竞争遵循优胜劣汰的规律，市场竞争的较量有你死我活的一面，也有相互促进的一面，企业应立足于采用正当竞争手段去占领市场。

6) 公共关系(公众)

公共关系是指对企业营销活动有实际潜在利害关系和影响力的团体和个人。

(1) 金融公众(Financial publics)：指银行、投资公司、股东等，它们影响着企业获得资金的能力。

(2) 媒体公众(Media publics)：指电视、报纸、杂志、广播等传递信息的大众媒体。

(3) 政府公众(Government publics)：指对企业的经营活动有相当影响力的有关政府机构。这些机构对产品的安全性、广告的真实性等方面进行监督。

2. 市场营销宏观环境

市场营销宏观环境是指大范围影响企业营销决策的社会约束力量，它来自于企业的外部，因而也称之为外部的环境。市场营销宏观环境如图 2-3 所示。

企业所处的微观环境中的各种因素都受到宏观环境的控制，这些宏观力量及其变化发展给企业的市场营销提供机会，同时也会造成威胁。如 1997 年爆发的“亚洲金融风暴”，使一些以出口产品到东南亚国家的工厂受到威胁，产品销售不出去，造成停工，失去既得市场。但同时由于东南亚一些企业破产，原来向他们进口产品的国家又转向从中国进口，这样就给中国这些产品生产企业带来了新的市场机遇。

宏观环境
- 经济环境：分析各收入层次的人数变化，确定目标顾客
- 科技环境：科技直接影响企业生产和经营，是把“双刃剑”
- 政策法律环境：根据不同国家的政策法律制度，开展营销
- 人口环境：根据人口变化，制定营销策略
- 自然地理环境：注意面临的自然环境难题，实行绿色营销
- 社会文化环境：根据当地价值观念和道德规范等开展营销活动

图 2-3 市场营销宏观环境

1) 经济环境

经济环境主要指经济制度、经济发展阶段或国民经济发展水平、工农业生产情况、基本建设投资规模，以及投资结构、社会集团购买力、物价水平与物价变动等情况。

机电产品作为生产资料，主要是社会集团和企业生产单位购买，其购买力大小主要受国民经济运行速度、投资规模、信贷规模、财政支出及预算外收入等因素的影响。当国民经济运行速度加快、社会固定资产更新改造投资和基本建设投资加大时，工业生产指数上升，社会集团购买力加大，有利于机电产品营销。而信贷规模大，就为生产企业创造了更为有利的金融环境，有利于激活经济活动和提高效益。当大的工程项目上马时，就会带来对机电设备的大量需求。如房地产行业兴旺，就会使建筑机械、电梯的需求大增。

2) 科技环境

科技环境指科学技术发展的现状和趋势，以及新技术、新工艺、新材料的应用及推广情况。科学技术是第一生产力，大批新技术在生产中的应用提高了产品的性能、质量，降低了成本，使产品更具竞争力。企业依靠科技进步，不断改造传统产业，带来新兴产业的建立和发展，使产业的结构趋向尖端化、信息化、知识密集化。科技进步也促进了市场经营手段的现代化，企业市场营销信息系统、营销环境监测系统均会大大提高企业把握市场变化的能力，提高企业市场营销的效率和效益。

3) 政策法律环境

政策环境是指对机电产品营销活动产生影响的政府的有关方针政策。我国正处于市场经济体制的建立时期，国民经济保持 8%～9%的平均增长率，基础产业加快发展，作为国民经济装备的机械工业的地位不断提高，产业结构不断优化。国家的发展规划、产业政策、重点项目都为机械工业发展提供了机遇和挑战。

法律环境是指企业必须在有关法律、法规、标准和商业惯例的约束下，正确地开展营销活动。市场经济就是法制经济，国家制定的规范企业各种经济行为的法律、法规不断完善，国家执法部门的执行也越来越严格，消费者的权益保护不断增加，新闻舆论监督力量

日益提高，这些都对企业营销活动产生了影响，为企业创造了一个公平竞争的环境。

产品的技术标准和技术法规也对机电产品的安全性、污染控制做出了规定。法律对企业营销活动具有促进作用，也有制约作用。例如，《中华人民共和国商标法》和《中华人民共和国专利法》对商标享用者和专利拥有者带来利益，而对其他人则构成约束。

4) 人口环境

人口的数量和市场的容量有密切的关系。收入水平高低，表现在市场上就是实际购买力。特别是面向消费领域的产品，如空调机、洗衣机等受这些因素影响更大。人口密度及增长速度、地理位置、文化教育程度，都会影响销售状况。

5) 社会文化环境

社会文化环境是人类在创造物质财富的过程中所积累的精神财富的总和，它体现着一个国家或地区的社会文明程度的高低。社会文化是一个复合的整体，包括知识、信仰、艺术、道德、法律、风俗，以及作为社会成员而获得的所有能力和习惯。社会文化涵盖面广泛，这些影响多半是通过间接的、潜移默化的方式来进行的，往往表现在以下几方面：

(1) 教育水平。教育程度不仅影响劳动者的收入水平，而且影响着消费者对商品的鉴别力，影响消费者心理、购买的理性程度和消费结构，从而影响着企业营销策略的制定和实施。

(2) 宗教信仰。宗教的禁忌、节日、习俗、规定造成对商品需求的差异及营销方式的不同。

(3) 价值观念。价值观念是人们在社会生活中形成的对各种事物的普遍态度和看法。人们生活的社会环境不同、所持的价值观念不同，人们的购买动机和购买行为就会有很大差异。

(4) 消费习俗。消费习俗在饮食、服饰、居住、婚丧、节日、人情往来等方面都表现出独特的心理特征和行为方式。

(5) 消费流行。消费流行在服饰、家电以及某些保健品消费方面，表现最为突出。

6) 自然地理环境

自然地理环境是指自然界提供给企业生产和经营的物质财富，如企业生产需要的土地资源、矿物资源、水利资源等。自然环境对营销企业的影响主要表现在自然资源日趋短缺、环境污染日益加重、政府干预力度日益加强等三个方面。

二、企业与环境的相互作用

企业一方面被动地接受各种环境因素的作用和影响，另一方面又积极地反作用于各种环境，企业与环境相互作用的过程使企业不断适应环境的变化，而谋求营销活动更大的空间。如不断开发新产品来创造需求，形成新的潮流；通过有效的广告宣传，引导消费者购买企业的产品。

在企业与环境的相互作用中，环境变化带给企业的可能是威胁，也可能是机遇，企业要善于识别机会与威胁，因循守旧就会对机会视而不见，惧怕失败也会把机会当作风险，有创造性精神和勇于开拓的精神才能果断抓住机会去谋求发展。

环境对企业的作用大于企业对环境的反作用。建立适应环境的柔件系统是企业经营和市场活动的基本目标。

社会环境的不断变化，使企业必须随之做出动态调整。这就要求企业在变化的环境中，抛弃过去那种以不变应万变的静态定位思想，对周围环境保持高度警觉，随时调整企业的市场定位。例如，标准公司曾经针对造纸业生产了一种数字计算机，此计算机产品的市场定位是“提高生产力的工具”，使造纸厂可以以同样的原料生产出更多的纸张，受到用户欢迎，因而确立了其市场定位。不久，由于石油禁运，能源紧张，市场环境发生了急剧的变化，节约能源变成每一家公司的当务之急。面对市场环境的重大变化，标准公司在新闻媒体上展开了新的广告攻势，将广告词改为：“使用标准公司的数字计算机，每天可以节约一桶石油！”公司把产品重新定义为一种“节能产品”，使造纸商为了节约能源而购买它们。实际上，产品还是原来的产品，只是在市场上确立了新的节能地位，因而销售量持续增长。

企业对于面临的环境威胁可能有以下三种可选择的对策。

1. 反抗

反抗即试图限制或扭转不利因素的发展，也就是企业将采取各种措施来影响环境的发展变化，阻止环境威胁的出现。在市场营销环境中，有些因素是与政府行为有密切关系的。如果政府提倡某种消费模式，就可能影响一些消费品的生产和销售，这时就可以通过各种方式来影响政府在这方面的决策，使其收回已有的通知或条令。在西方资本主义国家，经常有公司疏通某些议员向政府发难的事情，目的是让政府收回某些对企业营销不利的决策。例如，西方国家的烟草公司可以疏通议员通过一个法令，允许人们在公共场所随意抽烟。又如，长期以来，日本的汽车、家用电器等工业品可以不断地流入美国市场，而美国的农产品销售却遭到日本贸易保护主义政策的威胁。美国政府为了对付这一严重的环境威胁，采取了两条反抗措施：首先，在舆论上提出美国的消费者愿意购买日本的优质汽车、电子产品，为何不让日本的消费者购买便宜的美国农产品；其次，美国向有关国际组织起诉，要求仲裁：如果日本政府不改变农产品贸易保护政策，美国对日本工业品的进口也要采取相应的措施。

2. 减轻

减轻即通过企业改变营销策略，来减轻环境威胁的程度。这是通过企业自身营销政策的调整来适应外部环境变化的一种方法。如国际营销企业针对东道国产品严格的检验标准，对产品进行适应性改进，以便顺利地进入目标市场。

3. 转移

转移即将产品转移到其他市场，或转移到盈利更多的产品行业，实行多元化经营。为了提高产品利润率和增强产业话语权，中国企业努力从附加值低的产品与服务向附加值高的产品与服务、从产业链低端向产业链高端升级。

例如，上海春日机械隶属台湾上市公司春雨集团，主营冷冻、锻压机械、螺丝螺帽，客户为汽车制造商，火花塞、零配件制造商等。受欧洲反倾销影响(目前中国每年出口紧固件几十万吨，其中30%～40%出口到欧洲，中国反倾销败诉后税收要涨到70%)，加上国际金融危机的双重作用，其经营形势严峻。

过去，春日机械的出口收入仅占其总收入的10%，其产品的海外市场主要在印度、巴西、伊朗等地区。目前，春日机械开始开发美国、东欧和比利时市场。与此同时，春日机械开发的高端设备在国内市场也掀起了需求高潮，其大型设备、复杂设备可生产中国高铁所用的直径30毫米的螺丝、螺钉，国内还没有同类设备可以替代生产。因此，春日机械为国内重点铁路建设单位所青睐，铁道部下属的四五个工厂都采购春日的产品，其售价为每台四五百万元人民币。

春日机械通过研发制造高端产品升级，不仅扩大了海外市场销量，同时还增强了在国内市场的竞争力，可谓一举两得。产品升级、量减价增、低端升级高端，帮助春日机械稳健、轻松地渡过了难关。

知识点3　机电产品市场营销调研与预测

市场调研(Marketing Research)是指个人和组织为了给市场营销决策提供依据，针对某一特定的市场营销问题，运用科学的方法和手段，系统地判断、收集、整理和分析有关市场的各种资料，反映市场的客观状况和发展趋势的活动。

市场营销调研是认识市场、获得市场信息的最基本的方法，是作出科学的经营决策的基础，是发现经营和管理中存在问题的重要手段，是市场预测的基础。

市场预测是指在市场调研的基础上，利用各种信息资料，采用科学方法分析研究，以推测未来一定时期内市场需求情况及发展趋势，为企业确定营销目标和制定营销策略提供依据的活动。

一、市场调研的内容

市场调研的内容主要涉及影响营销策略的宏观因素和微观因素，如需求、产品、价格、促销、分销、竞争、外部环境等。根据不同的调研目的，调研内容的侧重点也会有很大不同。总体来讲，市场调研的内容大致包括如表2-3所示的四个方面。

表2-3　市场调研的内容

序号	调研内容	调 研 重 点	调 研 目 的
1	市场需求	市场需求量的调研；市场需求产品品种的调研；市场需求季节性变化情况调研；现有客户需求情况(数量、品种)	企业产品的目标市场是什么，如何进行产品定位，并对未来的具体情况做认证和核查
2	产品调研	产品品质需求调研；产品品种需求调研；产品质量调研等	如何改进及开发出新产品升级换代；如何提高产品的竞争力和适应能力。注重收集产品现时的表现及有价值的改进意见
3	销售调研	产品销路、产品价格、产品的竞争力、竞争对手、市场占有率、销售渠道、售前售后服务等	收集市场规模、竞争对手、消费者等方面的相关数据，并基于相关数据的支持提出市场决策建议，寻求商业问题的解决方法
4	向用户调研	了解用户具体特征，生产哪一类产品，技术水平、设备现状、经济状况、发展潜力如何	掌握用户对产品需求的变化规律、现有产品的意见、新产品的要求，并进行用户购买心理与购买行为分析

二、市场调研的步骤及方法

市场调研的步骤及方法如图 2-4 所示。

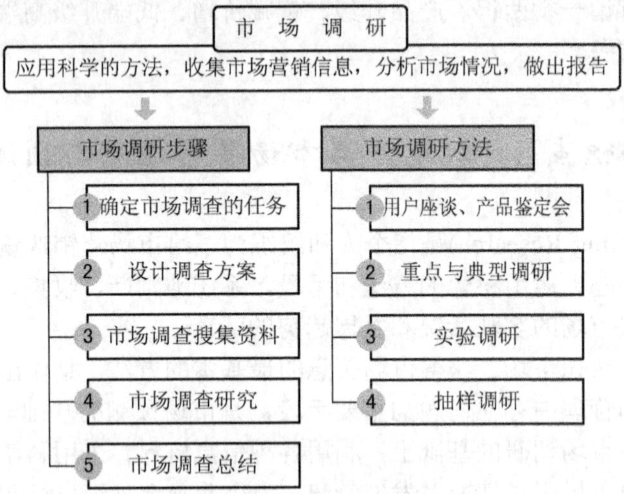

图 2-4 市场调研的步骤及方法

1. 调研步骤

科学的市场调查必须按照一定的步骤进行，保证市场调查的顺利进行和达到预期的目的。

1) 确定市场调查的任务

市场调查的任务包括选择调查课题，进行初步探索等具体工作。调查课题是市场调查所要说明的市场问题，选择调查课题是确定调查任务的首要工作，在实际工作中，选择课题既要从管理的需要性出发，也要考虑到实际取得资料的可能性；同时还应具有科学性和创造性，在科学理论指导下，按照新颖、独特和先进的要求来选择调查课题。

在选择调查课题后，设计调查方案前，必须围绕选定的课题进行一些探索性调查研究，目的是为正确解决调查课题探寻可供选择的方向和道路，为设计调查方案提供可靠的客观依据。

2) 设计调查方案

市场调查方案是整个市场调查工作的行动纲领，起到保证市场调查工作顺利进行的重要作用。设计市场调查方案就是对市场调查的计划。市场调查的总体方案一般必须包括以下主要内容。

(1) 明确市场调查目的。

(2) 设计市场调查的项目和工具。这是市场调查方案的核心部分，也是设计调查方案时必须要考虑的。

(3) 规定市场调查的空间和时间。调查空间是指市场调查在何地进行，有多大范围。调查空间的选择有利于达到调查目的，有利于搜集资料工作的进行，有利于节省人、财、物。

(4) 规定市场调查对象和调查单位。

(5) 确定市场调查的方法。包括选择适当的组织调查方式和搜集资料的方法。调查者必须选择最适合、最有效的方法，做到既节省调查费用又能满足调查目的。

(6) 落实调查人员、经费和工作安排。这是市场调查顺利进行的基础和条件，也是设计调查方案时不可忽视的内容。

3) 市场调查搜集资料

市场调查搜集资料的主要任务是采取各种调查方法，按调查方案的要求，搜集市场资料。搜集资料阶段是市场调查者与被调查者进行接触的阶段，为了能够较好地控制和掌握工作进程，顺利完成调查任务，调查者必须做好有关各方面的协调工作：要依靠被调查单位或地区的有关部门和各级组织，争取支持和帮助；要密切结合被调查者的特点，争取他们的理解和合作。

在市场调查搜集资料阶段，要使每个调查人员按照统一要求，顺利完成搜集资料的任务。在整个市场调查工作中，调查搜集资料阶段是唯一的现场实施阶段，是取得市场第一手资料的关键阶段，因此要求组织者集中精力做好内外部协调工作，力求以最少的人力、最短的时间、最好的质量完成搜集资料的任务。

市场调查搜集的资料必须做到真实、准确、全面、系统，否则准备阶段的工作和研究阶段的工作都失去了意义。

4) 市场调查研究

市场调查研究的主要任务是对市场搜集资料阶段取得的资料进行鉴别与整理，并对整理后的市场资料做统计分析和开展理论研究。

鉴别资料就是对取得的市场资料进行全面的审核，目的是消除资料中虚假、错误、短缺等现象，保证原始资料的真实、准确和全面性。

整理资料是对鉴别后的市场资料进行初步加工，使调查得到的反映市场现象个体特征的资料系统化、条理化，以简明的方式反映市场现象总体的特征。对资料的整理主要是应用分组分类方法，对调查资料按研究问题的需要和市场现象的本质特征做不同的分类。

对资料进行统计分析，就是运用统计学的有关原理和方法，研究市场现象总体的数量特征和数量关系。通过统计分析可以揭示市场现象的发展规模、水平，总体的结构和比例，市场现象的发展趋势等。市场调查的研究阶段是出成果的阶段，是深化和提高的阶段，是从感性认识向理性认识飞跃的阶段。在此阶段，调查队伍中的研究人员工作特别复杂繁重，市场调查成果水平的高低，根本上取决于调查阶段的资料是否准确、真实、全面、系统，在很大程度上则取决于研究阶段工作的水平、质量和科学性。

5) 市场调查总结

市场调查总结是市场调查的最后阶段，主要任务是撰写市场调查报告，总结调查工作，评估调查结果。调查报告是市场调查研究成果的集中体现，是对市场调查工作最集中的总结；而撰写调查报告是市场调查的重要环节，必须使调查报告在理论研究或实际工作中发挥重要作用，此外还应对调查工作的经验教训加以总结。评估调查结果主要有学术成果和应用成果两方面，目的是总结市场调查所取得的成果价值。认真做好总结工作，对于提高市场调查研究的能力和水平，有很重要的作用。

在市场调查的实际工作中，市场调查的各阶段是相互联系、有机结合的完整过程。

2. 调研方法

机电产品市场的市场调研是根据调研的目的和要求，选择最优的方法，通过逐项调查，搜集能够反映市场经济、社会现象以及与之相关联的市场资料的过程。选择适当的调研方法是调研工作能够顺利进行的保障，并且达到事半功倍的效果。以下介绍几种常用的市场调研方法。

1) 通过用户座谈会、产品鉴定会调研

广泛听取和收集用户意见，可了解到用户对产品的需求及对产品不断改进的意见，这也是产销见面的好形式。

2) 重点调研法与典型调研法

在对被调研对象进行全面分析的基础上，有目的地选择代表性企业进行系统周密的调研，通过典型调研达到对全部用户需求的基本认识，了解市场的大体趋势。例如，轮毂生产厂专门深入到各大汽车制造厂，了解汽车产量，可预测其对轮毂的需求量。

3) 实验调研法

在对某一个新产品大批量投产之前，先试产一小批投放市场，进行销售实验，观察市场接受程度，收集用户反映，看新产品的质量、品种、规格、外观是否受欢迎，产品价格是否被用户接受。

4) 抽样调研法

根据一定的原则，从抽查对象的总体中，抽出一部分对象(样本)进行调研，从而分析推断总体的方法。

抽样调研好处在于，以最短时间、最小费用，获得最多、最准确的市场调查资料，供企业决策用。

随机抽样方法有：纯随机抽样法、机械抽样法、分层抽样法；非随机抽样方法有：判断抽样法、任意抽样法、配额抽样法。总之，应根据调查目的和要求抽取样本。

根据市场调研的目的和功能，可进行探索性调研，把一个大而模糊的问题表达为小而精确的子问题。有效的营销活动需搞清楚五个“W”、一个“H”：“什么”(what)，即用户知道什么，购买什么；“谁”(who)，即购买者是谁；“哪里”(where)，即用户在哪里购买、哪里使用；“何时”(when)，即用户在什么时候购买；“为何”(how)，即用户怎样购买、如何使用；“为什么”(why)，即用户购买的动机和行为。通过调查用户的需要、态度、行为、意见来识别市场潜量，市场调研是市场和产品开拓的基石。

三、市场预测

1. 市场预测的意义

科学的营销决策，要以市场调研为基础，以市场预测为依据，在进行充分的市场调查研究、分析的基础上，获得大量的最新资料信息后，运用科学的方法，对市场产品需求的发展趋势做出符合客观规律的科学估计和预测，回答现实的问题，回答未来的问题，根据一定的理论，采用系统科学的方法，得出比较可靠的答案。

市场预测包括市场需求预测、市场供给预测、市场潜量预测、产品价格预测、技术发展预测、竞争形势预测、销售潜量预测、国际市场预测等。其中最主要的是市场需求预测，宏观上是分析研究产品的社会需求量及其变化，微观上则是要解决企业本身产品的销售问题。

2. 市场预测的特点

(1) 实际调研资料是市场预测的依据。充分利用现有资料提供的各方面信息作为指导，通过认识、比较各方面信息进行市场预测。

(2) 经济理论是市场预测的基础。根据事物发展总有其内在的规律，事物各因素之间相互联系和相互制约的关系，从过去、现在预测市场发展。

(3) 数学模型是市场预测的手段。运用预测技术，就是建立有关市场的数学模型，具体表现为各种数学方程式。模型就是模拟的意思，运用某种适当的数学方程式，模拟一个资料的一般变动结构，作为预测市场的模式。

3. 市场预测的步骤和方法

市场预测的步骤和方法如图 2-5 所示。

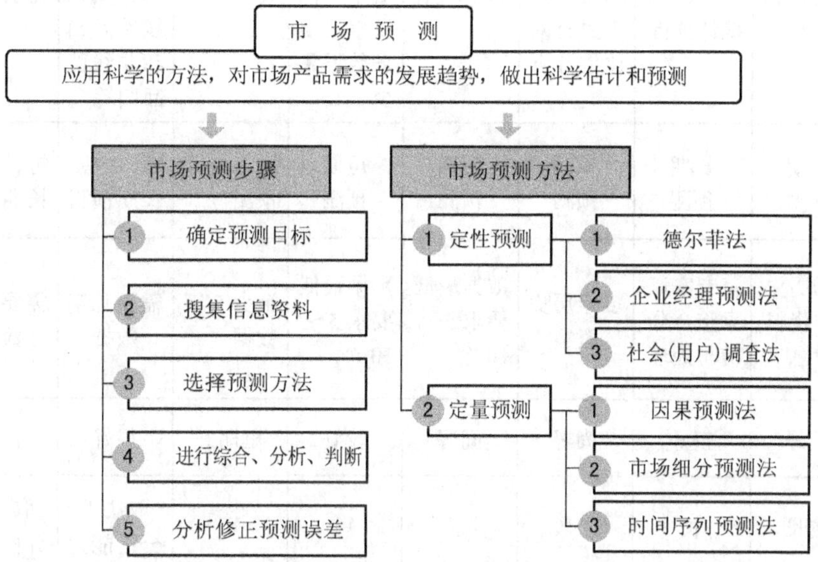

图 2-5 市场预测的步骤和方法

1) 市场预测步骤

(1) 确定市场预测的具体目的。市场预测要解决什么问题，根据所要解决的问题，去确定预测的对象、预测的项目、预测的内容，编制计划、组织实施。

(2) 搜集信息资料。通过实际调查搜集资料，这些资料应尽可能系统、完整、准确地反映来自社会和经济部门的历史和现实。

(3) 选择市场预测方法。根据市场预测的目的、所掌握的资料数据进行定量预测，要建立数学模型；进行定性预测，可建立设想的逻辑思维模型，进行预测计算。

(4) 对各预测结果进行综合、分析、判断、跟踪观察，分析预测误差，进行必要的修正。企业根据预测的结果制定相应的市场营销计划。

2) 市场预测方法

常用市场预测方法有定性预测和定量预测，其特点见表 2-4。

表 2-4 常用市场预测方法的特点

预测方法 / 因素与条件	定性方法			定量方法					
				延伸性预测(时间序列分析)			因果分析		
	专家会议法	德尔菲法	类推预测法	移动平均法	指数平滑法	趋势外推法	回归分析法	消费系数法	弹性系数法
方法简介	组织有关方面专家,通过会议形式进行预测,综合专家意见,得出结论	专家会议法的发展,对专家匿名调查,多轮反馈整理,对结果进行统计分析	运用事物发展相似性原理,对相互类似产品的出现和发展过程进行对比性分析	为消除不规律性影响,取时间序列中连续几个数据值的平均值	与移动平均法相似,考虑历史数据远近期作用不同,给予不同权重,要求数据量少	运用数学模型,拟合一条趋势线,外推未来事物的发展	运用因果关系建立回归分析模型,包括一元线性回归、多元线性回归和非线性回归等	对产品在各行业消费进行分析,结合行业规划,预测需求总量	运用两个变量之间的弹性系数进行预测
时间范围及用途	长期预测	长期预测	长期预测	短期预测	短期预测	短、中期预测	短、中、长期预测	短、中、长期预测	短、中、长期预测
需要的数据资料	市场历史发展资料和信息	将专家意见综合分析与处理	多年历史资料	数据最低要求5～10个	数据最低要求5～10个	至少5年数据	需要几年数据	需要几年数据	需要几年数据
精确度	较好	较好	尚好	尚好	较好	短期好	很好	很好	较好
预测所用时间	较长	长	一般	短	短	短	取决于分析能力	取决于分析能力	短

(1) 定性预测。定性预测以调研形式和经验判断为主，定性地估计某一事物的发展趋势、优劣程度、发生的概率，其准确度取决于预测者的知识和经验。常用的定性预测方法有德尔菲法、企业经理(厂长)预测法等。

① 德尔菲法。该方法由美国兰德公司 20 世纪 40 年代首创并使用至今，是国内外广为应用的预测方法，可用于技术预测、经济预测、短期预测、长期预测。该方法是将需要预测的问题一一列出，由专家填写自己的预测看法，经归纳汇总后将相差较大的问题抽出，并将典型的专家意见再请专家进行第二轮预测，经过几轮预测后，专家意见便趋向一致，以此作为预测结果，这种方法使参加预测的专家背靠背地充分发表意见，不受权威人士的态度影响，保证其民主性和科学性。

② 企业经理(厂长)预测法。该方法由厂长召集计划、销售、生产、财务等各方面的负责人和业务人员，根据所掌握的资料和市场现状、问题、发展前景充分发表意见，通过综合归纳、分析判断，做出预测方案，并从每一个人的预测方案得到确定综合预测值。

③ 除上述方法外，定性预测方法还有：社会(用户)调查法，即向社会公众及用户调查；小组讨论法，以座谈会形式展开；单独预测集中法，即由预测专家独立提出预测看法，再由预测人员综合做出预测；领先指标法，即利用与预测对象关系密切的某个指标来预测，例如，利用对房地产投资规模的监控来预测建筑机械设备的需求量；主观概率法，预测人员对预测对象未来变化的各种情况做出主观概率估计。

随着社会经济及科学技术的发展，预测方法将不断发展、完善。

(2) 定量预测。定量预测依据必要的统计资料，应用数理统计方法，通过建立数学模型，对预测对象的未来在数量上的表现进行预测。常用的定量预测方法有时间序列预测法、因果预测法和市场细分预测法。

① 时间序列预测法。时间序列预测法从分析某些经济变量随时间演变规律着手，进行外推。将历史资料按时间顺序加以排列，构成一组统计的时间序列，然后向外延伸，预测市场未来发展趋势。这种方法是利用历史资料找出一定的发展规律，将未来的趋势与过去的变化相类似地进行预测。

② 因果预测法。因果预测法即演绎推论法，利用经济现象之间的内在联系和相互关系来推算未来变化。它用数学模型来表达预测因素与其他因素之间的关系，是一种比较复杂的预测技术，理论性较强，预测结果比较可靠，需从资料中找出某种因果关系，需要历史资料较多，根据历史资料的变化趋势配合直线或曲线，用来代表相关现象之间的一般数量关系。

③ 市场细分预测法。市场细分预测法对产品使用对象按其具有同类性进行细划分类，确定出若干细分市场——子目标，然后根据各个子目标的主要影响因素来建立需求预测模型。

知识点4　机电产品的目标市场营销

目标市场营销即企业识别各个不同的购买者群体的差别，有选择地确认一个或几个消费者群体作为自己的目标市场，发挥自己的资源优势，满足其全部或部分的需要。目标市场营销是市场营销理论和实践的极有意义的进步，成为现代营销的核心战略。目标市场营销主要包含三个步骤：市场细分(Segmenting)、目标市场选择(Targeting)、市场定位(Positioning)，因此又被称为 STP 战略。

一、市场细分

市场细分，就是企业根据市场需求的多样性和用户购买的差异性，把整个市场划分为若干具有相似特征的用户群(即细分市场)。企业选择其中一个或若干个作为目标。例如，水泵市场可以细分为工矿企业水泵、农村排灌水泵、轮船水泵三个市场，根据不同市场的不同要求，提供不同的水泵。

形成市场需求差异性的因素可以作为市场细分的依据。机电产品市场的细分变量有一些与消费者市场细分变量相同，如追求利益、使用者情况、使用程度、对品牌的信赖程度、购买准备阶段、使用者对产品的态度等。但由于机电产品市场自身的特点，机电产品市场的细分变量还应采用最终用户、顾客规模和用户的地理位置等因素。

1. 最终用户

在机电产品市场上，不同的最终用户对同一种产品的市场营销组合要求不尽相同。如飞机制造公司对所需轮胎的安全性能要求比一般汽车制造商高得多；豪华汽车制造商比一般汽车制造商需要更优质的轮胎；电脑制造商采购产品时最注重的是产品质量、性能和服务，而价格不是要考虑的主要因素。因此，企业应针对不同的最终用户设计不同的市场营销组合策略，以满足用户的要求，促进产品销售。

2. 顾客规模

顾客规模也是细分产业市场的一个重要变量。顾客规模不同，对企业产品销售有直接影响。在现代市场营销中，许多企业建立适当的制度分别与大顾客和小顾客打交道。许多时候，与一个大顾客的交易量相当于与许多小客户的交易量之和，而失去一个大客户往往会给企业造成严重的后果。如一家办公室用具制造商按照顾客规模，将其顾客细分为大客户和小客户两类，大客户由该公司的全国客户经理负责直接联系，小客户则由外勤人员负责联系，也可以通过经销商组织供应。

3. 用户的地理位置

由于用户的地理位置不同，其地区、气候、资源、自然环境、交通运输和通信条件等都各有差异，因而企业就必须依据自己的资源和技术设备以及运输条件等状况选择目标市场，如货运汽车在热带、寒带、山区、平原、沙漠地区的性能要求都要与其相适应。

细分市场是否成功，其衡量标准如下：

① 细分后市场客观上必须存在明确的差异；

② 细分市场能够预测出现有的和潜在的需求规模或购买力；

③ 企业必须有能力进入细分市场，为之服务，并占领一定的份额；

④ 企业在细分市场上能够获取预期的利益；

⑤ 细分市场必须具有一定的稳定性，以利于企业实施其营销策略。

企业在市场细分时，实际上是用一系列变数来进行细分。下面以一家压铸机制造厂为例加以说明。压铸机制造厂市场细分如图 2-6 所示。

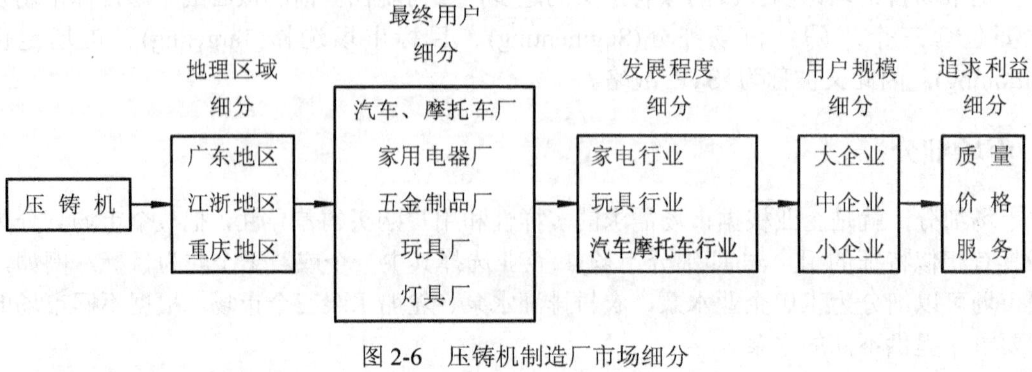

图 2-6　压铸机制造厂市场细分

1) 宏观细分

企业市场按区域、最终用户、发展程度、用户规模进行宏观细分。

(1) 按区域细分，广东压铸业最发达，年产压铸件十几万吨，产品去向覆盖国内市场及世界各地。

(2) 按最终用户细分，把压铸机市场细分为玩具厂、五金制品厂、家用电器厂、灯具厂、汽车摩托车厂等。

(3) 按发展程度细分，选择家电行业、玩具行业。目前广东已成为世界玩具业的生产基地，也成为全国家电产品生产基地。

(4) 从用户规模细分，家电行业的中型企业发展潜力大，对压铸机的需求量增加。玩具行业则使大型企业发展快，因其产品主要面向世界市场，发展规模也不断扩大，对压铸机的需求量也不断增加。

2) 微观细分

在家电行业中，对产品质量要求可靠、安全，质量第一。在玩具行业中，对产品的价格更为关注。

经过宏观细分和微观细分，压铸机厂的目标市场就明确具体，即以广东地区、家电行业及玩具业为目标市场，从而制定与市场相适宜的营销策略。

二、目标市场选择

市场细分的目的在于有效地选择并进入目标市场。目标市场是指企业经过比较和选择，决定作为服务对象的相应的子市场。在现代市场经济条件下，任何产品的市场都有许多顾客群体，他们的需要不同，而且分散在不同地区，因此，任何企业都不可能完全满足所有的顾客群体的不同需要。企业必须选定市场中适合企业资源的特定消费者，并开发产品为其服务。同时，企业应根据自身相对优势的资源条件，如人、财、物、产、供、销等选择目标市场，并且对细分市场进行评价，从而确定一个或几个子市场作为企业决定进入的目标市场。

1. 评估目标市场

(1) 依据细分市场的规模和发展，对潜在的市场是否具有适度规模和发展进行评估。

(2) 细分市场吸引力评估。吸引力指的是企业在目标市场上长期获利能力的大小，主要取决于五个群体：同行业竞争者、潜在的新参加的竞争者、替代产品、购买者、原材料供应商。这五种力量具有威胁性，需采取相应防卫方法(如图 2-7 所示)。

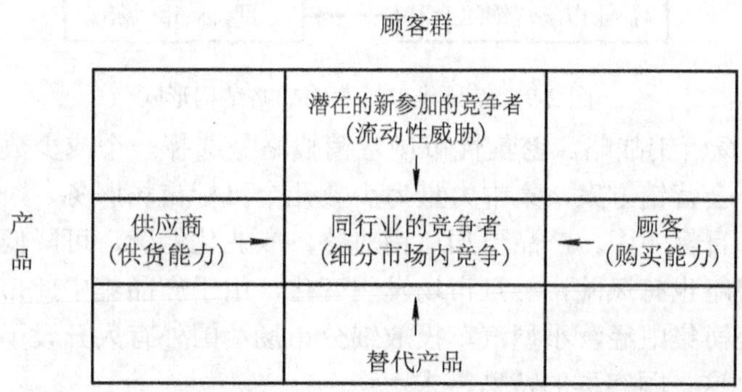

图 2-7　目标市场的五个群体

① 对供应商，建立良好关系和开拓多种供应渠道。

② 对顾客，提供无法拒绝的优质产品。

③ 对同行竞争者，唯有不断推出新产品。

④ 对替代产品，需密切注意其价格趋势。

⑤ 对新参加的竞争者，使其不易进入或进入壁垒高。

(3) 企业本身的目标和资源。如某个细分市场具有一定规模和发展特征，其组织结构也有吸引力，企业还必须对该市场是否符合企业的长远目标、是否具备获胜能力以及是否具有充足的资源等情况进行评估。

2. 制定目标市场营销战略

企业对目标市场进行科学评估后，当决定进入目标市场时，还必须制定相应的营销战略。

(1) 无差异市场营销战略。无差异市场营销战略不考虑市场局部需求的差异性，只针对整体市场的一般共性，以同一产品、统一价格，满足整体市场的所有需求(不需要细分市场)。如可口可乐公司在早期营销阶段，只提供一种瓶式包装、一种口味的饮料来满足所有顾客的需求，就是无差异市场营销的典型实例。

无差异市场营销战略结构形式如图 2-8 所示。

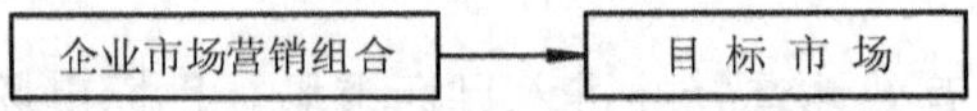

图 2-8　无差异市场营销战略结构形式

(2) 差异化市场营销战略。差异化市场营销战略在重视整体市场的一般共性需求的基础上，突出考虑市场局部需求的差异性，以不同特色、等级的产品，区分等级的差别价格，以满足各个局部市场的差异需求(市场细分为基础)达到满足全局、整体市场的所有需求。如通用汽车公司就针对不同财力、购买目的和个性的消费者，设计和生产不同种类、型号的汽车，分别推向各个细分市场。

差异化市场营销战略结构形式如图 2-9 所示。

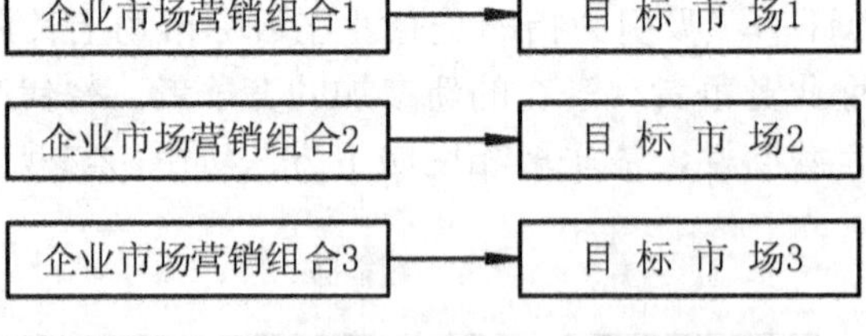

图 2-9　差异化市场营销战略结构形式

(3) 密集性市场营销战略。密集性市场营销战略是选择一个或少数几个细分市场作为目标市场，制订一套营销方案，集中力量为少数几个目标市场服务，争取在目标市场上占有大量份额。由于目标集中，产品更加适销对路，专业化经营，可降低生产成本和营销费用。但这种营销战略也有风险，一旦市场发生变化，由于产品集中此市场，则会使企业亏损。如大众汽车公司集中经营小型汽车投放细分市场；国外有人开设了专门提供左撇子用品的商店，以满足这一顾客群的特殊需求。

密集性市场营销战略结构形式如图 2-10 所示。

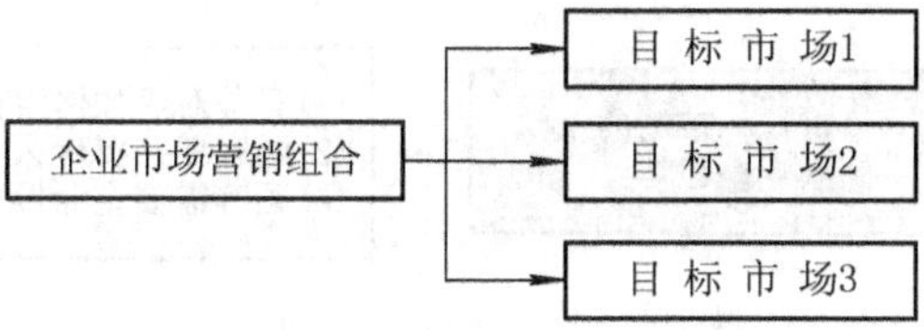

图 2-10　密集性市场营销战略结构形式

(4) 定制营销战略。定制营销(customized marketing)又称“个别化营销”(individual marketing)或“一对一营销”(one-to-one marketing)，是 20 世纪 90 年代后期发展起来的一种新型的营销策略。定制营销就是在市场细分的基础之上，进一步针对个别消费者的特定需要提供个性化的满足。如完全可按照消费者个性的喜好来设计服装、手表、皮鞋等消费品；按照个人的设计来装饰住房甚至建造别墅；按照个人的需要和可能性来制订学习计划，提供业余培训等。定制营销是比目标营销更有针对性，从而对顾客的满足程度也更高的营销方式，因此开展定制营销的企业就能更牢固地控制其目标群体，稳定其目标市场。

既然定制营销能增强企业的市场竞争能力，那么为什么在 90 年代后期才发展起来呢？关键在于定制营销与规模化生产之间的矛盾。因为只有大规模的标准化生产才可能使产品的生产成本降到最低，这几乎已成为一种经济学的常识，而定制营销对大规模的标准化生产提出了挑战，所以，在没有解决定制化生产导致成本上升的问题之前，定制营销是很难开展的。有人说“目标营销相对定制营销而言，是屈从于规模经济效应的一种无奈”，此话是颇有道理的。

20 世纪 90 年代后，数码控制系统在生产领域的广泛应用使个性定制和规模生产的矛盾得到了解决，这就是“柔性生产技术”的问世。柔性生产通过数码控制技术可以在同一条流水线上生产出上百种不同规格和款式的产品，这样就使定制营销成为可能。满足“定制营销”需要的另一种方法就是“组合技术”，即由于许多产品和服务实际上是由各种部件或要素所组成的，消费者的个性需要往往只表现为对其中少数部件和要素的不同需要，有的甚至只是组合方式上的差异，因此在部件和要素的生产上仍然可以是批量化和规模化的，只需在最后的组合上按照顾客的特定需要来组合，就能解决定制营销中的规模效应问题。目前许多企业就是这样做的。如戴尔公司完全按照顾客的个性需要来提供品牌电脑，主要表现为根据顾客所提出的要求来进行电脑硬件的不同配置，而各种电脑硬件的生产和采购则完全可以是批量化的。

企业在选择营销战略时，必须考虑到的是：企业的实力；产品的差异性及所处生命周期阶段；市场的差异及市场规模；竞争对手的营销战略。企业应以自身的优势选择其营销战略。

三、市场定位

市场定位是指企业针对潜在顾客的心理进行营销设计，创立产品、品牌或企业在目标顾客心目中的某种形象或个性特征，保留深刻的印象和独特的位置，从而取得竞争优势。市场定位的目的是为了影响购买者的心理，增强企业及产品的竞争力，促进产品销售，增加企业的经济效益。

市场定位的步骤如图 2-11 所示，市场定位的实例如图 2-12 所示。

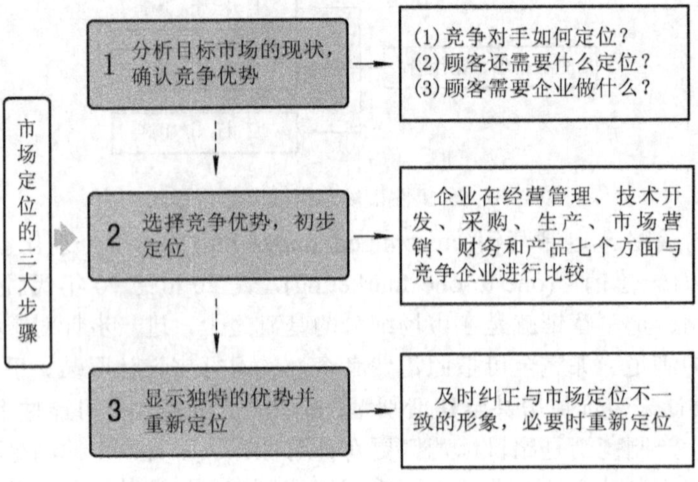

图 2-11 市场定位的步骤

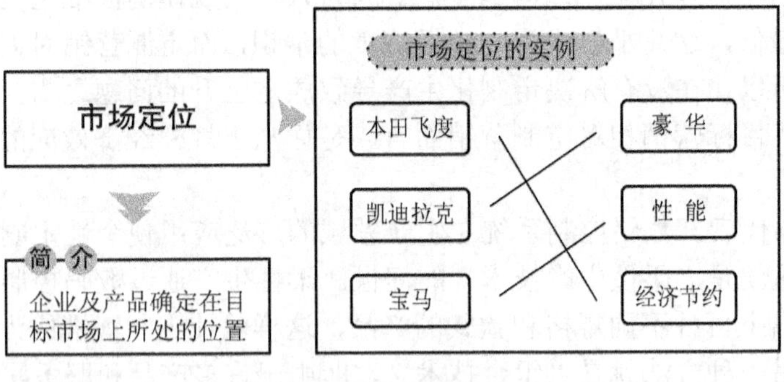

图 2-12 市场定位的实例

当企业选定一个目标市场后，同行的竞争对手也在争夺这一目标市场。如果大家都向目标市场推出同类产品，消费者就会向价格最低的公司购买，最终大家都降价，没有什么利益可得。唯一的办法是使自己的产品与竞争者的产品有差别，有计划地树立自己的产品的某种与众不同的理想形象，有效地促使自己的产品差异化，去获得差别利益。

产品定位是现代市场营销学中的一个重要概念，是市场细分化的直接后果。企业根据用户对所生产产品的需求程度，根据市场上同类产品竞争状况，为本企业产品规划一定的市场地位，即为自己的产品树立特定的形象，使之与众不同。

产品市场定位的实质是为了使企业的产品具有某些特色，并在目标顾客心目中占据一个独特的、有价值的地位。

例如，压铸机作为一种先进的精密零件制造设备，应用越来越广，国内外压铸机制造商都十分注重产品市场定位，精心为其产品赋予鲜明的个性，并迅速准确地传递给用户，使用户对企业及其产品形成良好的印象。如瑞士布勒压铸机以“品质第一”闻名，因而价格最贵；日本东洋压铸机以“技术服务周到”闻名，价格适中；深圳力劲压铸机以“好用、经济”闻名，大众买得起，成为全球热室压铸机制造的最大生产企业。准确的市场定位有利于企业脱颖而出。

【思考与练习】

1. 机电产品的主要类别有哪些？

2. 微观市场营销环境由哪些方面构成？它们各有何特点？宏观市场营销环境由哪些方面构成？它们各有何特点？

3. 举例分析：加入 WTO 后，中国国有企业的营销环境。

4. 机电产品市场预测的方法有哪些？各自的内容是什么？

5. 简述机电产品市场营销信息调研的步骤。

6. 对机电产品如何进行市场定位？

7. 针对国产手机市场现状，请分析小米手机如何运用市场细分及定位，运用品牌营销战略获得成功的。阅读以下材料，提出你的建议和想法。

材料：小米手机的发展概况、市场细分及定位分析。

(1) 小米是 2011 年出现的一个智能品牌，主打低价、高配置，性价比超高的一款手机。它不到一年就成功地杀出了一条“血路”，销量远远超出了其他国产智能手机的品牌。小米手机、MIUI、米聊是小米公司旗下三大核心业务。小米定位于中低端市场，坚持“为发烧而生”的产品理念。小米公司首创了利用互联网开发和改进手机的操作系统，60 万发烧友参与了产品的开发和改进。2014 年，小米的产品已涵盖了手机、平板、电视、路由器等。

小米的全方位发展带动了一批生态链企业的成功。小米生态链以手机为核心，不断向外扩展。截至 2018 年 3 月 31 日，小米公司投资或孵化了超过 210 家公司，其中 90 家以上的公司专注于发展智能硬件及生活消费产品，以加强公司的生态系统。

(2) 小米市场细分及定位分析。

① 小米为发烧而生。小米手机是小米公司研发的一款高性能发烧手机，主要针对手机发烧友，采用线上销售模式。这款手机适合被年轻人购买和认同，在性别上，男女都适合。小米系统是开放式的，方便手机发烧友更新系统。小米官网上每过一段时间就会推出新系统，以方便用户及时更新。

② 市场价格定位。在中国手机市场上，苹果、三星的价格较高，而小米手机的横空出世为收入较低的人们所接受。小米采用线上销售模式，减少了销售渠道，在销售过程中大幅度地降低成本，用户购买的产品价格便宜实惠。小米将智能手机产品分为小米 MIX、小米、红米三大系列，共包括五个价格区间：3000 元以上；2000～2999 元；1300～1999 元；800～1299 元；799 元以下。

③ 小米的销售渠道。小米诞生之初，就打着互联网手机的旗号，从 2016 年开始发展线下销售，启动“小米之家”。“小米之家”零售门店通过为用户提供亲身产品体验来增强用户的购买意愿。公司的线下零售战略与线上同样高效，2017 年公司自营“小米之家”零售门店的平均销售额约为 24 万元，位居全球零售连锁店第二名。截至 2018 年 3 月 31 日，公司在中国境内共设有 331 个“小米之家”。

项目三　机电产品策略

【项目导航】

市场营销以满足市场需求为中心，而市场需求的满足只能通过提供某种产品和服务来实现。因此，产品是一个企业市场营销组合中最重要的因素。产品策略直接影响和决定着其他市场营销组合策略，是企业市场营销成败的关键。

通过本项目的学习，应理解产品的整体概念及其营销意义，了解产品生命周期理论的基本原理及其在营销实践中的作用，掌握产品组合策略和产品生命周期的阶段特征及其营销策略，并掌握品牌与包装的基本策略。

【案例导入】

案例3-1　把握市场机会，占领市场

广东增城运豪机铸有限公司的产品主要出口美国、欧洲，其中精品汽车模型占了美国市场的30%份额，并获美国三好(好品质、好价格、好服务)评价。

1. 目标市场

拥有世界上各式各样的名车，是许多人梦寐以求的愿望，但即使再有钱的人也不可能什么车型都买下来，于是就有人用一种特别的方式来实现拥有很多车型的梦，即欣赏、收藏世界名车模型。仿真汽车模型是严格按真车等比缩小制成的，不仅外观、形状、质感、颜色与真车一样，其内部结构如发动机、底盘、仪表盘、大小灯等也与真车一样，方向盘可操控车轮转动，车门可打开。这些汽车模型采用了先进的压铸技术制作零件，一个精品汽车模型，可用成百上千个零件组成，极为逼真。每一款经典名车都汇集了历史、社会、文化、科学技术于一体，令人陶醉于一种新的都市时尚，在汽车文化中触摸汽车工业飞速发展的脉搏。仿真汽车模型具有极高的工艺美术价值，欣赏中更获得美的享受，乐趣多多。就是这样一种产品，在世界市场上极受欢迎，越来越多的人喜欢把玩汽车模型，使自己的车模种类越来越多。从世界上第一辆汽车的模型到21世纪新车型，车模是一百多年汽车工业飞速发展的见证。老爷车带给人怀旧的情调，新车型带给人未来的新概念，层出不穷的车型为厂家提供了广阔的市场机会。在日本、欧美、中国香港等发达国家和地区，仿真车模市场规模非常大。在中国，人们追求着更高品位的生活，新的都市时尚的流行也为车

模市场带来了可观的前景。

车迷、车模爱好者、玩车一族对车模的需求量和相应购买力，使车模市场存在着巨大的发展潜力，可使企业形成规模生产和销售，以达到预期利润目标。而运豪公司本身又具备规模生产能力、竞争的优势，保证企业能进入这一目标市场，并占领这一市场。

2. 产品市场定位

当汽车模型已成为世界玩具厂商的宠儿时，以这一类顾客为目标市场的生产厂家极多。在激烈的竞争中，需要有效地使自己的产品差异化，树立别具一格的产品形象，从而超过竞争对手。产品市场定位的实质，是为了使本企业产品具有某些特色，并在目标顾客心中占据一个独特的、有价值的地位，如“更精致”。

例如，同样是价格为100元的一个车模，一般由50个零件构成，运豪公司则用60个零件构成，表现出了更细致的部位，这样在同等价格下，运豪的车模更精细，自然更加吸引顾客来购买。

3. 价格定位

产品的价格是产品竞争力的主要内容，它影响着顾客的购买力，也影响着产品的形象，因此产品价格是企业市场营销最重要的策略。

例如，同一款1∶18车模，如放在玩具商城、超级市场当玩具销售，售价是19美元，销量大，如放在精品店销售，售价是29美元，销量小。在玩具市场，价格低，给人一种儿童玩具的感觉；而在精品店，价格高，作为一种欣赏品，给人以上乘产品、气派的感觉。考虑到产品的档次、产品的价值、所面对的目标顾客，运豪公司的车模主要在精品店销售。实践证明，其价格策略是对的，使运豪公司精品汽车模型成了美国市场的主导。

4. 创造市场

企业最基本的两个功能是贯彻市场观念和创新。面对日益激烈的市场竞争和不断变化的市场需求，企业唯有创新才能立足。层出不穷的创新产品不仅满足顾客的需求，同时也会带动这一类产品整体水平的提高。

美国是世界上经济最发达的国家，过去美国人总是认为美国制造的东西才是最好的，包括对车模的看法也是这样。而运豪公司以先进的制造技术，不断把车模制造水平提高，把产品质量提高。由于运豪公司产品不断创新，档次更高，更精美，更完善，也就带动了车模市场产品整体水平的提高，使在中国制造的车模在美国市场上极受欢迎，并占有了绝大部分的市场份额。美国人把车模订单转由运豪公司生产，运豪公司的车模终于以自己的质量、价格、服务进入美国市场。

5. 营销策略

(1) 选车型。作为一个车模生产企业，开发一种新车模投入市场，如果车型选对了，就赢了市场，如果车型选不对，则无人购买。作为一种带欣赏性的产品，更多的是凭感觉决定车型选择，也就是说根据产品主要面向的国家和地区，了解当地人的感觉，选出相应车型。例如，一种名为“老虎狗”的车型非常丑怪，一般人都不会喜欢，可恰恰是在世界上很多地区都深受欢迎。香港人对“巴士”车模情有独钟；美国人对“甲壳虫古典老爷车模最偏爱；欧洲人喜欢“奔驰”“宝马”“劳斯莱斯”车模；中国人喜欢“红旗”车模。人们的喜好成了企业推出新车模的依据。

(2) 多渠道分销——建立庞大的销售网络。运豪公司在美国的分销商超过200个，分销商不仅推销运豪公司的产品，还与运豪公司结成贸易伙伴关系，即与之利害相关、成败与共，双方在发展中、利益上都有密切的关系。因为运豪公司每生产某一种汽车模型，必须获得这家汽车生产厂的授权准许证才能生产，正如要生产“红旗”车模，必须得到中国一汽集团的准许证，单靠运豪公司自己去争取，很难拿到那么多的厂家准许证，而这些长期经营车模销售的分销商手中，都有一家或几家公司的准许证，运豪公司与分销商建立起良好的合作伙伴关系，就可以从分销商那里获得生产各种车模的准许证，从某种意义上来说，分销商给运豪公司准许证、订单，并推销运豪的产品，而运豪公司以好品质、好价格、好服务使分销商从推销车模中获利。这些分销商遍布美国各地，对当地市场需要变化极为敏感，信息反馈也快。有的分销商直接面对顾客，也有的分销商下面还有更小的分销商，各有各的销售网络。正是依靠这庞大的销售网络，运豪公司的精品车模在美国市场上占据了很大的份额。

案例3-2　准确的产品定位令企业脱颖而出

深圳力劲机械厂有限公司是国内最大的热室压铸机生产企业。

1. 压铸机市场发展趋势

香港的玩具在世界市场上极受欢迎，占世界出口量第一，现在这些玩具生产厂大多建在广东，单是一项锌合金仿真汽车模型，年产值超过亿元的就有很多家。有的厂仅压铸机就有40台，产值10个亿，可见生产规模之大。这些厂生产的世界名车模型风行全球，可以说玩具行业是压铸机、注塑机的大市场。

随着人民生活水平的提高，灯饰、建筑装饰纷纷进入家庭，而这些金属装饰零件很多是采用压铸机生产出来的，因此五金件、装饰件也是压铸机的大市场。

再加上汽车、摩托车中的压铸件，家用电器零件、锁具、金属扣、拉链头，很多是用压铸机生产的，所以应用压铸机的行业很多。随着新兴行业的出现和新产品的不断开发，作为一种精密零件制造技术的压铸机，市场前景看好。

2. 竞争形势

市场对压铸机的需求不断增加，压铸机生产厂家就越来越多，国外著名的压铸机生产厂也纷纷进入中国市场推销压铸机，使压铸机市场竞争形势非常激烈，处于供大于求的状况。

3. 市场定位

力劲公司生产的压铸机、注塑机的市场定位为“先进、高效、可靠、经济、好用、易修”，即性能先进，用户买得起，且容易操作。

4. 公司的发展导向

公司的发展导向是向高科技发展。为此，公司不断引进海内外先进技术，采用了现代化流水式作业生产线，配备多台日本生产的大型加工中心，引进先进的软件设计，将产品标准化、系列化，使企业具备了先进的生产制造能力和极强的新产品开发能力。市场上需要什么机型，公司就马上开发出所需要的机型。例如，顾客要求压铸机能适应小批量、高质量、高效率的生产，力劲公司马上开发出新型 Vision Series，以灵巧快捷的锁模油路，高速度的射料系统，简易的换模装置，使压铸一个循环只需要 2.1 s，具备了高效、优质、低成本、耗电小、设备占地小的优点，满足了小型压铸件的生产要求。

5. 营销策略："主动出击，服务在前"

力劲公司了解到某集团公司为广东第二大玩具制造商，拥有各类注塑机近千台。该集团成立已有 8 年历史，预测该集团注塑机的更换率为每年 6%～10%，即每年需新购入注塑机 60～100 台。为争取到这一笔生意，力劲公司制定出"主动出击，服务在前"的营销策略，首先提供下列服务。

(1) 为用户培训注塑机操作维修人员 30 名。

(2) 举办"玩具行业对注塑机性能特殊要求"研讨会，以听取用户对目前使用中的注塑机的意见和要求，去设计制造满足用户要求的新机型。5 月 20 日才开了研讨会，6 月份即拿出根据用户要求的新机型设计，7 月份制造出新款 PT130 机型，8 月份通过欧洲安全标准 CE 认证。该集团公司立即派人来力劲公司参观样机，详细了解机器性能后，兴奋地说："这就是我们所需要的机型"，一周后，一张购买 42 台注塑机的订单随之落到力劲公司。

6. 技术领先、步步领先

在现代企业竞争中，想远远地甩开竞争对手，必须不断加高自身的门槛，让对手难以超越，这是现代市场营销中的竞争策略之一，不断加高门槛，主要是指必须在本领域核心技术、服务等方面不断创新，从而领先竞争对手。当镁合金压铸件将作为一种新型轻质材料广泛应用于 IT 工业的手提电脑、掌上电脑、手机等电信领域，以及汽车行业产品中时，力劲公司预见到镁合金压铸的发展首先需要设备，就马上把握机会，研究开发出镁合金压铸机，成为国内第一家生产镁合金压铸机的厂家，从而引导了镁合金压铸潮流，处于行业领先地位。

知识点 1　产品整体概念

企业生产什么产品？为谁生产产品？生产多少产品？这似乎是经济学的命题，但其实是企业开展产品策略必须回答的问题。企业如何开发满足消费者需求的产品，并将产品迅速、有效地传送到消费者手中，构成了企业营销活动的主体。

产品是什么？这是一个不是问题的问题，因为企业时时刻刻都在开发、生产、销售产品，消费者时时刻刻也都在使用、消费和享受产品。但随着科学技术的快速发展，社会的不断进步，消费者需求特征的日趋个性化，市场竞争程度的加深加广，导致了产品的内涵和外延也在不断扩大。

一、产品整体概念的层次

产品是指能够给市场提供用于满足消费者某种欲望和需要的任何事物，包括实物、服务、场所、组织、思想、主意等。按照市场营销的标准，把构成产品的各种因素有机结合起来就会形成一个完整的整体产品。

产品整体概念包括了核心产品、有形产品、期望产品、附加产品和潜在产品五个层次的内容，如图 3-1 所示。

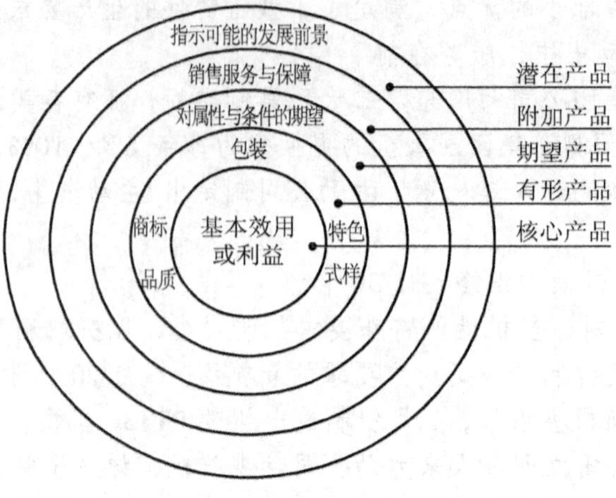

图 3-1　产品整体概念的五个层次

1. 核心产品

核心产品是产品整体概念中最基本和最实质的层次，它是指产品给顾客提供的基本效用和利益，是顾客需求的中心内容。顾客之所以愿意支付一定的货币来购买产品，首先就在于产品的基本效用，拥有它能够从中获得某种利益或欲望的满足。

2. 有形产品

有形产品是核心产品借以实现的形式，即向市场提供的实体和服务的形象。如果有形产品是实体品，则它在市场上通常表现为产品的质量水平、外观特色、式样、品牌名称和包装等。产品的基本效用必须通过某些具体的形式才能实现。市场营销者应首先着眼于顾客购买产品时所追求的利益，以求更完美地满足顾客需要，从这一点出发再去寻求利益得以实现的形式，进行产品设计。

3. 期望产品

期望是指购买者购买某种产品通常所希望和默认的一组产品属性和条件。一般情况下，顾客在购买某种产品时，往往会根据以往的消费经验和企业的营销宣传，对所想购买的产品形成一种期望。如对于旅店的客人，期望的是干净的床、香皂、毛巾、热水、电话和相对安静的环境等。顾客所得到的，是购买产品所应该得到的，也是企业在提供产品时应该提供给顾客的。对于顾客来讲，在得到这些产品的基本属性时，并没有靠太多的路数和形为偏好，但是，如果顾客没有得到所期望的一整套产品属性和条件，就会非常不满意。

4. 附加产品

附加产品指顾客因购买产品所得到的全部附加服务与利益，包括保证、咨询、送货、安装、维修等，这是产品的延伸或附加，它能够给顾客带来更多的利益和更大的满足。随着科学技术的日新月异以及企业生产和管理水平的提高，不同企业提供的同类产品在实质和形式产品的层次上越来越接近，而附加产品在企业市场营销中的重要性也日益突出，逐步成为决定企业竞争能力高低的关键因素。

美国学者西奥多·莱维特曾经指出：“新的竞争不是发生在各个公司的工厂生产什么

产品，而是发生在其产品能提供何种附加利益(如包装、服务、广告、顾客咨询、融资、送货、仓储及具有其他价值的形式)。”

大众汽车有限公司服务部高级经理奥伯尔先生曾说过：“一家成功的公司除了生产优质的产品外，还必须提供良好的售后服务，这一理念是企业成功的根本。”同样，美国市场营销学家里维特教授断言：“未来竞争的关键，不在于工厂能生产什么产品，而在于其产品所提供的附加价值：包装、服务、广告、用户咨询、消费信贷、及时交货和人们以价值来衡量的一切东西。”因此，企业要赢得竞争优势，就应向顾客提供比竞争对手更多的附加利益，这是研究机电产品策略的出发点。

5. 潜在产品

潜在产品是指一个产品最终可能实现的全部附加部分和新增加的功能。许多企业通过对现有产品的附加与扩展，不断提供潜在产品，所给予顾客的就不仅仅是满意，还能使顾客在获得这些新功能时感到喜悦。潜在产品指出了产品可能的演变，也使顾客对于产品的期望越来越高。潜在产品要求企业不断寻求满足顾客的新方法，不断将潜在产品变成现实的产品，这样才能使顾客得到更多的意外惊喜，更好地满足顾客的需要。

二、产品的差异性

从产品整体概念的角度来看，除了产品的基本效用(即用以满足消费者核心利益需要的核心产品)之外，其他各个层次的产品概念是可以有所不同的。对具有同样效用的产品，不同消费者对其形态及附加利益的需求会有差别。如同样的洗衣机，有人喜欢全自动的，有人喜欢半自动的；有人喜欢双缸的，有人喜欢单缸的；有人喜欢上开门的，有人喜欢侧开门的。正是因为需求各不相同，而且会不断变化，所以能使企业有不断更新产品、增强竞争能力的机会。如中国山东的北极星钟厂，曾根据各种消费群体的不同需求特征，分别开发了适应农村市场需要的富有民族情趣的彩色雕刻木钟，适应城市顾客喜欢的具有现代气息的艺术台钟，适应海外市场需要的仿古型立式座钟和挂钟等。其结果是使销售量不断上升，占据了行业的领先地位。

一般来说，有形产品的差异性可主要表现在一些基本要素上，例如，质量(可靠性、耐用性及产品精度)、功能(广度、深度)、式样、结构、特色，以及使用和修复的便利性等。企业只要在某一个或几个要素上能与同行业的竞争产品有明显差异，并能为消费者所接受，就能形成较强的竞争力。

现代企业产品外延的不断拓展缘于消费者需求的复杂化和竞争的白热化。在产品的核心功能趋同的情况下，谁能更快、更多、更好地满足消费者复杂的利益整合的需要，谁就能拥有消费者，占有市场，取得竞争优势。企业不断地拓展产品的外延部分已成为现代企业产品竞争的焦点，消费者对产品的期望值越来越多地包含了企业所能提供的服务、企业人员的素质及企业整体形象的“综合价值”。目前发达国家企业的产品竞争多集中在附加产品层次，而发展中国家企业的产品竞争则主要集中在期望产品层次。若产品在核心利益上相同，但附加产品所提供的服务不同，则可能被消费者看成是两种不同的产品，因此也会造成两种截然不同的销售状况。美国著名管理学家李维特曾说：“新的竞争不在于工厂里制造出来的产品，而在于工厂外能够给产品加上包装、服务、广告、咨询、融资、送货或顾客认为有价值的其他东西。”

三、产品决策(Product decisions)

产品决策是企业根据市场预测的结果，在企业经营战略的指导下，结合企业自身的具体条件，确定在未来一段时间里以什么样的产品(产品组合)满足目标市场需要及推出该产品的过程。任何一个自主经营的企业，都会把产品生产、产品组合、产品决策作为企业生命线。

1. 产品决策的内容

产品决策是市场营销的首要策略。产品决策的内容包括：产品的开发、投产；现有产品的改进与更新换代；对现有产品进行最优组合、整顿和淘汰；合理利用企业的人力、物力和财力，有选择、有目的地进行分配，力求达到最大的经济效益，向市场和用户提供适销对路的产品。

从市场观念看产品系统如图 3-2 所示。产品是企业一切经济活动的中心，产品决策是一项十分复杂的工作，与企业的经济技术条件和市场环境密切相关，需从经营管理和生产技术两方面考虑，完成从产品构思到商品化全过程。

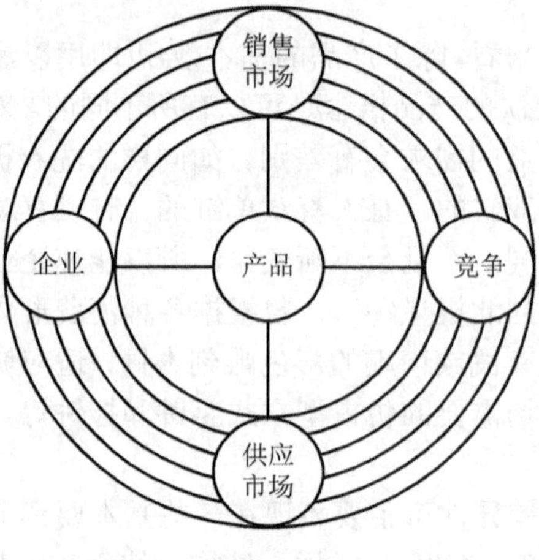

图 3-2　从市场观念看产品系统

产品开发和市场开拓的组合方式有以下几种：

(1) 市场渗透策略：在产品不变、市场不变的情况下，扩大销售量。

(2) 市场开拓策略：产品不变，设法去寻找新市场、新用户。

(3) 产品开发策略：通过产品的更新换代或改进产品来满足现有市场的需求。

(4) 多边开发策略：把开拓新市场和开发新产品结合起来，采用多元化发展策略。

2. 产品决策在企业经营中的重要意义

产品决策在企业经营中有着重要意义。企业根据产品发展与市场发展两个方面来研究其策略，目的在于以何种规格、性能、质量的产品去满足目标市场的需求，使企业不断发展并开拓新的市场。

(1) 产品决策是企业经营决策的重要组成部分，是决定企业经营战略决策能否实现的首要保证。企业总体发展战略是企业长远发展的大方向，带有全局性、长远性的特点。但是企业战略目标最终要落实到如何满足用户的需求、如何满足市场的需求，落实到企业所提供的产品上。因此产品决策是企业战略目标的具体化。

(2) 企业产品决策在企业经营决策体系中居于重要地位，是企业经营决策的核心。企业一旦确定了所要经营的产品及品种结构，就要为生产和销售这种产品进行各方面的调整。有了产品，才有原材料的供应问题，才有产品销售的问题，甚至在一定条件下，企业还要为生产和经营该产品进行人事组织变动。因此说产品决策是企业经营决策体系的灵魂。

(3) 产品决策对企业生存和发展有重要影响。一个企业能否不断发展壮大，最终要看其产品是否满足市场需要，是否有较强的赢利能力和较强的竞争能力，企业只有好的战略决策，而没有一个有发展前途的产品和产品结构，即使有再好的市场机会，也不可能给企业带来较好的经济效益。

知识点2　机电产品的生命周期与营销策略

一、产品的生命周期

产品的生命周期也称为产品的寿命周期，是指产品从进入市场到退出市场所经历的全过程。产品只有经过研究开发、试销，然后进入市场，它的生命周期才算开始。产品的生命周期分为导入期、成长期、成熟期和衰退期四个阶段。每个时期都反映出顾客、竞争者、经销商、利润状况等方面的不同特征，企业可以根据产品在生命周期各个阶段的显著特征来制定最佳产品营销策略，满足顾客需求，从而赢得长期利润。产品生命周期的不同发展阶段有着不同的市场特征，产品组合和营销策略也相应不同。对产品生命周期的分析主要是通过对产品的销售量和利润随时间的变化来进行研究的。

在科学技术高速发展的今天，产品的生命周期越来越短，用户要求购买产品的性能、价格比不断提高，企业要快速响应用户要求，唯有不断创新自己的产品和制造过程，才能以具有特色和性能过硬的产品去占领市场。

一般认为，产品生命周期可分为下列四个阶段：

(1) 市场导入期。在市场导入期，产品开始批量生产并投入市场，此阶段产品的特征是销量低，用户从试用到接受再扩散要经过一段时间，企业需投入较大的宣传费用去提高产品的知名度。

(2) 快速成长期。在快速成长期，产品知名度不断提高，初试产品的用户由于使用满意也会扩大对这种产品的宣传影响。机电产品的购买者往往在决定买某一种产品时会到已购买了这种产品的厂家去看看实际的使用效果，好产品的声誉很容易从用户中传开，交叉影响能使新产品迅速向市场扩散。这一阶段中，产品的销售量迅速增长，利润显著增长。但竞争者的类似产品也可能会出现。

(3) 平衡成熟期。在平衡成熟期，产品开始大量生产和销售，在市场基本饱和，销售量和利润达到高峰后开始下降，市场竞争日益激烈，产品的成本和价格趋于下降。

(4) 衰退期。在衰退期，新的替代产品出现，原有产品销售量明显下降，利润减少。

产品生命周期的规律是客观存在的，产品所处的各个不同的生命周期阶段，具有的市场特征都不同。研究产品生命周期规律的意义在于指导企业的微观经济活动，针对不同阶段的特点，实施不同的营销策略。产品生命周期形态如图 3-3 所示。

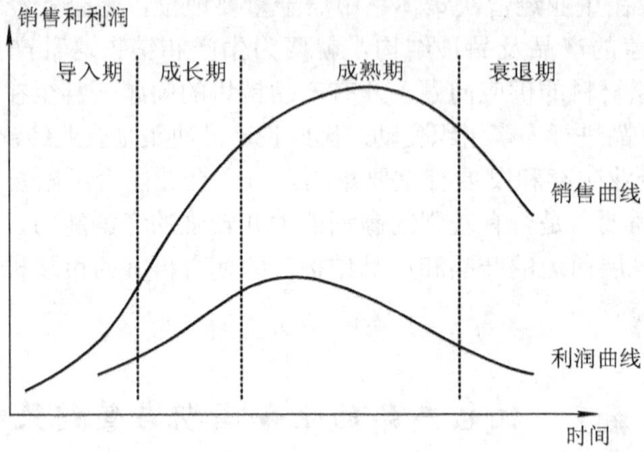

图 3-3　产品生命周期形态

二、市场营销策略

产品生命周期的四个阶段呈现出不同的市场特征，企业的营销策略也就以各阶段的特征为基点来制定和实施。产品生命周期四个阶段的营销策略如图 3-4 所示。

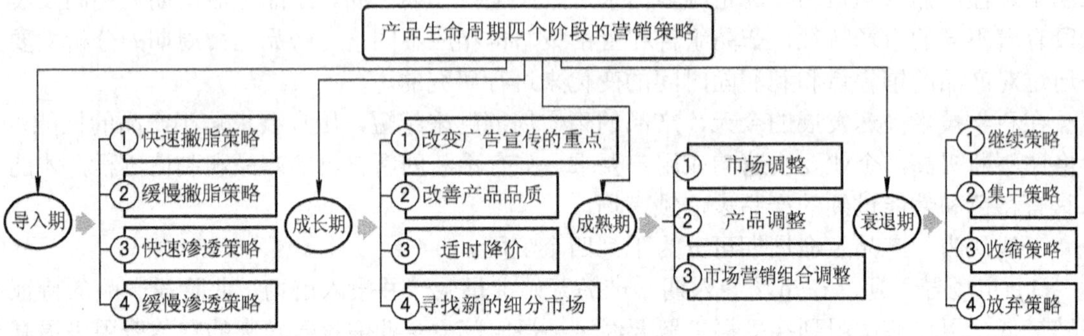

图 3-4　产品生命周期四个阶段的营销策略

1. 产品导入期的市场营销策略

产品导入期的特征是产品销量少，促销费用高，制造成本高，销售利润很低甚至为负值。根据这一阶段的特点，企业应努力做到：投入市场的产品要有针对性；进入市场的时机要合适；设法把销售力量直接投向最有可能的购买者，使市场尽快接受该产品，以缩短导入期，更快地进入成长期。

在产品的导入期，一般可以由产品、分销、价格、促销四个基本要素组合成各种不同的市场营销策略。仅将价格高低与促销费用高低结合起来考虑，就有以下四种策略。

1) 快速撇脂策略

快速撇脂策略即以高价格、高促销费用推出新产品。实行高价策略可在每单位销售额中获取最大利润，尽快收回投资；高促销费用能够快速建立知名度，占领市场。实施这一策略须具备以下条件：产品有较大的需求潜力；目标顾客求新心理强，急于购买新产品；企业面临潜在竞争者的威胁，需要及早树立品牌形象。一般而言，在产品引人阶段，只要新产品比替代的产品有明显的优势，市场对其价格就不会那么计较。

2) 缓慢撇脂策略

缓慢撇脂策略是以高价格、低促销费用推出新产品，目的是以尽可能低的费用开支求得更多的利润。实施这一策略的条件是：市场规模较小；产品已有一定的知名度；目标顾客愿意支付高价；潜在竞争的威胁不大。

3) 快速渗透策略

快速渗透策略是以低价格、高促销费用推出新产品，目的在于先发制人，以最快的速度打入市场，取得尽可能大的市场占有率；随着销量和产量的扩大，单位成本降低，取得规模效益。实施这一策略的条件是：该产品市场容量相当大；潜在消费者对产品不了解，且对价格十分敏感；潜在竞争较为激烈；产品的单位制造成本可随生产规模和销售量的扩大迅速降低。

4) 缓慢渗透策略

缓慢渗透策略是以低价格、低促销费用推出新产品。低价可扩大销售，低促销费用可降低营销成本，增加利润。这种策略的适用条件是：市场容量很大；市场上该产品的知名度较高；市场对价格十分敏感；存在某些潜在的竞争者，但威胁不大。

2. 产品成长期的市场营销策略

新产品经过市场介绍期以后，消费者对该产品已经熟悉，消费习惯业已形成，销售量迅速增长，这种新产品就进入了成长期。进入成长期以后，老顾客重复购买，并且带来了新的顾客，销售量激增，企业利润迅速增长，在这一阶段达到高峰。随着销售量的增大，企业生产规模也逐步扩大，产品成本逐步降低，新的竞争者会投入竞争。随着竞争的加剧，新的产品特性开始出现，产品市场开始细分，分销渠道增加。企业为维持市场的继续成长，需要保持或稍微增加促销费用，但由于销量增加，平均促销费用有所下降。针对成长期的特点，企业为维持其市场增长率，延长获取最大利润的时间，可以采取下面几种策略。

1) 改变广告宣传的重点

把广告宣传的重心从介绍产品转到建立产品形象上来，树立产品名牌，维系老顾客，吸引新顾客。

2) 改善产品品质

对产品进行改进，如增加新的功能，改变产品款式，发展新的型号，开发新的用途等，可以提高产品的竞争能力，满足顾客更广泛的需求，吸引更多的顾客。

3) 适时降价

在适当的时机，可以采取降价策略，以激发那些对价格比较敏感的消费者产生购买动机和采取购买行动。

4) 寻找新的细分市场

通过市场细分，找到新的尚未满足的细分市场，根据其需要组织生产，迅速进入这一新的市场。

3. 产品成熟期的市场营销策略

进入产品成熟期以后，产品的销售量增长缓慢，逐步达到最高峰，然后缓慢下降；产品的销售利润也从成长期的最高点开始下降；市场竞争非常激烈，各种品牌、各种款式的同类产品不断出现。对成熟期的产品，宜采取主动出击的策略，使成熟期延长，或使产品生命周期出现再循环。为此，可以采取以下三种策略。

1) 市场调整

市场调整策略不是要调整产品本身，而是发现产品的新用途、寻求新的用户或改变推销方式等，以使产品销售量得以扩大。

2) 产品调整

产品调整策略是通过产品自身的调整来满足顾客的不同需要，吸引有不同需求的顾客。整体产品概念的任何一层次的调整都可视为产品再推出。

3) 市场营销组合调整

市场营销组合调整即通过对产品、定价、渠道、促销四个市场营销组合因素加以综合调整，刺激销售量的回升。常用的方法包括降价、提高促销水平、扩展分销渠道和提高服务质量等。

4. 产品衰退期的市场营销策略

产品衰退期的主要特点是：产品销售量急剧下降；企业从这种产品中获得的利润很低甚至为零；大量的竞争者退出市场；消费者的消费习惯已发生改变等。面对处于衰退期的产品，企业需要进行认真的研究分析，决定采取什么策略，在什么时间退出市场。通常有以下几种策略可供选择。

1) 继续策略

继续策略是指继续沿用过去的策略，仍按照原来的细分市场，使用相同的分销渠道、定价及促销方式，直到这种产品完全退出市场为止。

2) 集中策略

集中策略是把企业能力和资源集中在最有利的细分市场和分销渠道上，从中获取利润。这样有利于缩短产品退出市场的时间，同时又能为企业创造更多的利润。

3) 收缩策略

收缩策略是抛弃无希望的顾客群体，大幅度降低促销水平，尽量减少促销费用，以增加目前的利润。这样可能导致产品在市场上的衰退加速，但也能从忠实于这种产品的顾客中得到利润。

4) 放弃策略

放弃策略是指对于衰退比较迅速的产品，应该当机立断，放弃经营。对产品市场可以采取完全放弃的形式，如把产品完全转移出去或立即停止生产；也可采取逐步放弃的方式，使其所占用的资源逐步转向其他的产品。

产品生命周期各阶段的营销特点、目标和战略见表3-1。

表3-1　产品生命周期各阶段的营销特点、目标和战略

<table>
<tr><th>项　目</th><th>导 入 期</th><th>早期成长期</th><th>晚期成长期</th><th>成 熟 期</th><th>衰 退 期</th></tr>
<tr><td>顾客</td><td>创新者</td><td>早期采用者</td><td>早期大众</td><td>晚期大众</td><td>落后者</td></tr>
<tr><td>竞争</td><td>经常是垄断</td><td>进入竞争者</td><td>竞争更强烈</td><td>稳定的供求</td><td>收缩的需求</td></tr>
<tr><td>企业通常战略</td><td>抢先占领</td><td>跟随领先者</td><td>市场分割</td><td>模仿、跟随</td><td rowspan="2"></td></tr>
<tr><td>关键力量</td><td>研发</td><td>市场开发</td><td>市场调研</td><td>低成本</td></tr>
<tr><td>产品</td><td>基本的</td><td>扩展的</td><td>差异化</td><td>产品线扩散</td><td>产品线合并</td></tr>
<tr><td>价格</td><td>高价</td><td colspan="2">掠取或渗透</td><td colspan="2">价格战或领导者定价</td></tr>
<tr><td>促销</td><td colspan="3">建立初步需求</td><td colspan="2">选择性需求</td></tr>
<tr><td>广告</td><td>教育性的</td><td colspan="2">揭示产品新特性</td><td>强调品牌</td><td>数量少，强调忠诚</td></tr>
<tr><td>渠道</td><td>专门商店</td><td colspan="2">新渠道</td><td colspan="2">大量分配</td></tr>
<tr><td>利润</td><td colspan="3">高</td><td colspan="2">低</td></tr>
<tr><td>策略</td><td colspan="3">推动</td><td colspan="2">牵引</td></tr>
<tr><td>动力</td><td colspan="3">生产商</td><td>中间商</td><td>消费者</td></tr>
<tr><td>目标</td><td>尝试/知晓</td><td colspan="2">市场份额</td><td>利润</td><td>收获</td></tr>
</table>

知识点3　机电产品组合

为了适应市场的变化和提高经济效益，现代企业要走专业化生产的道路，以分工细、规模大来提高劳动生产率和简化经营管理；另一方面又要发展多品种生产来适应市场需求的多样化，因此优化企业的产品组合是产品决策的重要任务之一。

产品组合是企业的产品花色品种的配备，包括所有的产品线和产品项目。产品线是指企业经营的产品核心内容相同的一组密切相关的产品，产品项目是产品线中的一个明确的产品单位。

一、产品组合的概念

产品组合也称“产品的各色品种集合(product assortment)”，是指一个企业在一定时期内提供给市场的全部产品线和产品项目在深度、宽度与关联性方面所采用的组合方式。产品好比人一样，都有其由成长到衰退的过程，因此，企业不能仅仅经营单一的产品。世界上很多企业经营的产品往往种类繁多，如美国光学公司生产的产品超过3万种，美国通用电气公司经营的产品多达25万种。当然，并不是经营的产品越多越好，一个企业应该生产和经营哪些产品才是有利的，这些产品之间应该有些什么配合关系，这就是产品组合问题。

产品组合的概念如图3-5所示，包括产品项目、产品线、产品组合宽度、产品组合深度、产品组合长度和产品组合相关度。

(1) 产品项目：企业所生产的每一项产品，即列入生产和销售目录中的任何产品。

(2) 产品线：具有相关功能，但型号、规格不同的一组产品项目。

(3) 产品组合宽度：企业有多少条产品线，即有多少产品大类。

(4) 产品组合深度：每一条产品线中有多少个品种、规格。

(5) 产品组合长度：产品组合中所包含的产品项目的总数。

(6) 产品组合相关度：企业的各个产品大类在最终使用、生产条件、销售渠道等方面的密切相关程度。如小天鹅集团的产品都是围绕着“洗”的核心技术发展起来的，具有很强的相关性。但洗碗机与洗衣机之间在最终用途方面差异很大，因而缺乏相关性。一般多种经营的企业其产品线间的相关性小，有时会表现得毫无相关性。

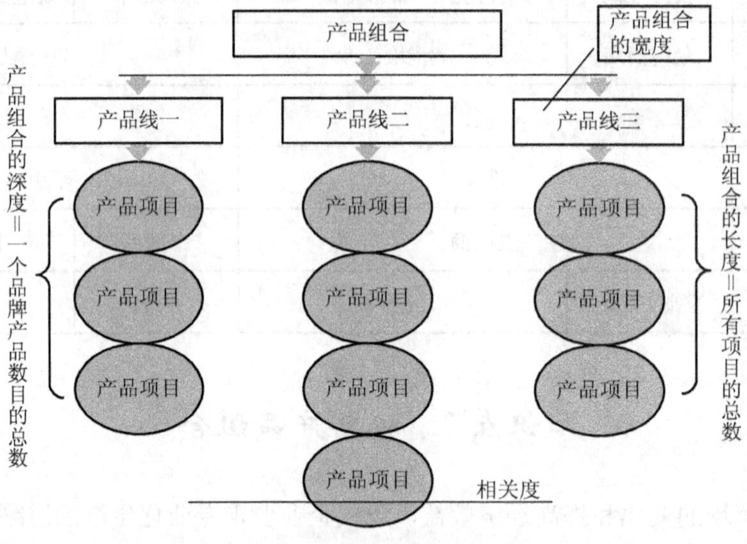

图3-5　产品组合的概念

产品组合实例如表3-2所示。某集团是全国及东南亚规模最大、品种最多的燃气具阀门生产基地，他们十几年来为国内外名牌燃气具提供“心脏”，在这个行业内声名显赫，是国内第一家通过英国AOOC公司ISO9002国际标准认证的中国燃气具企业。该集团在产品发展策略中，充分利用本身的技术、设备、工艺、材料、市场销售网点，从制造阀门开始再到制造热水器、微波炉等，在进行多品种经营活动中不断发展壮大。凭借长青品牌的优势和市场影响，该企业开发适销对路的五金、家电产品，延伸现有产品线，从而合理调整现有资源配置，发挥潜在能力，占领市场。

表 3-2　产品组合实例

产品线	产品大类	产品深度——品种(型号、规格)
产品线 1	阀门	单喷嘴阀、双喷嘴阀、三喷嘴阀、减压阀(共 48 个型号)
产品线 2	热水器	6L、6.5L、8L、9L
产品线 3	微波炉	WC850DB、WD850JB、W850DA、W850JA
产品线 4	吸油烟机	968A、968B、968E、968F、968C、968D
产品线 5	电开水瓶	CDK-969B、CDK-900A、CDK-30A
产品线 6	燃气饭锅	集体饭堂用

该集团的产品组合宽度为 6，最大深度为 48，产品组合长度为 65。该企业通过不断拓宽产品，以创新求发展，从而不断有新产品推出市场。

二、产品组合结构分析

产品组合的宽度、长度、深度及关联性在市场营销战略上有着重要意义。增加产品组合的宽度，能够扩大经营范围，使企业产品面宽、接触市场面大、适应性更强，可减少单一产品经营的风险，可平衡产品线的盈亏，大大提高企业的经济效益；增加产品组合的深度，可提供更多的品种、型号、规格来满足用户不同的需求；增加产品组合的长度，可使企业产品丰富，以适应市场多变的需求，提高产品市场的占有率；增加产品组合的关联性，能够提高企业在某一地区和行业中的声誉。企业应根据自身的特长和市场的需求，做好产品线与产品项业的决策，谋取更大的发展空间，以减少企业投资的风险，去获取更大的利润。

三、产品组合的优化

对于多种经营的企业，需要明确哪些产品需要企业提供大量资金，是企业的支柱；哪些产品最具有发展潜力，是企业未来的希望，应投入资金大力扶持；哪些产品应暂时维持现状；哪些产品应淘汰，有计划地调整产品组合，实现最优组合。产品组合优化如图 3-6 所示。企业在售产品分布在Ⅰ、Ⅱ、Ⅳ象限内，分别对应名牌产品、风险产品、厚利产品。可以由厚利产品的盈利来扶持风险产品，风险产品以扩大市场占有率为目标；利用名牌产

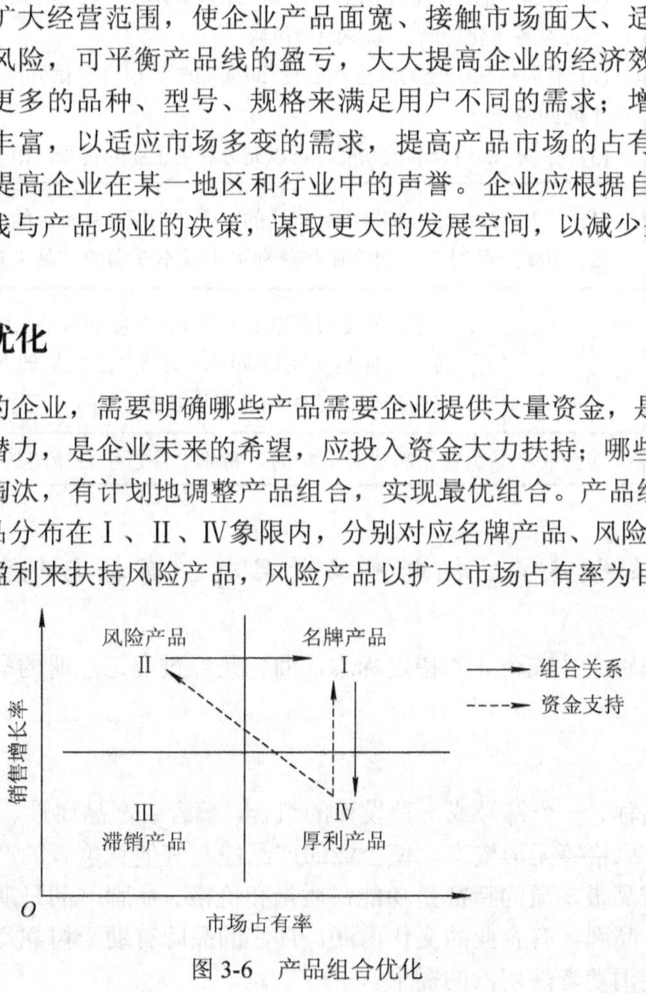

图 3-6　产品组合优化

品和厚利产品为企业创造近期利润；利用风险产品和名牌产品的进一步发展，为企业创造远期的利润。这种产品组合使企业眼前利益和长远利益相结合，从而实现企业营销活动的良性循环。

产品组合的结构、作用、策略、分析见表 3-3。

表 3-3 产品组合的结构、作用、策略、分析

<table>
<tr><td rowspan="2">产品组合(企业的产品花色品种的配备，包括所有的产品线和产品项目)</td><td>产品线</td><td>具有相关功能，但型号、规格不同的一组产品项目</td></tr>
<tr><td>产品项目</td><td>企业所生产的每一项产品，即列入生产和销售目录中的任何产品</td></tr>
<tr><td rowspan="3">产品组合的结构</td><td>广度</td><td>指企业有多少条产品线，即有多少产品大类</td></tr>
<tr><td>深度</td><td>每一条产品线中有多少个品种、规格</td></tr>
<tr><td>相关度</td><td>指企业的各个产品大类在最终使用、生产条件、销售渠道等方面的密切相关程度</td></tr>
<tr><td>产品组合的作用</td><td colspan="2">(1) 增加产品组合的宽度(即增加产品大类)，可以扩大经营范围，甚至跨行业经营，实现多角化经营，减少经营风险
(2) 增加产品组合的深度和长度(即增加产品项目、试样、规格)，可以迎合消费者不同的需求
(3) 增加产品组合的关联度，可以充分利用企业的资源，提高企业的知名度</td></tr>
<tr><td rowspan="2">产品组合的策略</td><td colspan="2">(1) 扩大产品组合：拓展产品组合的宽度并加深产品组合的深度
(2) 缩减产品组合：删除那些获利很小或不获利的产品大类或产品项目</td></tr>
<tr><td>(3) 产品延伸</td><td>① 向下延伸是指在原来生产高档产品的基础上增加中、低档产品的生产
② 向上延伸是指在原来中、低档产品的基础上增加高档产品生产
③ 双向延伸以原中档产品为基础，向上、下两个方面延伸</td></tr>
<tr><td>产品组合策略的分析</td><td colspan="2">对企业产品组合策略进行分析时，特别要注意组合策略的有效性和实效性</td></tr>
</table>

知识点 4 机电产品的品牌、商标与包装

品牌是用以识别产品或企业的特定标志，商标是经过登记注册的品牌要素。

一、品牌

品牌是一种名称、一个符号或一种设计的组合，蕴含了产品属性、名称、包装、价格、历史、声誉、广告风格等无形资产，使企业的产品能与其他竞争者的产品有所区别。品牌产品区别于其他产品最本质的特征是功能、质量和价格。品牌产品是质量的保证，为消费者带来实惠利益。品牌具有企业的文化内涵，良好的品牌有助于树立良好的企业形象，引导消费潮流，满足消费者深层次的需求。

品牌决策是企业整个产品战略的一个方面，创建名牌的过程，也是促使产业结构调整和升级、提高实力的过程。品牌的建立，需要有优质的产品和良好的服务。品牌的推广，更需要有一个强大的服务网络支撑，让尽可能多的用户熟悉并认同这一品牌。

可采取多品牌战略，对产品线中不同质量、不同档次的产品，用不同的品牌更利于产品的定位和宣传，迎合各个层次的消费者，各个品牌各有竞争优势，当一个品牌市场占有率达到一定程度时，可用另一个品牌去占领市场。但多品牌难以统一形象，且宣传费用高。

当一个企业有了很好的品牌声誉，就可以充分利用品牌价值存量资产寻求新的经济增长点。

在中国加入世界贸易组织(WTO)之后，众多优秀企业加快了国际化的步伐。2016 年，美的集团作为国内著名的家电产品制造企业，其营业总收入达 1590.44 亿元。考虑到企业的飞速发展，产品家族的不断壮大，市场地位的提升和品牌国际化，美的集团启用了新的企业形象识别(CIS)系统。在新的品牌设计中，“美的”品牌明确定位为“创新领导者”，新标识由旋转的圆与“M”相连，表达了美的“致力创新、缔结完美和谐生活”的企业理念，反映出美的集团的本质特征、价值观念、文化内涵，体现了美的从“生产导向”到“市场导向”，从“产品经营”到“品牌经营”转变，并迈向国际化的经营战略。

二、商标

商品的品牌经过政府有关部门的审核，获准登记注册则成为商标。商标实行法律管理，企业因此拥有该品牌的专用权，该名称、标志均受法律保护，其他任何企业不得仿效使用。因此，商标是一种法律术语，也就是享有法律保护的某个品牌。企业的商标可在多个国家注册并受到各国法律的保护。

商标是企业为标示自己的产品所设计的一种特定图案和文字记号。产品商标是产品的有机组成部分，代表着产品的独特性质，本身也具有信誉价值。在发达的商品经济条件下，商标本身也商品化，是一种无形的资产，成为广告宣传、推销产品、争夺市场、与对手竞争的一种工具。

商标是产品的脸谱，它代表了产品的特征和质量，使人容易识别某个企业的某种产品。通过广告可使消费者对商标所代表的产品有个好印象，进一步激起购买的欲望，引导消费。

企业的产品有自己的商标后，还要不断在质量上、性能上、价格上提高商标的声誉，为广大用户所承认。当某一型号产品成为名牌产品后，企业所生产的同一系列其他型号产品更容易进入市场并为用户所接受，这就是品牌效应。

商标的设计是一种特殊的实用工艺美术，要令人耳目一新，过目不忘，容易识别和记忆。商标用字母、曲线、图形、文字等表达出产品的意念，简单明了，具有时代感，标新立异。一个好的商标会为企业树立起一个好的形象，并带来更大的利益。

作为知识产权，商标是一种思维劳动成果。作为工业产权，商标是一种物质财富。作为企业形象，商标就代表着企业。成为驰名商标，所体现出的是企业的竞争力、实力、经济地位。

好的商标设计应具有强烈的视觉冲击力和充满现代气息的图案与色彩，体现出企业的气势。部分品牌的商标如表 3-4 所示。

表 3-4　部分品牌的商标

序号	品牌	中文常用名称	国家	主要业务	价值/亿美元
1	Microsoft	微软	美国	软件	727.59
2	IBM	国际商用机器	美国	计算机	525.00
3	GE 通用电气公司	通用电气	美国	多样化	431.30
4	M i'm lovin' it	麦当劳	美国	快餐连锁	393.81
5	TOYOTA	丰田	日本	汽车	535.80
6	Midea	美的	中国	消费电器	38.96

三、包装

包装(packaging)是为了在流通过程中保护产品、方便储运、促进销售，按一定的技术方法所用的容器、材料和辅助物等的总体名称。在现代市场营销中，一切进入流通领域的拥有商业价值的事物的外部形式都是包装。产品的包装一般有三个层次：内包装、中层包装、外包装。

标签也是包装的一个组成部分，它是为了说明产品而贴在产品上的签条或印在产品包装上的信息。在标签上一般都印有包装内容和产品所包含的主要成分、品牌标志、产品质量等级、生产厂家、生产日期和有效期、使用方法等，有些标签上还印有彩色图案或实物照片，以促进销售。

包装主要有下列功能：

(1) 保护功能：保证产品在从出厂到运输、装卸、存放等过程中不致损坏，以保证产品的安全和完整。

(2) 便利功能：便于运输、储存、计数，便于消费者使用。

(3) 销售功能：在包装上印上本企业商标，可方便用户识别、传递商品信息，吸引用户购买，也便于和别的企业同类产品区别。

(4) 美化商品，提高价值：好的包装将进一步增加商品的价值，特别是出口产品。

在设计产品包装时，主要考虑流通环境、包装材料、包装方法及操作工艺、包装成本等因素。应根据消费者的喜好来设计包装，使产品安全送达用户手中，以促进产品的销售和宣传。

此外，开发可回收利用的绿色包装材料是包装的发展趋势。

【思考与练习】

1. 产品整体概念的具体内容是什么？为什么产品概念要从整体上理解？

2. 简述产品生命周期各阶段的市场特点与营销策略。

3. 产品组合策略有哪些？

4. 举例回答品牌策略的具体内容。

5. 阅读材料，请回答下列问题。

(1) “美的”品牌名称有何特色？

(2) 由“美的风扇”到“美的空调”，采用的是哪一种品牌决策？这种品牌决策有何优点和缺点？

材料：美的集团是广东美的集团有限公司的简称。1980年时，它还只是广东省顺德县一个小镇的小作坊。“美的”创业之初，其条件并不是很好。在全国几千家电风扇厂家中，论设备和技术，美的是“小弟”；其生产风扇的历史也不长。但是，美的人并不因此而裹足不前，相反他们敢于开拓，敢为人先。该公司在全国电风扇大战中率先采用塑料外壳代替金属外壳，大大降低成本，使其在激烈的竞争中杀出一条生路。彼时，美的人在市场风浪的搏击中逐渐意识到市场需求正在不断发生变化，电扇产品不应是公司的唯一产品，随着人们生活水平的提高，空调必将是其替代品，应该及早开发和生产自己的空调产品。空调是高科技产品，是高层次享受的象征，美的原来的形象显然过于落后，应当树立一个全新的形象。于是，1984年公司开始全面实施品牌战略。首先从企业的名称“美的”入手。“美的”美在其真善美，美在巧妙。它作为企业、产品、商标“三位一体”的统一名称，用于表述产品质量优和企业形象美恰如其分，定能博得市场大众的认可。

美的决策人还充分考虑到这个名称足以涵盖各种产品、各行各业、国内国际市场。它是一种“美的事业”，它的形象给社会公众和消费者以亲切感、优美感、愉悦感，并使人产生无尽的联想。其次，美的集团在沟通策略上，提高了广告和促销活动的档次，突出品位高、质量高，目标是造就名牌和名流企业形象。它除了在全国主要报刊和中央电视台做广告外，还推出以明星巩俐为代言人的电视广告片，其核心是为突出美的“创造完美”的企业精神和经营理念。美的人把创造美渗透到每一空间，贯穿全员行动，见诸一切媒体，同其他企业文化水乳交融。该集团的建筑文化、广告文化、销售文化、车间班组文化均有其特色。美的CIS中的标准色为蓝、白二色，犹如蓝天白云。美的工业城的现代建筑群、写字间、标牌、名片、办公用具、事务用品、运输工具、包装设计、食堂餐具、洗手间等，皆是一体的蓝白相间的色调，同其生产的“美的风扇”“美的空调”等产品色彩相谐，给人赏心悦目、清凉优雅的感觉。这样精心的设计对于消费者来说，很难不产生一种挡不住的诱惑，从而对企业及其产品产生一种好感。

项目四 机电新产品开发

【项目导航】

人类社会发展的车轮已把我们推向了一个高速创新的时代。科学技术的飞速发展，经济全球化步伐的加快，市场竞争日益激烈，世界市场机会在不断转移，导致产品生命周期越来越短。在 20 世纪中期，一代产品的概念通常保持 20 年左右的时间，而到 90 年代，一代产品的概念不超过 7 年。80—90 年代美国的产品生命周期平均为 3 年，1995 年已经缩短为不到 2 年。生命周期最短的是计算机行业产品，根据摩尔定理，计算机芯片的处理速度每 18 个月就要提高一倍，而芯片的价格却以每年 25%的速度下降。这一切迫使企业即使不为了利润，也至少为了生存，必须不断开发新产品，以迎合市场需求的快速变化。产品创新已成为企业经营的常态。

企业得以生存和发展的关键在于不断地开发新产品。持续的新产品开发是企业稳定其利润水平的重要前提，是企业保证其市场竞争优势的重要条件，是企业的资源得到充分的利用的保证。

通过本项目的学习，应认识新产品开发的重要意义、基本要求和内容体系，了解开发新产品的方式。

【案例导入】

案例 4-1 猴子伐木

一个人想做一套家具，就走到树林里砍倒一棵树，并动手把它锯成木板。这个人锯树的时候，把树干的一头搁在树墩上，自己骑在树干上，往锯开的缝隙里打一个楔子，然后再锯，过一会儿又把楔子拔出来，再打进一个新地方。一只猴子坐在一棵树上看着人干活，心想：原来伐木如此简单。这人干累了，躺下打盹时，猴子爬下来骑到树干上，模仿着人的动作锯起树来。锯起来很轻松，但是，当猴子要拔出楔子时，树一合拢，夹住了它的尾巴。猴子疼得尖声大叫，它极力挣扎，把人给闹醒了，被人用绳子捆了起来。

营销启示：日本企业是靠模仿欧美产品起家的，但是他们在模仿中有创新，这就促成了日本经济 30 年的兴旺。我国企业在模仿中没有创新，因此，如今电视、芯片等许多产品的核心技术不在我们手中，这就像猴子的尾巴，一不小心就被树夹住。由此可见，模仿固然重要，但创新更为关键。

案例 4-2　苹果产品成功的关键

1. 创新之最

苹果产品之所以成功，是因为它在技术和外形设计方面的创新能力和产品品质，是很多企业无法实现的。苹果公司从不因循守旧，总是勇于否定自己，超越自己，不断推出更时尚、更具魅力的新产品。

2. 大胆尝试

苹果的缔造者——乔布斯，大胆地将电脑、音乐和电影三个完全不同的世界巧妙地结合在一起，奉献给消费者一连串目不暇接的惊喜。从原始的苹果机到后来糖果颜色的 iMac，再到无论是设计还是功能都堪称经典的 iPod 系列产品，苹果产品注定成为标注不同时代特征的物质符号。这些做法是其他公司所不敢想象的，也不可能执行的。

3. 优秀的研发团队

苹果公司在整机技术的利基领域多年积累，致力于以最优秀的人才打造其核心资源，成就了苹果公司在技术和产品上远远超出竞争者的实力。

营销启示：对于每件产品来说，只有不断改良、不断创新，才能避免被市场淘汰的命运。宣传并不是获得长期成功或发展的关键，产品开发与创新才是硬道理。而苹果公司正是秉承着创新这一理念，不断地否定自己，不断地推陈出新，在 IT 这个竞争激烈的领域里占据着重要地位。

知识点 1　机电产品的发展趋势

在知识经济时代，创新是一个民族进步的灵魂，是国家兴旺发达取之不竭的动力。知识经济是以不断创新的知识和对这种知识的创造性应用为主要基础发展起来的。科学技术的迅速发展，全球化市场的形成，使国内外市场竞争日益加剧。而物质财富的丰富，对产品多样化的需求日益突出，这就对机械制造业提出了更高的要求。

一、赢得竞争必须提高市场占有率

赢得竞争，提高市场占有率必须具备下列条件：

(1) 时间竞争能力：新产品上市快，生产周期短，交货及时。

(2) 质量竞争能力：产品质量可靠，性能先进。

(3) 价格竞争能力：产品生产成本低，销售价格适中。

(4) 创新竞争能力：产品多元化、个性化、有特色，适应性广。

传统制造技术在不断吸收计算机技术、信息自动化技术、新材料技术和现代系统管理技术的新成果，并将其综合应用，这为加快新产品的开发提供了新的技术手段。例如，柔性制造系统(FMS)、计算机集成制造系统(CIMS)、敏捷制造系统(AMS)、并行工程(CE)、精良制造(LP)、智能制造系统(IMS)、生物制造系统(BMS)、虚拟制造系统(VMS)、独立制造岛、全能制造系统、全球制造系统、绿色制造等新方法、新技术、新观念、新思想，都是为了适应这个时代对新产品开发的需求，使传统的制造技术发展成现代制造技术而产生的。这些变革，将会给整个机械制造业带来十分巨大的影响，从而也会大大改变世界的生产和经济形式，使之步入一个经营和制造活动全球化的时代。

现代市场已经由过去的卖方市场转变为买方市场，用户对产品要求精益求精是永恒的主题，这与人类的物质文明与精神文明不断发展提高相适应。用户对产品要求也日益向多元化、个性化方向发展，而传统的机电产品难以满足要求。因此，机电一体化产品是 21 世纪发展的趋势。

二、机电产品的构成或发展趋势

1. 机电产品的构成

机电一体化的产品主要由下列三大部分构成：

(1) 机械部分。这部分是整个产品的母体，包括动力部分，用于具体实现人们需要的各种功能。

(2) 信息处理部分。这部分包括控制系统和计算机，是产品的神经部分。

(3) 传感器部分。这部分包括各种物理量传感器，是产品的感官部分。

纵观国内外机电一体化的发展现状和高新技术的发展动向，未来机电一体化产品将朝着智能化、网络化、绿色化、光电一体化、柔性化、模块化等多方向发展。机电产品的构成与发展趋势如图 4-1 所示。

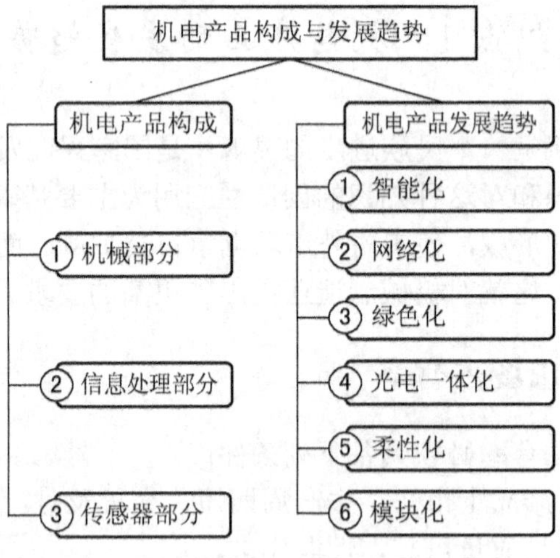

图 4-1 机电产品的构成与发展趋势

2. 机电产品的发展趋势

(1) 智能化。随着计算机、模糊技术、混沌学、人工智能等领域的发展及其在机电一体化领域的广泛应用，很多机电设备具有了自主判断、逻辑思维和自主决策的能力，促使机电一体化设备的功能和工作效率有了较大的提高，使用的领域更加广泛。在军事领域，如战斧式巡航导弹和 X47-B 无人机，能自动识别、自主判断，对目标发动攻击。在家庭方面，如各类家庭机器人，已经在国内外开始推广使用。在其他方面如电子产品的人脸识别系统、语音识别系统，能够使产品的使用更加的方便、安全。

(2) 网络化。随着网络的发展和普及，网络已经深深地影响了我们的生活。很多机电设备都是借助网络平台实现工作，如各式各样的 ATM 终端、校园网自动充值终端、云端控制的智能教室等。网络具有功能强大、实时性强、使用方便等优点，使用者可以在远离工作环境的情况下对设备进行远程操控，从而避免恶劣工作环境对人体造成的伤害。机电设备网络化能够让使用者享受高科技带来的便捷。

(3) 绿色化。随着经济的发展，我们在享受到发展成果的同时，也面临着资源枯竭、环境污染严重等问题，已经对人类的生存环境构成了严重的威胁，严重制约着我国的发展。绿色化就是将节能、环保的概念融入到机电设备的设计、制造、使用、销毁的过程中去，使研发的机电设备在制造和使用的过程中能够达到人与自然和谐相处的目的。

(4) 光电一体化。随着过去几年光电技术的发展，以及在更多的机电设备中的应用，光机电一体化已经成为了机电一体化发展的另一个重要趋势。例如，具有视觉功能的自动焊接设备、食品行业的自动装箱设备、激光测距仪、自动驾驶汽车等已开始应用。光电技术具有非接触式测量、抗干扰能力强和对目标持续长时间稳定跟踪等优点。

(5) 柔性化。在机电产品设计的过程中，设备的控制系统跟执行系统应尽可能有足够的冗余空间，以便应对突发事件，提高系统的稳定性跟可靠性，使系统更加灵活。在设计的过程中要保证每个子系统之间有一定的独立性，以防止某个系统出现问题而影响整个系统的使用性能。

(6) 模块化。目前，国内机电设备的生产厂家数量众多，而且生产的产品类型也较为复杂，由于产品都是按照自己企业的标准制定的，导致不同产品之间的零部件的互换性较差。在产品的研发过程中，企业要自己制定标准，在产品的后期维护过程中产品零部件的更换只能从原厂家购买，对产品的维护极为不方便。目前各个机电设备厂家应该联合起来，制定统一的行业标准，让每个零部件规范化、模块化，以便于在设计的时候可以直接用现成的模块进行组装，减少设计成本，在后期维护的过程中，使用者可以直接在市场上买到相应的零部件，降低采购成本。

从资源经济走向知识经济，对机电制造业的影响表现为：强调人和社会与技术的和谐发展；对产品和消费观念的改变，是在物质形态中注入更多的知识形态，保证在产品的整个生命周期中让用户满意，产品的知识含量将会成为核心竞争力；产品的设计和制造过程中的数字化和智能化，经营和制造活动的全球化，促使企业提高对动态多变市场的适应能力和竞争能力。

知识点2　新产品开发的基本要求与战略

新产品开发是指从研究选择适应市场需要的产品开始到产品设计、工艺制造设计，直到投入正常生产的一系列决策过程。从广义而言，新产品开发既包括新产品的研制也包括原有老产品的改进与换代。新产品开发是企业研究与开发的重点内容，也是企业生存和发展的战略核心之一。企业新产品开发的实质是推出不同内涵与外延的新产品。对大多数公司来说，是改进现有产品而非创造全新产品。

一、新产品分类

为了便于对新产品进行分析研究，可以从多个角度进行分类。新产品分类如图 4-2 所示。

- 按地域范围
  - 地域新产品
  - 国家新产品
  - 国际新产品
- 按创新程度
  - 全新新产品
  - 改进新产品
  - 换代新产品
- 按技术开发方式
  - 技术引进新产品
  - 自行研制新产品
  - 混合开发的产品（自行研制和技术引进的新产品）

图 4-2　新产品分类

1. 按新产品的地域范围分类

(1) 地区或企业(省、市)新产品，指在国内其他地区或企业已经生产但该地区或该企业初次生产和销售的产品。

(2) 国内新产品，指在国外已经试制成功但国内尚属首次生产和销售的产品。

(3) 国际新产品，指在世界范围内首次研制成功并投入生产和销售的产品。

2. 按新产品的创新程度分类

(1) 全新新产品，指利用全新的技术和原理生产出来的产品。

(2) 改进新产品，指在原有产品的技术和原理的基础上，采用相应的改进技术，使外观、性能有一定改善的新产品。

(3) 换代新产品，指采用新技术、新结构、新方法或新材料在原有技术基础上有较大突破的新产品。

3. 按新产品的技术开发方式分类

(1) 技术引进新产品，指直接引进市场上已有的成熟技术制造的产品，这样可以避开自身开发能力较弱的难点。

(2) 自行研制(独立开发)新产品，指从用户所需要的产品功能出发，探索能够满足功能需求的原理和结构，结合新技术、新材料的研究独立开发制造的产品。

(3) 混合开发的产品，指在新产品的开发过程中，既有研制的部分，又有技术引进的部分，将两者有机结合在一起而制造出的新产品。

二、新产品的基本特性要求

新产品开发的基本特性以及遵循原则与开发战略如图 4-3 所示。

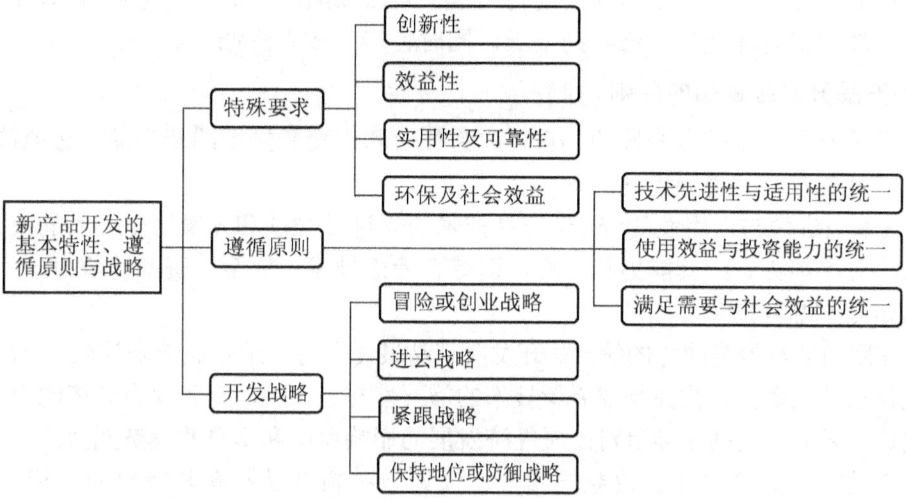

图 4-3　新产品开发的基本特性以及遵循原则与开发战略

1. 新产品开发的特性要求

(1) 创新性。创新是新产品的一种本质特征，这种新的特征可以是应用了新的原理、新的结构、新的材料、新的技术，从而扩展了老产品的功能、使用方式。例如，传统的压铸机，如果采用了先进的电脑控制系统，就可以提高机械系统的自动化程度，使人在更舒适的环境中工作，可实现从靠人工操作到无人操作的全自动生产过程，整个生产过程靠程序操作，不再需要靠人去观察、控制等，会使生产效率更高。又如，汽车零件材料从铝合金改用镁合金，汽车重量可大大减轻，还可减少能源消耗，提高车速和汽车性能。用先进的产品代替落后的产品是社会发展的客观规律，创新可贯穿于制造全过程，从产品创新、生产工艺过程创新、生产手段创新，到管理创新、组织创新及市场创新。

(2) 效益性。在市场经济中，从生产者到使用者都在讲究经济效益，如果一种产品在技术性能上非常先进，但生产成本巨大，资源消耗巨大，使生产者做不起，用户买不起，那么这样的新产品，尽管是新的却没有市场。因此，开发一个新产品必须与整个国民经济水平、消费水平相符合。一个新产品只有比老产品有更优越的性能，且生产成本和售价都降低了，具有明显的效益性，才会有市场前景。

(3) 实用性及可靠性。由于机电产品主要用于生产制造过程及各种装备，更注重其实用性、可靠性，使用起来要安全、方便、维修容易，因此开发的新产品要求好用、耐用、效率高、适应性广。特别是机电产品是由很多零部件构成的，构成产品的零部件通用化、标准化程度越高，用户使用、维修就越方便。

随着高科技的发展，机电设备、系统的高参数、大容量和复杂化，机电产品在使用过程中正常运行，完全有赖于产品和系统的可靠性和安全性，这样才能充分发挥效能。

(4) 环保及社会效益。环境、资源是当今人类社会面临的主要问题，机械制造业量大、面广，对环境总体影响很大，机械制造业在将资源转变为机电产品的制造过程中，会产生大量废弃物；而机电产品使用过程中也会产生废气、烟雾、噪声等，造成对环境的污染。因此，在新产品开发时需要充分考虑到对环境的影响和资源利用效率。现代绿色制造，其目标是从产品设计、制造、使用到报废处理整个生命周期中，提高资源利用率，减少废弃物，减少能耗，把对环境的污染降到最低，同时使产品成本降低。

2. 新产品开发应遵循的原则

新产品并不是可以随意开发的，它要成为社会和消费者接受的新产品，必须符合以上最基本的特性要求，并遵循下述原则：

(1) 技术先进性与适用性的统一。产品技术的先进性必须和开发这个产品的投资能力、使用能力、生产能力、配套能力相适应，即综合考虑技术、资金、资源、劳力之间的相互关系来决定新产品开发。

(2) 使用效益与投资能力的统一。开发新产品最终是为了给企业带来效益，但前提是企业必须先付出开发资金。往往是发展新技术的需要性与迫切性，受到现有经济能力的制约。为了解决这一矛盾，需衡量项目对国民经济发展的影响程度和本身的经济能力。

(3) 满足特定需要与社会效益的统一。任何一种新产品都有其特定的目标，满足特定的需要，但也有其连锁效果即社会效益。因此环境保护是新产品开发中遵循的社会效益问题。

3. 新产品开发战略

新产品开发战略的类型是根据新产品战略的维度组合而成的。产品的竞争领域、新产品开发的目标及实现目标的措施三维构成了新产品战略。对各维度及维度的诸要素组合便形成了各种新产品开发战略。下面是几种典型的新产品开发战略。

1) 冒险或创业战略

冒险战略是具有高风险性的新产品战略，通常在企业面临巨大的市场压力时，企业常常会孤注一掷地调动其所有资源投入新产品开发，期望风险越大，回报就越大。该战略的产品竞争领域是产品最终用途和技术的结合，企业希望在技术上有较大的发展甚至是一种技术突破；新产品开发的目标是迅速提高市场占有率，成为该新产品市场的领先者；创新度希望是首创，甚至是首创中的艺术性突破；以率先进入市场为投放契机；创新的技术来源采用自主开发、联合开发或技术引进的方式。实施该新产品战略的企业须具备领先的技术、巨大的资金实力、强有力的营销运作能力。中小企业显然不适合运用此新产品开发战略。

2) 进取战略

新产品进取战略是由以下要素组合而成的。竞争领域在于产品的最终用途和技术方面，新产品开发的目标是通过新产品市场占有率的提高使企业获得较快的发展；创新程度较高，频率较快；大多数新产品选择率先进入市场；开发方式通常是自主开发；以一定的企业资源进行新产品开发，不会因此而影响企业现有的生产状况。新产品创意可来源于对现有产品用途、功能、工艺、营销策略等的改进，改进型新产品、降低成本型新产品、形成系列型新产品、重新定位型新产品都可成为其选择。也不排除具有较大技术创新的新产品开发。该新产品战略的风险相对要小。

3) 紧跟战略

紧跟战略是指企业紧跟其行业实力强大的竞争者，迅速仿制竞争者已成功上市的新产品，来维持企业的生存和发展。许多中小企业在发展之初常采用该新产品开发战略。该战略的特点是：产品的战略竞争领域是由竞争对手所选定的产品或产品的最终用途，企业无法也无需选定；企业新产品开发的目标是维持或提高市场占有率；仿制新产品的创新程度不高；产品进入市场的时机选择具有灵活性；开发方式多为自主开发或委托开发；紧跟战略的研究开发费用小，但市场营销风险相对要大。实施该新产品战略的关键是紧跟要及时，全面、快速和准确地获得竞争者有关新产品开发的信息是紧跟战略成功的前提；其次，对竞争者的新产品进行模仿式改进会使其新产品更具竞争力；强有力的市场营销运作是该战略的保障。

4) 保持地位或防御战略

保持或维持企业现有的市场地位，有这种战略目标的企业会选择新产品开发的防御战略。该战略的产品竞争领域是市场上的新产品，新产品开发的目标是维持或适当扩大市场占有率，以维持企业的生存。企业多采用模仿型新产品开发模式，以自主开发为主，也可采用技术引进方式。产品进入市场的时机通常要滞后，致使新产品开发的频率不高。成熟产业或夕阳产业中的中小企业常采用此战略。

知识点3　新产品开发的内容体系与组织

一、新产品开发的内容

新产品开发的内容(如图 4-4 所示)是非常广泛的，它涉及产品的用途、结构、功能、品种的整体性能开发，产品技术条件开发(包括新技术应用，工艺装备、原材料、零部件开发)，产品市场营销开发等。

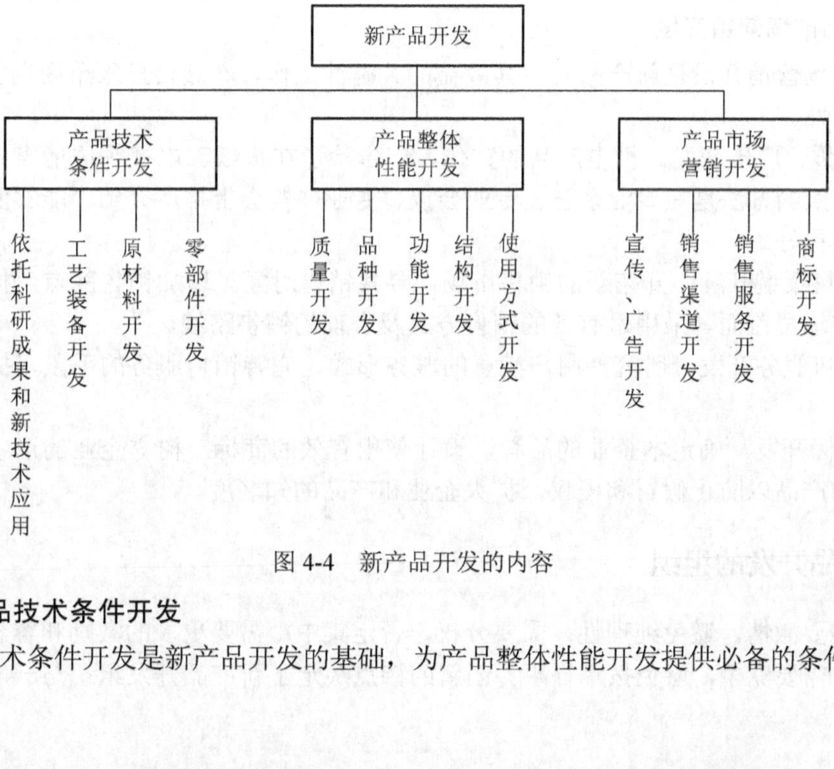

图 4-4　新产品开发的内容

1. 产品技术条件开发

产品技术条件开发是新产品开发的基础，为产品整体性能开发提供必备的条件和手段。

(1) 依托科研成果和新技术应用，收集了解机械制造领域的最新科研成果，最新技术发展状况，探讨机电新产品发展的趋势，提出和分析新一代产品的设想及设计方案。

(2) 工艺装备是新产品开发必备的生产条件。开发新产品前需要考虑现有的生产设备能否满足要求，是否需要开发具有先进技术水平的工艺装备来满足新产品开发的需求，或是改进现有工艺装备的功能、提高自动化程度来满足新产品对装备的要求。

(3) 原材料开发，即开拓选取材料的新资源、新品种；提高原材料的品质和效能，使新产品能采用新型的节能材料，并使这些材料在生产制造及使用过程中对环境的影响最小；探索综合利用原材料的新途径、新方法及回收处理等。

(4) 零部件开发，指改进零部件的性能及结构，研究新的零部件组合及制造方法，提高零部件的标准化、系列化、通用化，以及研制生产零件的新材料。

2. 产品整体性能开发

产品整体性能开发是新产品开发最重要的工作，它决定了产品的品质、开发的成败。

(1) 质量开发。新产品标准的改进或提高，使产品性能更先进；质量保证所需要的测试手段；对影响质量的各种因素分析；开拓新产品提高质量性能的途径。

(2) 品种开发。探索新产品品种的发展方向，发展品种的系列化，增加品种的个性化，适应各种需求。

(3) 功能开发。扩大新产品的功能，增加产品的特殊功能，进一步挖掘产品的新功能，通过价值工程应用，使功能与成本匹配。

(4) 结构开发。研制和设计出产品的新型结构，向精密化、轻量化、微型化方向发展。创新产品的结构、新的构成原理，确立新的产品形象，包括产品的美感，外观造型。

(5) 使用方式开发。使产品的使用方式向自动化发展。研究产品使用过程的安全性、方便性、灵活性、可靠性，并增加新的使用方式。

3. 产品市场营销开发

产品市场营销开发是新产品实现其效益的关键性工作，产品要投入布场竞争中，就需做好营销开发。

(1) 宣传、广告开发。机电产品的宣传、广告除了在报纸、电视等传播媒介上大力宣传外，更有效的方法是在专业杂志、专业会议、专业展览会上推广介绍，能够面向真正的用户，效果更好。

(2) 销售渠道开发。开拓新的销售市场，寻找销售对象。增加销售网点，扩大销售能力，加大市场覆盖面。采用最有效的销售方式及合理的销售路线。

(3) 销售服务开发。研究使用户满意的服务形式，完善销售服务的手段，提高销售服务的水平。

(4) 商标开发。确定本企业的品牌，设计使用有效的商标，树立企业的形象和信誉，保护企业的产品以防止假冒和侵权，扩大企业和产品的知名度。

二、新产品开发的组织

创新需要激情，避免纯理性；需要分权，否定集中；需要更多的激励和容忍，抛弃限制和惩罚；需要竞争，避免按章行事。创新的特点决定了新产品开发组织与一般管理组织相比具有其突出的特点，新产品开发组织要具有高度的灵活性和简单的人际关系，高效、快速的信息传递系统，较高的管理权力，充分的决策自主权等。总的原则是使新产品开发能快速、高效地进行。

新产品开发组织的特征使新产品开发组织的形式多种多样。一般常见的新产品开发组织有新产品委员会、新产品部、产品经理、新产品经理、项目团队、项目小组六种形式。

1. 新产品委员会

新产品开发委员会是一种专门的新产品开发组织形式，该委员会通常由企业最高管理层加上各主要职能部门的代表组成，是一种高层次的新产品开发的参谋和管理组织。其优点是可以汇集各部门的想法和意见，强化信息沟通，使决策更加民主化和科学化。缺点是委员会成员之间的权责不清，容易发生互相推诿的现象，且当各职能部门的目标与企业总体目标不一致时，较难统一意见。新产品开发委员会属于矩阵式组织结构，可分为决策型、协调型和特别型三类。决策型新产品委员会的主要职能是制定新产品开发战略，配置新产品开发所需的企业内外部资源，评价及选择新产品开发项目等。通常是由企业最高领导者牵头。协调型新产品委员会的主要职能是负责新产品开发活动中各职能部门的协调。特别委员会是新产品开发的智囊团，对新产品开发过程中出现的问题和困难提出建议和对策，如技术障碍、构思筛选的评价问题、设计问题、工艺问题、商品化过程中出现的问题等，由各种专家和职能部门的关键人物等组成。

2. 新产品部

大公司常设新产品部，也称产品规划部、技术中心或研究所等，即从若干职能部门抽调专人组成一个固定的独立性的开发组织，集中处理新产品开发过程中的种种问题，如提出开发的目标，制定市场调研计划，筛选新产品构思，组织实施控制和协调等。该部门的主管拥有实权并与高层管理者有着密切联系。它是新产品委员会最恰当的补充管理组织，其优点是权力集中，建议集中，见解独立，有助于企业进行决策，并保持新产品开发工作的稳定性和管理的规划化。缺点是不易协调各职能部门之间的矛盾。

3. 产品经理

许多公司把新产品开发作为产品经理的一项重要职能，但产品经理的工作重心往往是对他管理的产品或产品线投入更多的时间和精力，对新产品开发无法尽全力。

4. 新产品经理

企业根据所实施的新产品项目的多少在产品经理下面设置若干新产品经理，一个新产品经理对一个或一组新产品项目负责。从新产品策划一直到新产品投入市场，都由新产品经理负责进行。这种组织形式主要适用于规模较大，资源丰富，新产品项目多，主要依靠新产品参与竞争的企业。

5. 项目团队

项目团队正日趋成为一种最强的横向联系机制。团队是一种长期的任务组，经常和项目小组一起使用。当在一段较长的时间内需要部门的协调活动时，设立跨部门团队是明智的选择。例如，波音公司在设计和生产其新的777型飞机时大约使用了250个团队，其中一些团队是围绕飞机的部件设立的，比如机翼、驾驶室、发动机团队。为特殊的顾客服务也可以组成相应的团队。

6. 项目小组

有些企业会为不定期的新产品开发设立临时项目小组，这是由来自各个不同职能部门的人员组成的一种组织，是一种矩阵式的组织形式，它通常向企业的最高管理层直接报告工作，并具有为新产品制定政策的权力。它的工作期限不定，到完成任务时为止。不同的开发项目，其成员不同，但成员往往具有较强的革新和开拓精神。项目经理对整个新产品开发负责，但对项目组成员并不拥有加薪、升职、雇佣和解雇的正式权力，正式权力取决于职能部门管理者。项目经理需要出色的人际关系能力，他们得通过专业知识和游说来实现协作。他们横跨于部门之间，必须有能力把人们组织起来。

知识点4　新产品开发的程序

企业开发新产品要承担很大的风险，为了减少风险，新产品的开发就必须按照一定的科学程序来进行。通过这些程序对各种新产品的构思和创意进行层层筛选和试制，就能使新产品的开发效益得到比较可靠的保证。

新产品开发是一项复杂的系统工程，这是一个创新、充满了风险、矛盾的过程。从新产品的构思、设计、试制、鉴定、试销、规模生产到营销，一环扣一环，涉及面很广。新产品开发的程序如图4-5所示。

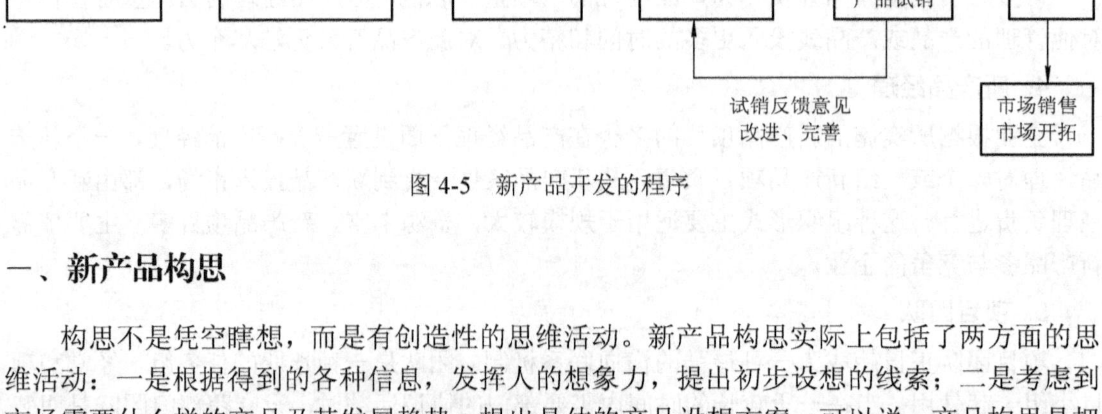

图4-5　新产品开发的程序

一、新产品构思

构思不是凭空瞎想，而是有创造性的思维活动。新产品构思实际上包括了两方面的思维活动：一是根据得到的各种信息，发挥人的想象力，提出初步设想的线索；二是考虑到市场需要什么样的产品及其发展趋势，提出具体的产品设想方案。可以说，产品构思是把信息与人的创造力结合起来的结果。

新产品构思，可以来源于企业内外的各个方面，顾客则是其中一个十分重要的来源。据美国6家大公司调查，成功的新产品设想，有60%到80%来自用户的建议。一种新产品的设想，可以提出许多的方案，但一个好的构思，必须同时兼备以下两点：

(1) 构思要非常奇特。创造性的思维，就需要有点异想天开。富有想象力的构思，才会形成具有生命力的新产品。

(2) 构思要尽可能接近于可行，包括技术和经济上的可行性。根本不能实现的设想，只能是一种空想。

二、新产品筛选

从各种新产品设想的方案中，挑选出一部分有价值的方案进行分析、论证，这一过程就叫筛选。筛选阶段的目的不是接受或拒绝这一设想，而是说明这一设想是否与企业目标的表述相一致，是否具有足够的实现性和合理性以保证有必要进行可行性分析。筛选要努力避免以下两种偏差：

(1) 把有开发前途的产品设想轻易放弃了，失去成功的机会。

(2) 把没有开发价值的产品设想误选了，导致投产后失败，这个过程必须进行周密调查、反复论证。

筛选时须根据一定的标准对新产品的设想方案逐项进行审核，进行技术评价，评价内容包括：产品开发的必要性与重要性、产品的先进性与技术档次、产品的适用性及可靠性、所需要的投资、经济效益与社会效益、技术成功的概率、研制开发周期，以及是否符合国家产业政策、资源利用和环境影响。

在筛选阶段，企业必须避免两种错误。一种是误舍错误(drop-error)，即将一个存在某些缺陷，但只要稍加修改即可带来良好经济效益的创意舍弃。例如，日本对个人电脑(PC)的开发实际上是同美国差不多同时起步的，但他们却忽视了这一具有极大潜在市场的产品，结果在个人电脑市场上就远远落伍了。另一种是误用错误(go-error)，即企业允许一个错误的创意投入开发和进行商业化批量生产。

三、编制新产品计划书

编制新产品计划书是在已经选定的新产品设想方案的基础上，具体确定产品开发的各项经济指标、技术性能，以及各种必要的参数。它包括产品开发的投资规模、利润分析及市场目标，产品设计的各项技术规范与原则要求，产品开发的方式和实施方案等。这是制定新产品开发计划的决策性工作，是关系全局的工作，需要企业的领导者与各有关方面的专业技术人员、管理人员通力合作，共同完成。这一步工作做好了，就为新产品的实际开发铺平了道路。

四、新产品设计及制造过程准备

新产品设计及制造过程准备是从技术经济上把新产品设想变成现实的一个重要的阶

段，是实现社会或用户对产品的特定性能要求的创造性劳动。新产品的设计，直接影响到产品的质量、功能、成本、效益，影响到产品的竞争力。以往的统计资料表明，产品的成功与否、质量好坏，其中60%～70%取决于产品的设计工作。因而，产品设计在新产品开发的程序中占有十分重要的地位。

设计要有明确的目的，要从用户的角度出发，要从掌握竞争优势来考虑。现在，许多企业为了搞好新产品的设计，都十分重视采用现代化的设计方法，如价值工程、可靠性设计、优化设计、计算机辅助设计、正交设计法等。产品设计的科学性，是与科学的设计方法分不开的。产品制造过程的准备，产品制造过程所采用的技术，所应用的工艺流程、生产组织，所需要的设备及工艺装备、检测手段及仪器、原材料的选择，这一切都需要进行周密的计划及安排，以保证开发过程中各项工作的衔接及连续性。

五、新产品试制

新产品试制是按照一定的技术模式实现产品的具体化或样品化的过程。它包括新产品试制的工艺准备、样品试制和小批试制等几方面的工作。新产品试制是为实现产品大批量投产的一种准备或实验性的工作，因而无论是工艺准备、技术设施还是生产组织，都要考虑实行大批量生产的可能性，否则产品试制出来了，也只能成为样品或展品，只会延误新产品的开发。同时，新产品试制也是对设计方案可行性的检验，一定要避免设计与成品不相符，设计脱离产品的实用性，与新产品开发的目标背道而驰，最终导致失败。

新产品的开发试制主要应由企业的科研部门和生产部门去进行，但是企业的最高管理部门与营销部门要共同参与，把握开发试制的进程，提供各种有用的信息，使新产品的开发试制顺利完成。

六、新产品评定

新产品试制出来以后，要从技术经济上对产品进行全面的试验、检测和鉴定，这是一次重要的评定工作。对产品的技术性能的试验和测试分析是不可缺少的，主要内容包括：系统模拟实验、主要零部件功能的试验以及环境适应性、可靠性与使用寿命的试验测试，以及操作、振动、噪音的试验测试等。对产品经济效益的评定，主要是通过对产品功能和成本的分析、对产品投资和利润目标的分析、对产品社会效益的评价来实现的，并需确定产品全面投产的价值和发展前途。对新产品的评价，实际上贯穿于开发过程的始终。这一阶段的评定工作是非常重要的，它不仅有利于进一步完善产品的设计，消除可能存在的隐患，而且可以避免产品大批量投产后可能带来的巨大损失。

七、新产品试销

新产品试销，实际上是在限定的市场范围内，对新产品的一次市场实验。通过试销，可以实地检查新产品正式投放市场以后，消费者是否愿意购买，并制定在市场变化的条件下，新产品进入市场应该采取的决策或措施。一次必要和可行的试销，对新产品开发的作用是很明显的。

(1) 可以比较可靠地测试或掌握新产品销路的各种数据资料，从而对新产品的经营目标做出适当的修正。

(2) 可以根据不同地区进行不同销售因素组合的比较，根据市场变化趋势，选择最佳的组合模式或销售策略。

(3) 可以根据新产品的市场“试购率”和“再购率”，对新产品正式投产的批量和发展规模做出进一步的决策等。

当然，也并不是任何产品都要进行市场试销，有的产品可以直接推向市场，如价格昂贵的特殊品及高档消费品以及市场容量不大的高价工业品等。市场试销主要是针对那些使用面较广，市场生命周期较长，以及市场容量较大的产品。

八、进入商业性规模生产

进入商业性规模生产包括新产品的正式批量投产和销售工作。产品的批量上市并不意味着新产品开发已经取得成功，因为此时正是产品能否真正被市场接受的关键时刻。如果策略不当，产品仍然可能存在销售不出去的危险。企业必须在批量上市的时间、地点、渠道、方式上正确决策，进行合理的营销组合。如新型的保暖用品选择在突然降温的时候推出，其吸引顾客注意的可能性就会大得多；一般产品若在万商云集的大都市推出比其在中小城市推出影响面也会大得多。而良好的上市策划往往能使一些新产品的市场导入期大大缩短。菲利浦·科特勒说：“市场营销就是考虑如何在适当的时间、适当的地点将适当的产品，以适当的价格和适当的方式卖给适当的顾客。”这种观念同新产品的上市策划思想是完全一致的。因此，企业在组织新产品上市时一定要对市场的环境条件进行认真的分析，准确把握时机，精心设计方案，以确保新产品顺利进入市场。

知识点5　新产品开发的经济分析

在新产品开发的全过程中，每一阶段都需要进行经济分析和评价，从而提供新产品开发投资决策的科学依据，使新产品整体结构技术性能与经济性能得到最好结合。而经济分析是为了解决新产品的功能与制造费用的优化问题，以及分析新产品的生产规模的合理性与投资项目的盈利性问题。

一、新产品开发技术的经济评价

在进行新产品开发技术的经济评价时，要考虑一系列有关的因素，主要有：国家经济发展规划、政策、法令、法规；社会需求、市场容量；企业自身的技术能力、生产能力、管理水平、资金能力、成本费用、交货期等。综合考虑这些因素，可以获得一个准确的新产品开发评价。

1. 新产品的评价项目

新产品的评价项目随产品性质的不同做具体选定，一般机电产品包括下列各项：

(1) 产品基本功能，即满足用户基本效用和需求的程度。

(2) 产品性能质量，即效率、精度、可靠性等内在质量和外在质量要求的程度。

(3) 产品和零件结构工艺性，即生产加工的可能性、合理性、经济性。

(4) 操作维修方便性，即易于掌握和操作、维修的方便程度。

(5) 安全性与环保影响，即符合安全法规及环保要求的程度。

(6) 寿命周期成本，即制造成本与使用成本的合理性和可接受的程度。

2. 新产品评价的常用方法

新产品评价常用方法有：定量评价法(即在定量分析的基础上进行评价)、评分法(包括评价等级、分数标准及加权方法)、计算各评价项目因素的期望值等。通过这些方法获得最终的评价结果，可作为新产品开发的决策依据。

二、新产品开发的经济分析

当一项新产品开发通过了技术经济评价，能否实施，还应进行企业盈利性的经济分析。只有符合企业盈利目标的新产品，才有发展实施的意义。任何一个企业，它要生存、发展必须要有利润。

新产品开发的经济分析，可采用以下方法。

1. 损益平衡分析法

损益平衡分析法通过对新产品在某一时期内生产成本、销售量和利润关系的分析，考察获得经济收益的可能性。

(1) 线性损益平衡分析。当新产品的销售总收入、总成本同产销量呈线性关系时采用这种分析，来判断开发这个产品的盈利或亏损。其公式如下：

$$E = R - C = PQ - (F + VQ) \tag{3-1}$$

式中，E 表示利润；P 表示产品售价；R 表示销售总收入；C 表示生产总成本；F 表示固定成本；V 表示单位产品变动成本；Q 表示销售量。

当损益平衡时，

$$E = 0$$

$$PQ_0 = F + VQ_0$$

其中 Q_0 表示盈亏平衡点的销售量，即

$$Q_0 = \frac{F}{P - V} \tag{3-2}$$

结论：销售量 $Q>$ 平衡点 Q_0，将获盈利；销售量 $Q<$ 平衡量 Q_0，发生亏损；销售量 $Q=$ 平衡点 Q_0，不亏不盈。

如果已知企业目标利润 E，则决策新产品的发展规划及销售量必须达到某一规模才有盈利，即

$$Q = \frac{F + E}{P - V} \tag{3-3}$$

式(3-3)中，要明确时间界限。如果定为一年，Q 应为年产销量，F 为每年应回收的固定成本，E 也应是企业对本方案的年度目标利润额。损益平衡图见图 4-6 所示。

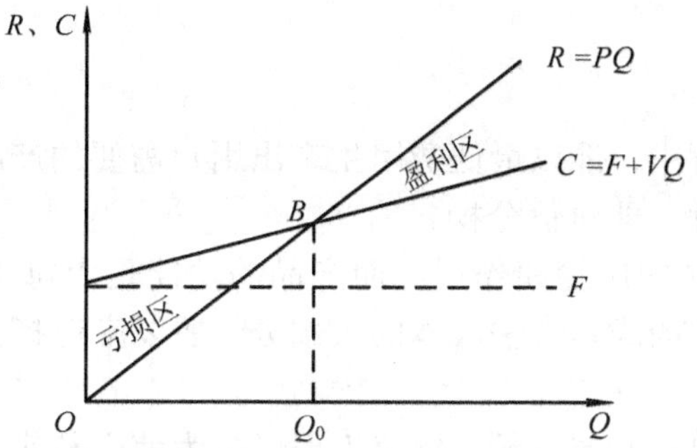

图 4-6　损益平衡图

(2) 非线性损益平衡分析。新产品销售收入 $R(Q)$、成本 $C(Q)$同产销量之间的关系呈非线性关系，如图 4-7 所示。

E 为利润曲线(产销量函数)：

$$E(Q) = R(Q) - C(Q) \tag{3-4}$$

当产销量为 Q_1、Q_2 时，利润为 0；

当 Q 在 Q_1 与 Q_2 区间内时，盈利使利润达到最大：

$$\frac{\mathrm{d}E}{\mathrm{d}Q} = \frac{\mathrm{d}R}{\mathrm{d}Q} - \frac{\mathrm{d}C}{\mathrm{d}Q} = 0 \tag{3-5}$$

利润最大化的条件为

$$\frac{\mathrm{d}R}{\mathrm{d}Q} = \frac{\mathrm{d}C}{\mathrm{d}Q} \tag{3-6}$$

式中，$\mathrm{d}R/\mathrm{d}Q$ 是总收入曲线上某一点切线的斜率，称为边际收益；$\mathrm{d}C/\mathrm{d}Q$ 是总成本曲线上某一点切线的斜率，称为边际成本。当边际收益等于边际成本时，利润最大。

图 4-7 为总收入、总成本和利润曲线图。

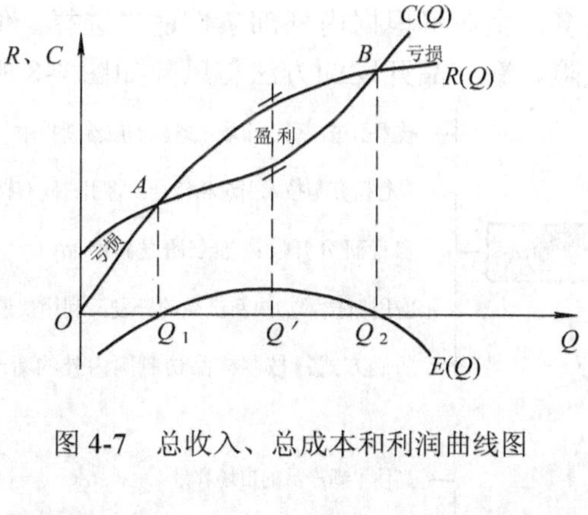

图 4-7　总收入、总成本和利润曲线图

2. 现金流量分析法

新产品开发也是一个投资方案寻求回报的过程。现金流量分析法考虑资金的时间价值因素，对投资方案进行动态经济评价。其原理是把预计新产品在市场生命周期中所收回的收入(即现金流入量)折算为现值，同新产品的投资支出(即现金流出量)的现值加以比较，来评价新产品投资的经济效益。具体分析方法有净现值法、内部利润率法、年度等值法和动态投资回收期法等。

3. 价值分析

在开发新产品的过程中，能以最低费用生产出用户需要的产品，实现这个要求所使用的一套方法就叫价值工程，即价值分析。

产品的功能是指产品的用途和作用，而产品的功能是由每一个零部件的功能来实现的。通常是少数关键零件的成本占去成本的大部分，所以应选择关键零件作为价值工程对象来进行评价分析。

价值工程的核心是进行功能分析，价值工程已成为使产品或工程项目具备必要功能以降低产品成本的有效方法，已得到普遍应用。其计算公式为

$$V = \frac{F}{C} \tag{3-7}$$

式中，V表示价值；F表示功能；C表示成本。

价值是评价成本与功能匹配是否得当的指标：当价值等于1时，功能与成本匹配；当价值大于1时，能用较小成本取得较大的功能；当价值小于1时，为取得功能需花费过多的成本。

通过寻求功能与成本之间的最佳关系，达到提高产品价值的目的有以下五种途径：

(1) 功能不变，使成本降低。

(2) 成本不变，提高功能。

(3) 既提高功能，又降低成本。

(4) 增加少量成本。使功能大大提高。

(5) 功能稍有下降，成本大大降低。

知识点6 开发新产品的方法

新产品开发的方法很多，企业可根据内外部条件适当选择。但是，新产品开发的成功率很低，而且有很大的风险。新产品开发的方法与风险如图4-8所示。

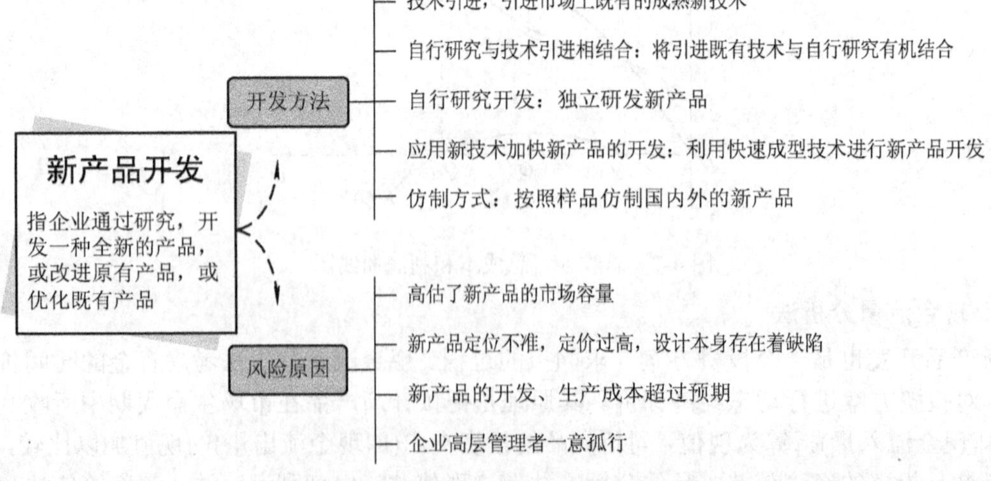

图4-8 新产品开发的方法与风险

1. 技术引进

技术引进是指通过与外商进行技术合作、补偿贸易，向国外购买专利技术、关键设备等，引进比较先进和成熟的新技术。其优点是，能够利用有限的资金和技术力量，较快地掌握先进的生产技术，缩短与国外产品的技术差距，提高企业的竞争能力，也有利于进入国际市场。但是，由于这种产品的市场往往已被别人率先占领，技术引进的代价也较高，只能有选择地重点引进，引进以后，要在一定时间、一定范围内产生产品市场优势才是可取的。所以应用这种方式时要注意引进的技术应该是较为先进的，对于本企业生产技术水平的提高具有推动和启发作用的。企业采用技术引进方式开发新产品往往是与独自研制相结合的。企业为尽快吸收国际上的新技术，要发挥企业的独创精神，必须以技术引进为起点，与本国、本企业的科研成果相结合，创造出技术先进的新产品，可获得花钱少、见效快的效果，有利于对引进技术的消化和进一步研究，更好地发挥引进技术的作用。

2. 自行研究与技术引进相结合

此方法是指在形成一种新产品的技术中，有一部分是自行研究出来的，另一部分则是引进的。自行研究与技术引进相结合的形式大体有以下两种：

(1) 在充分消化引进国外先进技术的基础上，结合本身特点进行创新。

(2) 立足于自身技术的基础上，引进某些新技术以弥补自己的不足，这样既能充分发挥自身的技术优势，又吸收了国外先进的技术，使开发出来的产品具有先进性、见效快的特点。

3. 自行研究开发

自行研究开发分为以下三种情况：

(1) 从基础理论研究到应用技术研究，再到产品开发研究的全部过程都靠自己的力量进行。

(2) 利用社会上基础理论研究的成果，进行应用技术研究和产品开发研究。

(3) 利用社会上应用技术的研究成果，进行产品开发研究。

显然，第一种(或第二种)如果研制成功，可使企业独占新产品的优势地位，但是需从探讨产品的原理与结构、新材料、新技术开始。因此，一是需要雄厚的实力；二是风险较大，需要企业以产品更新换代乃至开发全新产品为目标。采用独自研制的方式，一般需要强有力的盈利产品作为财力后盾，所以适用于大型企业。最后一种方式较适合中小企业采用。

综上所述，独自研制方式是一种独创型的新产品发展策略，目的是发展有企业特色的新产品，从而在市场上占据有利地位。

4. 应用新技术加快新产品的开发

激烈的市场竞争使产品的更新换代加快。随着中国加入 WTO，产品生产与国际接轨，传统的制造方法已不能适应市场的需求。新产品的研制开发是一个复杂而精密的过程，涉及材料、结构、性能、工艺、外观等一系列因素，从设计、工艺分析、工艺装备、加工制造到出样品，用传统的方法需要短则几周，长则几个月的时间。

目前，一种高新技术——快速成型技术，为新产品的开发提供了全新的方法。这是一种集精密机械、计算机、数控、激光、新材料于一体的高新技术，采用这种技术，能在几小时至几十小时内将 CAD 三维实体模型制成零件原形，然后对所设计的零件进行评价、测试(如几何尺寸、装配关系、性能等)，如不满意可修改 CAD 模型后再制出零件原形，大大缩短产品从设计到定型的时间。这种技术特别适合于机械行业的复杂零件、特殊零件和模具制造。在新产品开发过程中，快速成型技术能快速进行小批量生产，去试探市场的反应，从而确立产品的市场地位和销售前景。

5. 仿制方式

按照样品仿制国内外的新产品，是迅速赶上竞争者的一种有效地开发新产品的形式。其优点是仿制费用低、成功率高。其缺点是上市落后一步，市场占有率较领先发展新产品的企业要低。但是，如果能在仿制时有所创新，则可收到后发制人的功效。此种方式的运用要注意不能违反有关新产品专利权和其他知识产权的法规。

以上五种方式，企业可单独应用也可并行采用，以利于产品的不断推陈出新。

【思考与练习】

1. 什么是新产品？
2. 新产品开发策略有哪些？请举例说明。
3. 新产品的基本特性要求有哪些？
4. 新产品开发的一般工作程序是什么？
5. 开发新产品的方式有哪些？
6. 新产品开发是生产型企业的经营命脉。一个企业要想有发展，只能通过自主创新，自主开发新产品；否则，企业只会逐渐衰退。阅读以下材料，谈谈你的看法。

材料：华为公司是一张中国“名片”，也是中国民营企业的一面旗帜。华为从创业时做贸易起家，历经磨难，深刻体会到了自主研发对于打造核心竞争力、保证企业可持续发展的重要性。为此，华为人 20 多年坚持不懈地自主研发和创新，成就了今日全球信息通信产业中实力超群的中国企业。

2017 年 10 月，华为发布了世界上第一颗人工智能芯片，走在了整个世界的前面，截至 2017 年末，华为总共专利授权量为 74 307 件，华为是专利最多的中国公司。华为拥有在电信、手机、芯片三大领域的自主核心技术。2018 年，华为拿下了全球首张 5G CE-TEC 认证证书。2018 年华为整体营收超过了 7000 亿元，首次跨入千亿美金序列。

7. 中兴事件无疑成为 2018 年社会各界所热议的话题。随着中兴公司支付 10 亿美元罚款，以及一系列处罚后，中兴总算是逃过了生死劫。回顾中兴事件始末，中兴事件震荡后有哪些是值得我们反思的？我们又该如何应对呢？阅读材料，谈谈你的看法。

材料：美国制裁中兴事件。2016 年 3 月，美国商务部对中兴通讯实施出口限制措施，导致公司暂时停牌交易。禁运事件爆发后，在双方政府协调下，美国商务部给中兴颁布了临时许可证，从而保证中兴通讯可以正常采购美国元器件和软件。

2017 年 3 月，总部在深圳的中兴通讯因被控违反美国的制裁，同意接受处罚，支付 11.9 亿美元的罚款。

2018 年 4 月 16 日晚，美国商务部发布公告称，美国政府在未来 7 年内禁止中兴通讯向美国企业购买敏感产品。

2018 年 4 月 20 日，中兴通讯发布关于美国商务部激活拒绝令的声明，称在相关调查尚未结束之前，美国商务部工业与安全局执意对公司施以最严厉的制裁，对中兴通讯极不公平，“不能接受！”

2018 年 5 月，中兴通讯公告称，受拒绝令影响，公司主要经营活动已无法进行。

2018 年 6 月 7 日，美国商务部长罗斯接受采访时表示，美国政府与中兴通讯已经达成协议，只要后者再次缴纳 10 亿美元罚金，并改组董事会，即可解除相关禁令。

2018 年 7 月 12 日，《美国之音》消息，美国商务部表示，美国已经与中国中兴公司签署协议，取消近三个月来禁止美国供应商与中兴进行商业往来的禁令，中兴公司将恢复运营，禁令将在中兴向美国支付 4 亿美元保证金之后解除。

项目五 机电产品价格策略

【项目导航】

价格策略的制定和执行是市场营销活动中很重要的部分。价格对市场营销组合中的其他策略会产生很大影响，并与其他营销策略相结合，共同作用于营销目标的实现。价格是企业参与竞争的重要手段，其合理与否会直接影响企业产品或服务的销路。由于价格对市场供求的影响总存在某些不确定因素，因此营销活动中的价格策略必须是以科学规律为依据，以实践经验为手段的统一过程。

虽然营销组合中其他要素的重要程度日益提高，但价格决策的重要性并未因此而下降。如何协调顾客需要与企业发展之间的关系，科学地进行价格决策，仍是所有企业家都必须要面对并必须要处理好的问题。

对价格的探讨，不仅依赖于理论指导，更依赖于实践。通过对本项目的学习，要求学生重点掌握市场价格的构成要素、影响企业定价的因素、企业定价的方法及策略。

【案例导入】

案例 5-1 富士公司成功的定价策略

某天，日本富士公司业务主管藤野先生飞抵东南亚一发展中国家，计划与该国某公司 A 签订一个关于从日本进口复印机的合同。不料某公司老板却冷冷地告诉他："我们不打算签那份合同了。"藤野虽对某公司中途毁约甚为不满，但并未流露出任何不悦神态。他断定其中定有变故，旋即飞回日本。三天后，藤野再次来到 A 公司老板面前，开门见山地说："我此次来是想与您商谈有关复印机的进口问题。我们提供的复印机价格比另一家的供货价格低三成。"

原来，藤野回到日本之前将情况向公司汇报，公司经过调查发现，另一个厂家 B 抢走了他们的生意。A 公司老板心中暗喜，重新与富士公司签订了进口复印机的合同。

签完合同的藤野立刻飞回日本，第二天便来到专门生产复印机的厂家 B，请厂家把经销权交给富士公司，同时，愿再加一成价格，条件是复印机的辅助材料和设备由富士公司独家经营。两家签订了合约。

数月后，复印机如期运往 A 公司。由于价格低廉，富士公司的这笔生意不仅没赚，反而亏损了不少。但 A 公司很快发现：他们不仅要购买复印机，而且还需要大量的辅助材料和设备。A公司只好再次与富士公司合作。这次富士公司主动权在握，售出的辅助材料和设备收入不仅弥补了先前的亏损，还取得了可观的盈利。

知识点1　价格竞争

价格竞争是指企业运用价格手段，通过价格的提高、维持或降低，以及对竞争者定价或变价的灵活反应等，来与竞争者争夺市场份额的一种竞争方式。价格竞争是市场运作中不可避免的一种经济规律，关键在于如何根据自身的资源及所处的环境采取有效的措施，使企业在竞争中得以生存与发展。

企业间竞争的核心在于资源实力的较量，通过资源的优化配置，可繁衍出一系列竞争方式，而价格竞争仅是其中之一，且是资源消耗最大的一种。

一、价格的本质

所谓产品价值，就是凝结于产品中的一般的人类劳动或物化劳动，这个量是由生产它的社会必要劳动量决定的，社会必要劳动量又是用社会必要劳动时间来衡量的。所以，生产产品所消耗的社会必要劳动时间，就代表着产品的价值。同时，产品的价值又必须通过产品交换过程才能实现。货币产生以后，产品的这种交换就通过货币来实现。因此，价值是价格的基础，产品价格是产品价值的货币表现形式。

价值决定价格，但价格并非与价值保持一致。由于产品的供求变化、市场竞争状况、国家经济政策等多种因素的影响，在市场交换活动中不可避免地出现产品价格与价值背离的现象。但从一个较长时期的价格平均值来看，无论是什么产品，价格与价值的过度背离都不会长久，价格总是围绕价值上下波动。也就是说，产品价格与产品价值的背离是价值规律作用的表现，产品价值总是产品价格波动的中心。

然而，科学地制定合理的价格就一定能使产品增加竞争优势吗？就一定能在4P组合策略中发挥出应有的作用吗？答案是：不一定。有实例表明，在泰国首都曼谷一家专营儿童玩具的商店里摆卖着造型相似、质量相同、标价相同且合理，仅产地不同的两种机械玩具小鹿。然而，标价均为3角9分的这两种小鹿的销售却一直很不景气。后来，经营者改变了原有对于相似产品采用相同价格的定价策略，转而采用相似产品拉开价格档次的新定价策略，即维持日本玩具小鹿的价格不变，将台湾玩具小鹿的价格提高到5角6分。结果，顾客在比较这两种同质且造型接近的两种小鹿后，立即体会到日本生产的玩具小鹿物美价廉，购买日本小鹿的行为突然变得十分踊跃，日本玩具小鹿随即销售告罄。此时，商店再将台湾玩具小鹿的标价降回到原有水平，而顾客在大幅度地降价刺激下，也开始踊跃购买台湾产的机械玩具小鹿。由此案例可以体会到，价格的制定不仅是一门科学，也是一门艺术。合理的价格只有在正确的价格策略中才能发挥其应有的作用。

二、价格竞争

企业价格调整与走出价格竞争的途径如图5-1所示。

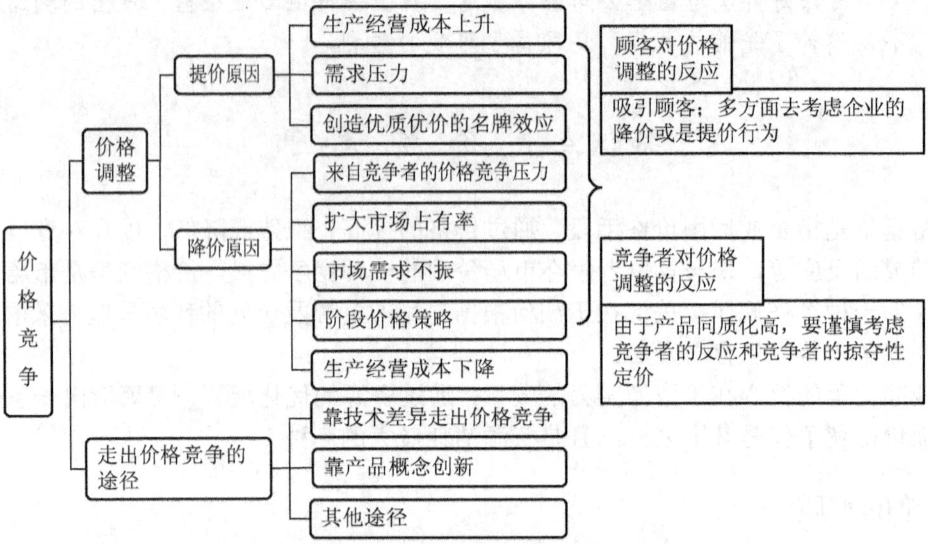

图 5-1　企业价格调整与走出价格竞争的途径

1. 价格是企业竞争的重要手段

价格决策是营销组合的重要组成部分，也是一个有着若干独特而又鲜明特征的组成部分。价格是营销组合中作用最为直接、见效最快的一个，也是唯一一个与企业收入直接相关的营销手段。

价格决策与企业的市场占有率、市场接受新产品的快慢、企业及其产品在市场上的形象等都有着密切的关系。价格策略的正确与否对企业成败至关重要，与竞争者相比，本企业所提供的产品价值与价格比率的高低将决定竞争过程中的优势归属，决定竞争的胜负。在竞争过程中，谁能以较低的价格向市场提供较大的价值，谁就可能成为竞争中的赢家。反之，如果价格决策失误，缺乏价格策略与营销组合中其他策略之间的协调，即便企业所提供的产品的内在质量优异、外形设计符合消费意愿，仍无法得到市场的认同和接受。几乎所有的企业，包括那些拥有显赫的市场地位的企业，在制定价格时，也都必须要慎重地考虑自身的价格行为对市场可能产生的影响，必须考虑来自竞争者的可能的价格威胁。

2. 价格调整的原因

价格竞争的内容很多，除企业使用的定价方法和价格策略外，另一个比较明显的表现就是企业进行的价格调整。企业经营面对的是不断变化的环境，在采用一定方法并确定了定价策略后，企业仍需要根据环境条件的变化，对既定价格进行调整。

企业对原定价格进行调整可分为两种情形，一是调高价格，二是降低价格。对价格进行调整的必要性源于企业经营内外部环境的不断变化。

1) 提价的原因

具体地说，企业往往在下述一种或几种原因同时出现时需要提高产品现有价格：

(1) 生产经营成本上升。在一定价格情况下，成本上升将直接导致利润的下降。因此，在整个社会发生通货膨胀或生产产品的原材料成本大幅度上升的情况下，抬高价格就是保持利润水平的重要手段。

(2) 需求压力。在一定的供给情况下，需求的增加会给企业带来压力。对于某些产品而言在出现供不应求的情况下，可以通过提价来相对遏制需求。这种措施同时也可为企业获取比较高的利润，为以后的发展创造一定的条件。

(3) 创造优质优价的名牌效应。为了企业的产品或服务与市场上同类产品或服务拉开差距，作为一种价格策略，可以利用提价营造名牌形象。充分利用顾客“一分价钱、一分货”的心理，使其产生高价优质的心理定势，创造优质效应，从而提高企业及产品的知名度和美誉度。

2) 降价的原因

降低价格的措施往往在下述原因出现时采用：

(1) 应付来自竞争者的价格竞争压力。在绝大多数情况下，反击直接竞争者价格竞争见效最快的手段就是“反价格战”，即制定比竞争者的价格更有竞争力的价格。

(2) 调低价格以扩大市场占有率。在企业营销组合的其他各个方面保持较高质量的前提下，定价比竞争者低，能给企业带来更大的市场份额。对于那些仍存在较大的生产经营潜力的企业，调低价格可以刺激需求，进而扩大产销量，降低成本水平，是一种较为理想的选择。

2003 年广州本田借推出换代车型之机，全面升级车辆配置，同时大幅压低价格，使广州本田生产的几款车型几年来在市场上一直供不应求。2003 年广州本田更以 11.7 万辆的销售量(增长率超过 100%)成为销量增幅最大的轿车生产商。

(3) 市场需求不振。在宏观经济不景气或行业性需求不旺时，价格下调是许多企业借以渡过难关的重要手段。比如，当企业的产品销售不畅，而又需要筹集资金进行某项新产品开发时，可以通过对一些需求价格弹性大的产品予以大幅度降价，来增加销售额以满足企业回笼资金的目的。

(4) 根据产品寿命周期阶段的变化进行调整。这种做法也被称为阶段价格策略。在从产品进入市场到被市场所淘汰的整个寿命周期过程中的不同阶段，产品生产和销售的成本不同，消费者对产品的接受程度不同，市场竞争状况也有很大不同。阶段价格策略强调根据寿命周期阶段特征的不同，及时调整价格。例如，相对于产品导入期时较高的价格，在其进入成长期后期和成熟期后，市场竞争不断加剧，生产成本也有所下降，下调价格可以吸引更多的消费者、大幅度提高销售量，从而在价格和生产规模之间形成良性循环，为企业获取更多的市场份额奠定基础。

例如，中国手机行业的竞争。由于功能上的差异、品牌等趋于同质化，企业不再把手机定位于通信工具，而是将手机定位于饰物；随着不断推出新的款式，老款手机被淘汰，企业为了把损失降低，被迫将老款手机的价格一降再降，目的是收回资金。这种现象对于那些产品生命周期短、更新换代快的行业尤为普遍。

(5) 生产经营成本下降。在企业全面提高了经营管理水平的情况下，产品的单位成本和费用有所下降，企业就具备了降价的条件。对于某些产品而言，由于各厂家的生产条件、生产成本不同，最低价格也会有差异。显然，成本最低者在价格竞争中占有优势地位。

3. 价格调整中的顾客反应

适当的价格调整能够产生良好的效果。但是，若调整不当，则适得其反。无论是调高价格还是降低价格，企业都必须要注意到各个方面的反应。衡量定价成功与否最重要的标志是消费者将如何理解价格调整行为；企业所确定的价格能否为消费者所接受。企业打算向顾客让渡利润的降价行为可能被理解为产品销售状况欠佳、企业面临经济困难等状况，使一个动机良好的价格调整行为产生十分不利的调整结果。因此，企业在进行调整前，必须慎重研究顾客对调整行为可能的反应，并在进行调整的同时加强与顾客的沟通。

4. 价格调整的竞争反应

在竞争市场上，企业制定某种价格水平、采用某种价格策略的效果还取决于竞争者的反应。在竞争者的策略不会作任何调整的情况下，企业降低价格就可能起到扩大市场份额的效果；而若在企业降低价格的同时，竞争者也降低价格，甚至以更大的幅度降低价格，企业降价的效果就会被抵消，销售和利润状况甚至不如调整前。同样，在企业调高价格后，如果竞争者并不提高价格，则对企业来说，原来供不应求的市场可能变成供过于求的市场。鉴于此，企业在实施价格调整行为前，必须分析竞争者的数量、可能采取的措施，以及其反应的剧烈程度。

三、走出价格竞争的途径

企业可以依靠技术差异化、产品概念创新以及其他途径，走出价格竞争。

1. 靠技术差异化走出价格竞争

TCL 王牌彩电郑州公司开业时，面对“长虹、康佳降价风波”“高路华低价抢占市场”的巨大影响，从知名品牌的市场中夺得较大的市场份额，不能不说是个奇迹。其成功切入市场有两个要点：一是面对中原彩电市场瓜分完毕之态势，TCL 郑州公司引导顾客需求，进行技术创新，由 21 寸彩电转向导购 25 寸彩电，投其市场空档；二是营销技术手段创新，把 4～5 月的彩电销售淡季市场“炒热”“炒爆”，打出“时间差”这张出奇制胜牌……这些营销组合手段的巧妙运用，使得 TCL 王牌彩电的销售量猛然攀升。当中原区域市场的家电厂商回过神儿来时，TCL 王牌彩电已在中原市场强行登陆并牢固地建立起滩头阵地。

2. 靠产品概念创新走出价格竞争

企业要走出价格竞争，首先是观念创新，其次是策略创新。

(1) 观念的创新。随着中国加入世贸组织，价格竞争国际化的状况更趋激烈。即使不打价格主动战，也可能要打价格被动战；不仅要打价格战，还要打质量战、品牌战、服务战。与此同时，国外企业在中国市场日益本土化，使国内企业以前所拥有且引以为豪的价格优势逐渐消失，低价将不再是国内企业参与国际竞争的重要法宝，因为国外企业也会利用低价策略争夺市场份额。在这样的市场背景下，国内企业在指导思想上一定要重新认识价格战的地位与作用，在观念上树立起价格战“并非坏事”的思想。

长期以来，在我国某企业一说要打价格战，同行便纷纷群起而攻之，甚至急忙组织价格联盟，联手对付挑起价格战的企业，似乎挑起价格战是大逆不道的事情。事实上，价格战只不过是企业策略的组成部分。因此，企业间进行价格战只是其经营的具体策略问题。作为企业，关键不是要不要打价格战的问题，而是和谁打、怎样打的问题。要在观念上重视价格战，不怕打价格战，还要敢于打价格战，更要善于打价格战。

(2) 策略的创新。价格战的策略必须注重消费者需求。许多企业在进行价格战时，更多的是考虑企业的经营成本状况，即其利润空间和降价空间。因而一打价格战便立即引起同行和社会各界的关注，甚至有人怀疑企业是否违反了《反不正当竞争法》。境外的一些大型综合超市，例如家乐福、沃尔玛等在进入我国商业零售领域以后，以超低价格进行产品销售和经营，却获得了广大消费者和社会各界的认同，也没有人去怀疑其违反了《反不正当竞争法》。同样是价格战，社会反响却大相径庭。这个问题的关键在于我国企业更多地采用成本导向定价策略，而西方国家更多地采用需求导向策略。在市场已由卖方市场转变为买方市场的情况下，企业所提供的商品和服务价格已不再是由企业单方面说了算，而是由消费者说了算。消费者的需求决定了一切，企业生产的产品或提供的服务需要花费多少成本，是不以企业或其领导人的意志为转移的；消费者愿意花费多少代价来获取企业所提供的商品，成为企业定价的最高限额。在决定商品或价格高低的许多因素中，生产经营成本虽然是最基本因素，但最终的决定因素仍然是供求关系。可见，企业在进行价格战时，应更多地考虑需求因素，采用需求导向型策略，而不是主要考虑成本因素或成本导向型价格策略。

3. 走出价格竞争的其他途径

走出价格竞争尚有以下途径：

(1) 靠品牌优势不参与价格竞争；

(2) 靠服务特色规避价格竞争；

(3) 靠高标准控制上游供应商，不打价格战；

(4) 靠规模效益降低总成本，以价格优势走出价格竞争。

走出价格竞争的方式很多，组合使用的威力尤为明显。

价格竞争以降价为主要手段来吸引购买者，从而达到扩大市场份额、排挤竞争对手的目的。它能通过企业间的价格竞争实现优胜劣汰，实现市场资源优化配置。但价格竞争是一种低层次的竞争，就当前我国国情而言，价格竞争是企业间展开竞争的主要手段，但在现今消费者层次多样化、国外企业冲击加剧的情况下，仅在成本、价格这一层次上展开竞争是远远不够的。因此，无论对企业自身还是对整个企业而言，价格竞争都不是最有效的竞争。随着人们收入水平的提高，对价格的敏感度越来越弱，对服务、质量、技术构筑而成的品牌形象和知名度日益关注。

价格优势可换回暂时的市场份额，却换不回品牌的忠诚度。企业竞争更应该重视产品创新、服务创新、人事创新和形象创新。这正是国内企业在竞争中应重视的问题，也是在价格竞争时要注意的问题。

知识点2 定价的程序

制定价格必须依据科学的方法和程序。制定产品价格时必须综合考虑影响和约束产品价格的各种因素，明确定价的目标，即企业期望以产品销售而获得的回报；还要考虑为达到定价目标所采用的定价方法。而定价方法的选择、定价策略的运用显然与产品自身的特点、竞争对手的产品价格、国家的物价指数等密切相关。

一、定价的程序

企业的定价目标和原则确定之后，就可以按照一定的程序和步骤制定产品的价格。所谓的定价程序是指在综合考虑影响定价的诸因素的基础上，结合企业具体情况，制定或调整产品价格的一系列步骤。遵循这些程序与步骤，才能使得制定或调整的价格建立在细致、严谨、科学的基础上，避免凭经验或感觉带来的不良后果。

显然，由于竞争对手、成本的不断变化，产品定价也必须适时应变。定价的程序如图5-2所示。

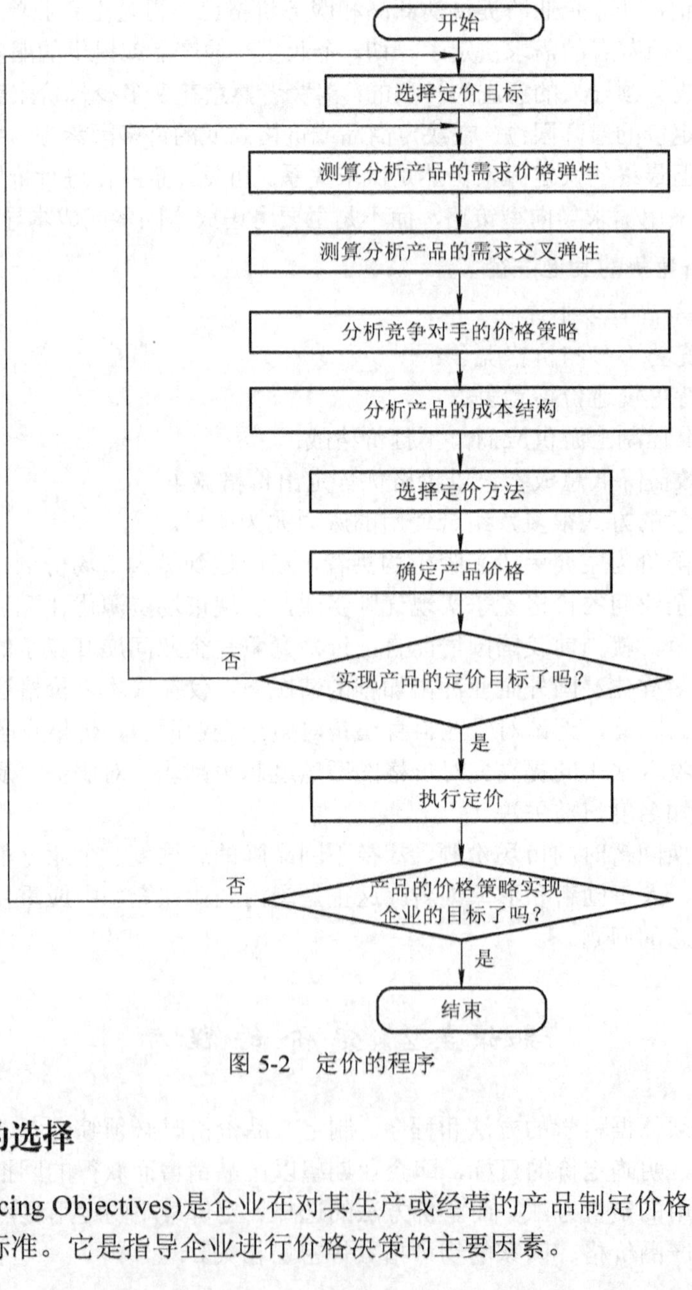

图 5-2 定价的程序

二、定价目标的选择

定价目标(Pricing Objectives)是企业在对其生产或经营的产品制定价格时，有意识地要求达到的目的和标准。它是指导企业进行价格决策的主要因素。

定价目标取决于企业的总体目标。定价目标如图 5-3 所示。不同行业的企业、同一行业的不同企业，以及同一企业在不同的时期、不同的市场条件下，都可能有不同的定价目标。

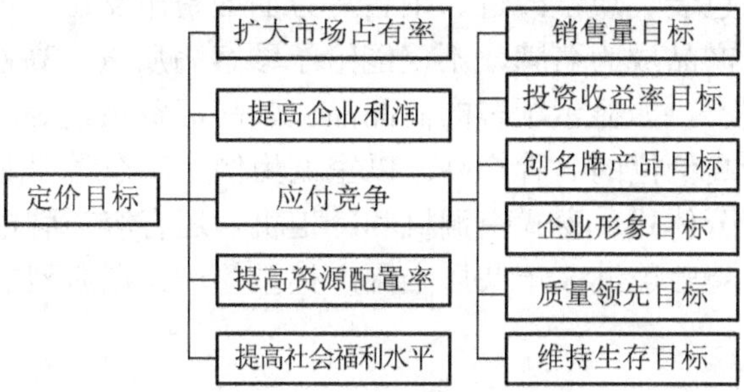

图 5-3 定价目标

1. 以扩大市场占有率为目标

市场占有率的高低是企业经营状况、产品竞争力的主要衡量指标。较高的市场占有率代表了产品较高的销量，为企业赢得长期的利润回报奠定了坚实的基础，对于企业形成行业霸主的地位关系极大。一旦企业霸主地位形成并得以稳固，企业控制市场的能力就会增强。因此，不少的企业采取高低杠策略：先以低价进入市场，待占领市场并取得一定的顾客信任度后，便提高价格。

2. 以提高企业利润额为目标

通常，利润目标是指利润最大化目标。所谓利润最大化，是指企业在一定阶段可获得的最大盈利。企业盈利来源于销售收入扣除全部成本之后的余额。如果一味追求最高售价，则可能会导致销量下降、社会总需求减少。因此，实现利润最大化的定价目标，必须与企业的竞争实力、顾客对产品的认可程度及整个经济形势的状况联系起来，以追求合理或最大的利润作为定价目标。

3. 以应付竞争为目标

1) 销售量目标

销售目标以追求一定的销售量为定价目标，旨在表现企业业绩的提升，并通过销售量的提高，引导生产量的提高。在大批量的生产中，工人、管理人员的技术将愈来愈成熟，原材料的价格在一定的供货规模下得以降低，其目的是以销量的增加获得规模经济的效果，通过生产成本的下降，在价格竞争中保证产品低价出售仍有利可图。

2) 投资收益率目标

以投资收益率为目标的定价，其价格高低往往取决于企业投资收益率的高低。当企业需要迅速收回投资，或者当企业需要迅速获取高额利润以快速收回产品的开发费用时，企业往往采取高价策略。而投资收益率的确定往往有其自身的规律：根据经济学原理，当投资主要来源于企业自有资金时，投资收益率必须大于银行同期存款或其他证券的利率；当投资来源于银行借贷资金或其他方投资时，投资收益率必须大于同期贷款利率或借贷利率，利率越高，价格必然越高。因此，任何新产品的开发都应在市场调研的基础上进行可行性分析。

3) 创名牌产品目标

以创名牌产品为目标的定价方法，主要考虑到创名牌产品较之一般产品所必须投入的长期费用，包括广告、包装、质量改进、销售等方面的费用支出，创名牌产品的投入高、成本高。事实上，一旦产品成为名牌，不仅能给予顾客高质量、高性能以及优质的服务，还能给顾客带来无形资产，如显示顾客的商品品位、高消费级别等。因此，名牌产品可以定高价，顾客也能接受高价位的名牌产品。以空调为例，广东省科龙电器集团股份有限公司生产的科龙牌柜式、分体式、窗式空调机和冷柜机，还有容声牌电冰箱等，均是广东省名牌产品，容声牌电冰箱曾连续8年荣居全国产销量第一，在激烈的市场竞争中为企业获取了高额利润。

4) 企业形象目标

以保持或配合建立一定的企业形象为定价目标的定价方法，通常属于整合营销的一个分支。实际上单纯地为定价而定价是毫无意义的，是不可能收到良好效果的。因为，价格常服务于总体营销目标，它与传统营销中的“3P”(销售渠道、营销推广和产品)环环相扣、不可分割。价格的标定表明了产品的市场定位。而关于价格高低的评价，主要参照竞争对手的价格以及目标顾客群的反馈意见。所制定的价格应尽可能与目标顾客的心理价位及需求相符。例如，消费者心目中的“地摊货”就是低档价廉的产品。因此，精品不可能通过地摊销售。

5) 质量领先目标

以质量领先为定价目标，主要是从价格上体现产品质量方面的优势。一般而言，质优产品的成本要高于其他产品。因此，质量领先产品的价格定位一般要高于普通质量的产品，以迎合顾客“便宜没好货，好货不便宜”的心理。例如，佛山的“鹰牌”地砖一般比排名第二位的同类产品价位高出约1倍，但因其质量遥遥领先，深受社会认可而十分畅销。

6) 维持生存目标

以维持生存为目标的定价方法，常用于特殊背景下的企业经营销售，如：市场极易疲软；新产品加速更新换代；市场竞争恶化；产品原有的优势不再而进入衰退期；新材料价格突然高涨；产品大量积压，难以维持正常销售；原材料供应严重短缺等。

当企业的经营销售出现上述情况时，企业常采用大幅度降价的措施，力争保本甚至于亏本经营，以赢得为寻求对策所需的喘息时间。显然，这类方法不能长期或频繁使用，因为，若出此下策仍不能力挽狂澜，往往就只剩下最后一条出路——倒闭。

4. 以提高资源配置率为目标

在全世界倡导经济可持续发展，整个世界的经济和社会的发展要与自然的承载力相匹配的背景下，一些企业开始将提高资源配置率作为制定产品价格的目标之一。作为国家经济的实体和主要支柱力量，企业应当为其自身、国家和整个人类的可持续发展做出应有的贡献，而对于资源消耗的约束以及提高有限资源利用率将是企业最主要的贡献。

从整个世界来看，人类面临的十分严峻的环境是：人口急剧膨胀，资源进一步减少，环境污染严重，生态平衡遭到破坏，社会问题进一步恶化。资源过度开采严重影响了地球的生态平衡，酸雨增加、海平面上升、保护地球生灵的臭氧层出现了空洞，气候变化明显，沙漠面积递增、人均耕地减少，以及失业人口增加，在高速增长的经济繁荣背后是地球越来越小的承载力。

中国目前面临的问题更加严重。可耕地面积仅为全球人均占有量的32.3%，森林覆盖面积仅为全球人均占有量的14.3%，淡水仅为全球人均占有量的28.1%，石油等一些重要矿产资源相对不足，资源十分短缺而资源利用率却很低。

企业资源的短缺现象也十分突出。可利用的设备工时、可使用的人力资源、可支付的资金等都十分稀少。因此，企业充分提高资源的利用率，有着巨大的能动性。将企业从粗放型生产经营模式转变为集约型生产经营模式，已经成为企业求生的唯一途径。一些企业已经开始考虑利用价格(如影子价格)来反映资源优化配置的需要。这些企业不是用产品的生产成本作为定价的成本依据，而是在总成本中增加机会成本这一反映资源配置效率的成本要素。

5. 以提高社会福利水平为目标

在市场上存在着两种相互矛盾的抉择：一是满足人们的需要，一切从保护消费者利益出发，在这种指导思想下，企业制定的产品价格必然以最大性能价格比为最高目标，顾客自然就能买到物美价廉的产品；二是从企业自身利益出发，以获取最大利润和企业最大经济效率为最高目标，在这种指导思想下制定出的产品价格必然是较高的。

虽然，任何企业在制定价格策略时不可能完全从保护消费者的利益出发，但是，如果完全损减消费者利益，那么企业就失去了存在的基础，必然受到来自消费者的强大抵抗和消费者委员会的制裁。因此，这种讨论就转变为类似于“主观为自己，客观为别人”还是“主观为别人，客观为自己”的大辩论了。客观地说，主观为企业，客观为消费者是一般企业的现状。但是，要在市场竞争中保持常胜，必须以最大限度地提高社会的福利水平为定价目标之一，这是社会经济发展的大趋势。事实上，随着电子商务的发展和完善，人们足不出户便可轻易获取所有的产品信息，做出合理的购买选择。因此，找出顾客关注的产品特点，标出顾客心中的价格，才是关键。以空调产品为例，原来购买空调器的顾客，很难拿到表明不同品牌空调器之间差别化的相关指标，来帮助他们做出正确的购买决定。随着信息化的发展，人们可在计算机前查询有关各种品牌空调机的所有资料。

三、不同机电产品的需求价格弹性

产品的需求价格弹性是指产品因价格变动而引起的需求变化的相对变化率。它是衡量产品对价格变动敏感程度的量化指标，是制定产品价格的科学依据。

1. 产品的需求价格弹性

设市场对某机电产品的需求量为Q，该机电产品的价格为P，需求量Q为在一定时期(t)内、一定条件下，用户(或消费者或顾客)愿意购买某种产品和服务的总量，则

$$Q=f(A,\ B_1,\ B_2,\ P_1,\ P_2,\ T,\ W,\ Y,\ Z,\ P) \tag{5-1}$$

其中，B_1表示该产品目标顾客群的收入；B_2表示该产品销售地区的人均收入；A表示广告费；P_1表示同期替代产品的销售价格；P_2是同期互补产品的销售价格；T表示消费者的消费偏好(趋势量)；W表示其他因素；Y表示产品的供求关系；Z表示同期物价指数。

显然，Q是A、B_1、B_2、P_1、P_2、T、W、Y、Z、P等自变量的函数，而它们本身又是时间的函数。当时间变化时，P、B_1、B_2、P_1、P_2、A、Y、W、T、Z将有所反应，与之相

应的 Q 必然随之发生变动。

为简化起见，这里仅研究反映新产品价格 P 与产品需求量 Q 之间关系的曲线，即给定这样的边界条件：假设在需求函数中的其他自变量(除 P 外)均保持不变，只讨论 Q 与 P 之间的相互对应关系，这里称它为产品的需求价格弹性。其弹性的大小以弹性系数来表征。

设 ε_ρ 为产品的需求价格弹性系数，则

$$\varepsilon_\rho=\frac{\dfrac{\Delta Q}{Q}\times 100\%}{\dfrac{\Delta P}{P}\times 100\%}=\frac{Q_1-Q_0}{P_1-P_0}\times\frac{P_0}{Q_0} \tag{5-2}$$

因为

$$Q=f(P)\text{(根据前面的假定)}$$

$$\frac{Q_1-Q_0}{P_1-P_0}\approx\frac{\partial Q}{\partial P}=\frac{\mathrm{d}Q}{\mathrm{d}P} \tag{5-3}$$

所以

$$\varepsilon_\rho=\frac{P_0}{Q_0}\times\frac{\mathrm{d}Q}{\mathrm{d}P} \tag{5-4}$$

进一步研究表明，绝大多数机电产品的需求价格弹性系数取值范围为[0，–10]，通常将 ε_ρ 的取值分成三个区间，因为在这三个不同的区间内，产品表现出完全不同的需求价格弹性。

(1) $|\varepsilon_\rho|<1$，即 $-1<\varepsilon_\rho<1$，$-1<\dfrac{\Delta Q}{\Delta P}<1$。

① 当 $0\leqslant\dfrac{\Delta Q}{\Delta P}<1$ 时，若 $\Delta P>0$，则 $\Delta Q\geqslant 0$，所以 $P\times Q$ 上升；若 $\Delta P<0$，则 $\Delta Q\leqslant 0$，所以 $P\times Q$ 下降。

② 当 $-1<\dfrac{\Delta Q}{\Delta P}<0$ 时，若 $\Delta P>0$，则 $\Delta Q<0$，$\Delta Q>-\Delta P$，所以 $P\times Q$ 上升；若 $\Delta P<0$，则 $\Delta Q<-\Delta P$，且 $\Delta Q>0$，所以 $P\times Q$ 下降。

综上所述，当 $|\varepsilon_\rho|<1$ 时，产品的销售收入随价格的增加而增加，随价格的降低而减少，产品表现出非弹性需求或缺乏弹性。因此，改变价格的意义不大。因为即使降价，收入也随之减少，起不到以降价刺激需求，从而提高销售收入的作用。此外，若提价，在理论上可增加销售收入，但实际上价格上升常使产品在市场上缺乏竞争力，更难以达到增加销售收入的目的。

(2) $|\varepsilon_\rho|>1$，即 $\varepsilon_\rho>1$，$\varepsilon_\rho<-1$。

① 当 $\dfrac{\Delta Q}{\Delta P}>1$ 时，若 $\Delta P>0$，则 $\Delta Q\geqslant\Delta P$，$\varepsilon_\rho>1$ 但极少出现，这里不予以讨论。

② 当 $\dfrac{\Delta Q}{\Delta P}<-1$ 时，若 $\Delta P>0$，则 $\Delta Q<-\Delta P<0$，所以 $P\times Q$ 下降。

若 $\Delta P<0$，则 $\Delta Q>-\Delta P>0$，所以 $P\times Q$ 上升。

也即，当 $\varepsilon_\rho\leqslant -1$ 时，产品的销售收入随价格的增加而下降，随价格的下降而增加，产品表现为弹性需求。因此，当弹性系数落在此区间或当产品表现为需求弹性时，改变价

格的作用很大，调价具有实际意义。此时，提价需求量损失很大，虽然售出一件产品可获厚利，但大量产品因销售困难而造成产品积压，导致企业资金周转不灵，因此，提价是不可取的。提价的关键应当是瞄准销售收入这个目标，而此时显然行不通。若是降价，虽售出一件产品获利甚微，但销量很大，可积少成多，总体上销售收入是增加的，这就是营销领域中所谓的薄利多销。

(3) $|\varepsilon_\rho| = 1$，即 $\varepsilon_\rho = 1$ 或 $\varepsilon_\rho = -1$。

① 当 $\varepsilon_\rho = 1$ 时，$\dfrac{\Delta Q}{\Delta P} = 1$，但这种情况极少出现，因此，这里不予以讨论。

② 当 $\varepsilon_\rho = -1$ 时，即 $\dfrac{\Delta Q}{\Delta P} = -1$，若 $\Delta P > 0$，则 $\Delta Q = -\Delta P < 0$，所以 $P \times Q$ 不变；若 $\Delta P < 0$，则 $\Delta Q = -\Delta P > 0$，所以 $P \times Q$ 仍不变。

故此，当 $\varepsilon_\rho = -1$ 时，产品的销售收入将不随产品价格的变化而变化，即产品的销售收入将不受产品价格的影响。因此，此时改变价格的做法是毫无意义的。在这个弹性区间，产品的需求价格弹性表现为单一弹性。

2. 点弹性与弧弹性

在需求有弹性的范围内降价，产品的销售收入就会一定增加吗？回答是：不一定。牺牲价格并不一定能保证有利可图，需求价格弹性表现为弹性需求只是调价的一个必要条件，而非充分条件。企业在进行价格决策时，一定要分析降价后的边际收入是否能补偿新增产量的边际成本，除了考虑产品的点弹性，还要考虑产品的弧弹性和交叉弹性。

1) 边际收入

在经济学中，边际收入是指产品销售每增加一个单位时所引起的销售收入的增加量。设 B 为收入，MB 为边际收入，则根据定义，MB 可用 B 关于 Q 的一阶导数来表示。

$$MB = \frac{\mathrm{d}B}{\mathrm{d}Q} = \frac{\mathrm{d}(P \times Q)}{\mathrm{d}Q} = P \times [1 + \frac{1}{\dfrac{P}{Q} \times \dfrac{\mathrm{d}Q}{\mathrm{d}P}}]$$

$$MB = P \times (1 + \frac{1}{\varepsilon_\rho}) \tag{5-5}$$

由式(5-4)得

当 $\varepsilon_\rho = -1$ 时，$MB=0$；当 $\varepsilon_\rho < -1$ 时，$MB > 0$；当 $-1 < \varepsilon_\rho < 0$ 时，$MB < 0$。

2) 边际成本

根据经济学的定义，所谓边际成本是指每增加一个单位的产品销售进所导致的成本变化。设 C 表示成本，MC 表示边际成本，则

$$MC = \frac{\mathrm{d}C}{\mathrm{d}Q} \tag{5-6}$$

当产品表现为弹性需求时，降价可导致产品需求量(销售量)上升，但是，产品销量的上升可能会附带产品成本的上升。比如，需要扩大生产规模中的固定生产规模会导致产品费用的增加。因此，除了考虑弹性系数的取值之外，在降价时，产品还应满足约束条件，即 $MB > MC$。这样，企业的降价才真正有利可图。

3) 点弹性和弧弹性

以上讨论的需求价格弹性系数 ε_p 是以式(5-4)为基础的，它是用需求曲线上的点坐标来描述的。若要表现需求对价格变化的平均灵敏度，则式(5-4)显然就不合适了。式(5-4)表示产品需求在某一点时对价格变化的灵敏度，因此，称之为点弹性系数，简称点弹性。而需求对价格变化的平均灵敏度表示产品需求在某一点时对价格变化的平均灵敏度，则必须用另一指标，即弧弹性来表示。

设需求价格的弧弹性用弧弹性系数 E_p 表示，则

$$E_p = \frac{\dfrac{Q_2 - Q_1}{Q_2 + Q_1} \times 100\%}{\dfrac{P_2 - P_1}{P_2 + P_1} \times 100\%} \tag{5-7}$$

式(5-7)表明当某产品的价格从 P_1 变至 P_2 时，其产品需求的平均变化程度。

[例 5-1] 某机床厂生产的机床售价为 3000 元，需求量为 30 台。后来，该机床厂采取新的价格策略，将价格下调为 2800 元，此时机床需求量变为 45 台。求该机床的弧弹性系数 E_p。

解　从题意可知，$P_1 = 3000$ 元，$P_2 = 2800$ 元，$Q_1 = 30$ 台，$Q_2 = 45$ 台，再由式(5-7)

$$\text{可得 } E_p = \frac{45-30}{2800-3000} \times \frac{2800+3000}{45+30} = -5.8$$

即，当该机床的价格从 3000 元下调为 2800 元时的平均需求价格弹性为 −5.8，也即，在此范围内，价格平均变化 1%，产品需求量平均反向变化 5.8%。

4) 需求价格交叉弹性

几乎任何产品都有互补产品和替代产品。所谓互补产品(简称互补品)是指在使用时可互相配套、互为补充的产品，例如，洗衣粉和洗衣机。所谓替代产品(简称替代品)，是指在使用中可以互相替代的产品，例如，洗衣粉和肥皂。顾客的需求不仅可在生产相同产品的竞争厂家之间平移，而且也可在不同产品之间转移。在现实生活中，经常出现这样一些现象。比如，当猪肉涨价时，人们对日常食用的蛋白质需求就从猪肉转移到牛肉或其他肉食品上，转移的程度常视猪肉、牛肉或其他肉食品的价格差别程度而定。透过现象看本质。可知产品的销售状况不仅与同行竞争对手密切相关，也与互补品、替代品的价格或销售密切相关，这与波特竞争模型是完全吻合的。因此，在考虑产品定价时，不仅要参考竞争同行的价格，还必须考虑互补品、替代品的价格。通常，描述产品与其替代品、互补品之间关系密切程度的指标称为需求价格交叉弹性。

需求价格交叉弹性的定义：因一种产品价格变动而引起其他相关产品需求量相应变动的变化率，称为需求价格交叉弹性，用 E_p 表示。

例如，$E_B P_A$ 表示因产品 A 价格的变动而引起产品 B 需求量变化的相对变化率，即

$$E_B P_A = \frac{\text{产品B的需求量变动百分比}}{\text{产品A的价格变动百分比}} \tag{5-8}$$

显然，$E_B P_A$ 描述的是一种产品需求量的变化对另一种相关(互补品或替代品)产品价格

变化的敏感程度。例如，当洗衣粉的互补品洗衣机的价格下调时，洗衣机的需求量会上升，它将带动洗衣粉需求量的上升，即

当$\Delta P_A<0$，$Q_B>0$时，由式(5-8)可得

$$E_B P_A = \frac{\Delta Q_B}{\Delta P_A} < 0$$

洗衣粉与互补品洗衣机之间的需求价格交叉弹性系数小于0。相反，当同样用于洗涤目的的洗衣粉替代品肥皂的价格上涨时，洗衣粉和肥皂之间的原有价格平衡被打破，比价发生变化，此时，消费者必然会根据两者之间的差价，以一定的比例将购买行动转移到洗衣粉上，从而导致两者需求量的变化。

当$\Delta P_A>0$，$\Delta Q_B>0$时，由式(5-8)可得

$$E_B P_A = \frac{\Delta Q_B}{\Delta P_A} > 0$$

即洗衣粉与替代品肥皂之间的需求价格交叉弹性系数大于0。

四、竞争对手价格分析

通常情况下，企业看好的顾客，竞争者也会看好。当某一部分顾客对某种产品和服务产生需求的时候，市场就产生了。与此相对应，欲以生产经营类似产品和服务来满足这个市场需要的竞争者所组成的行业也就应运而生。企业在确定业务领域时还必须对行业进行深入分析，正所谓“知己知彼，百战不殆”。

企业制定产品价格时的一个重要环节就是了解竞争对手产品的价格、市场定位、性能、特点及其相关策略，建立价格参照体系，确定产品的目标价格。由于价格目标属于企业的二级目标，它必须与企业的其他同级目标配合以实现企业持续盈利的最高目标。因此，定价时应当综合考虑产品的各项定价目标，如市场占有率目标、创名牌产品目标等。这并不是说定价就无章可循，而是指由于各个时期的定价背景、目标、竞争环境不同，价格应灵活变化，才能用活价格这个竞争杠杆。当企业与竞争对手实力相当且产品属于同质、同类时，可考虑将产品价格定位在竞争对手的水平。否则，若定价太高，则将受到消费者的抵制；若定价太低，又有倾销之嫌，将会受到国内或其他国家的同行抵制。对此，《中华人民共和国价格法》中有明文条款，同行有行业自律价，国际贸易中也有相应条文约束。但是，如果企业与竞争对手相比，实力雄厚，知名度很高，产品属于本地、国内或国际名牌，那么完全可以高价出售产品，获得名牌产品的巨额利润。与此相对应，若企业形象较差，产品质量也比竞争对手低一个等级，那么，产品价格就应与对手拉开距离，以廉价吸引顾客。根据对一些地摊货的销售进行调查，发现十元三双的“金利来”袜子仍有不少人购买。究其原因，一是与正规商店的“同类产品”相比，十元三双的价位要低得多；二是虽然极少人相信或明知这里出售的“金利来”袜子是冒牌货，但是购买者却看中了其廉价及名牌效应。因此，以廉价吸引顾客也是切实可行的。当然，这种策略不能长期使用，随着人们品位的提高，这种经营方式的作用也将会十分有限。

了解竞争对手的定价体系是十分重要的，而了解的途径是搜集信息，再加以分析，其周期一般为半年或一年。其方法为：首先，调查竞争对手同类、同质产品的价格以及替代品、互补品的价格，然后根据企业自身的定价目标、产品的市场定位以及企业的经营状况，确定出产品的平均价位。例如，企业可以将产品总体价格水平定位在高于或低于市场平均价格水平的 5% 或相当于市场的平均价格水平，然后制定产品价格的变动范围，以灵活的价格策略应变市场，与竞争对手抗争。

以相机为例，一个正在考虑买相机的消费者在做出购买决策之前，会比较市场上各个相机品牌，如佳能、奥林巴斯、三星和索尼等的价格、质量和外观及其他各个方面，再结合自己的预算，做出决定。如果索尼采取高价格、高利润战略，其他竞争对手也进入这个细分市场，那么采取低价格、低利润的战略可有效地阻止竞争对手进入市场或是把他们淘汰出局。因此，在制定价格之前，应该对市场上竞争对手的产品价格、质量和各方面的性能有一个全面了解，并以此为基础对自身的产品进行定位，才能使产品价格更具有针对性和竞争力。

知识点3 定 价 方 法

一、影响企业定价的因素

价格是一个变量，它受到许多因素的影响和制约，包括企业的内部因素和外部因素。内部因素主要是定价目标、价格的构成要素、产品的分销渠道和促销策略等；外部因素主要是市场和需求情况、货币流通状况、市场竞争、国家法律和政策、社会心理等。归纳起来，影响企业定价的因素大体上可以分为成本、需求、竞争和其他因素四个方面，如图 5-4 所示。

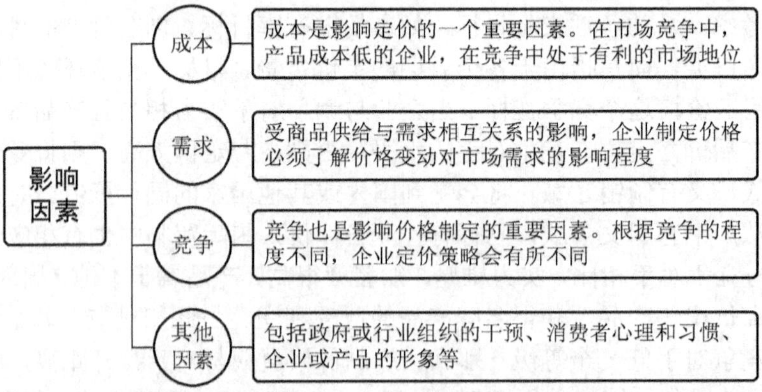

图 5-4 影响企业定价的因素

1. 成本

任何企业都不能随心所欲地制定价格。某种产品的最高价格取决于市场需求，最低价格取决于这种产品的成本费用。从长远看，任何产品的销售价格都必须高于成本费用，只有这样，才能以销售收入来抵偿生产成本和经营费用，否则就无法继续经营。因此，企业制定价格时必须估算成本。

2. 需求

市场商品供求是影响企业定价的最重要的外部因素。从以上所分析的产品价格与市场供求关系可以看出，企业可能收取的每一种价格都将导致一个不同水平的需求，以及由此对其营销目标产生的不同效果。在正常情况下，需求和价格是反向关系，也就是说，价格越高，需求越低。企业定价时，必须对需求相对于价格变动的反应心中有数，即测算产品的需求价格弹性。利用产品的这一特征，灵活制定产品的价格。如对电视机、电冰箱等需求弹性较大的产品可用降价来刺激需求，扩大销售；对那些名、优、特、新等需求弹性较小的产品，当市场需求强劲时，则可以适当提价以增加收益。

3. 竞争

在开放性的市场上，几乎每种商品都有或多或少的竞争品及竞争对手。对企业来说，竞争的影响主要表现为价格竞争对产品价格水平的约束。顾客在选购商品时，总是要在同类商品中比质量、比价格，从中选择那些既能满足消费需求，又符合自己支付标准的品牌商品。

如果说需求决定价格的上限，成本决定价格的下限，那么在一定限度内，竞争品的价格决定了企业定价的浮动方向和幅度。企业掌握在价格和质量方面的情报，并在此基础上将竞争者的价格和产品情况作为自己定价的参考系数。如果企业的产品与竞争品相似，那么价格也应该相近；如果企业的产品与竞争品相比存在明显的差异，则可根据实际情况决定价格的高低。同时，还应估计到竞争者可能采取的回应措施。企业应认识到，同类产品的竞争是全面的竞争，价格竞争仅仅是一个方面，必须把价格竞争同其他形式的竞争进行紧密联合。价格水平与其他因素结合而成的综合指标(如质量价格比等)才是消费者完整的、现实的评判标准。

4. 其他因素

企业的定价还要受到其他环境因素的影响和制约，例如社会经济形势等。在经济繁荣时期，社会需求量增加，价格容易上涨；而在经济衰退收缩时期，由于需求量减少，价格便会出现回落。通货膨胀的出现、银行利率的调整都会影响生产成本和顾客对产品价格与价值的理解，从而影响企业对定价方法和策略的选择。另外，国家的有关政策法令对商品价格会产生影响，有时，政府会对商品的市场价格进行直接干预。世界各国对市场物价都有相应的规定，这些监督性的、保护性的、限制性的规定，企业在定价时都不得违反。企业定价必须重视和研究政策因素。企业进入国际市场，更应了解所在国对输入货物的管理，无论是输入配额或是关税限制，都将影响价格的制定。

二、定价方法

实际工作中，企业的定价方法很多，一般来说，定价方法的具体运用不受定价目标的直接制约。不同企业、不同市场竞争能力的企业，以及不同营销环境中的企业所采用的定价方法是不同的，即在同一类定价方法中，不同企业选择的价格计算方法也会有所不同。

因此，从价格制定的不同依据出发，可以把定价方法分为成本导向定价法、需求导向定价法和竞争导向定价法三大类，如图5-5所示。

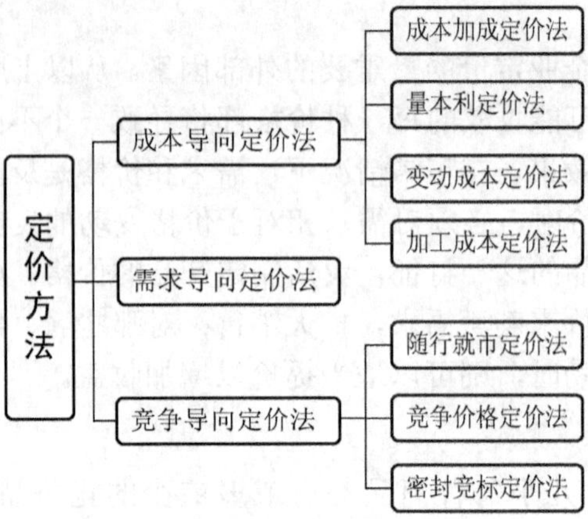

图5-5　定价方法

1. 成本导向定价法

以营销产品的成本为主要依据制定价格的方法统称为成本导向定价法，这是最简单且应用较广泛的一种定价方法。成本导向定价法强调产品的成本，它采用成本加上预期利润的方法来制定产品价格。这一类定价法有很多具体形式，这里介绍几种最常见的方法。

1) 成本加成定价法

成本加成定价法是以产品的完全成本为基数，加上一定比例的税、利来确定产品价格的方法，即

$$\text{产品价格} = \text{单位完全成本} + \text{成本利润率} \tag{5-9}$$

$$\text{单位完全成本} = \frac{\text{变动成本} + \text{固定成本} + \text{机会成本}}{\text{销量}} \tag{5-10}$$

式中，成本利润率是指单位产品的利润。

2) 量本利定价法

量本利定价法是从产品的成本、预期利润、销售量入手，进行盈亏平衡分析，确定一定利润水平之下的价格，即

$$\text{产品保本价格} = \frac{\text{固定成本} + \text{机会成本}}{\text{盈亏平衡时的销量}} + \text{单位变动成本} \tag{5-11}$$

$$\text{盈利时的产品价格} = \frac{\text{固定成本} + \text{机会成本} + \text{预期利润}}{\text{销量}} + \text{单位变动成本} \tag{5-12}$$

3) 变动成本定价法

在特殊情况下，企业产品的销售严重受阻，任何决策的机会成本几乎为零，而由于沉没成本的客观存在，因此企业在考虑产品定价时，仅以产品的单位平均变动成本作为定价的起点，这种方法就是变动成本定价法，即

因为

$$产品的边际贡献 = 产品的销售收入 - 产品的变动成本$$

所以

$$\begin{cases} 产品价格 = 单位产品边际贡献 + 单位产品平均变动成本 \\ 产品价格 > 单位产品平均变动成本 \end{cases} \tag{5-13}$$

4) 加工成本定价法

加工成本定价法是指定价时只考虑产品的加工成本而非全部成本，即

$$产品价格 = 外购成本 + \frac{加工成本 \times (1 + 加工成本利率)}{1 - 增值税率} \tag{5-14}$$

2. 需求导向定价法

需求导向定价法是指企业根据市场需求状况和消费者对产品的感觉差异来确定价格的定价方法。制约价格的因素很多，除了产品的成本外，影响价格的另一要素是市场对产品的供求关系。产品的市场需求包括潜在和显在的需求，需求的种类包括消费需求、投资需求和信贷需求等。根据文献的统计分析，引起物价波动的因素可按影响程度的大小依次排列为：

市场需求→生产成本→经济结构→货币供应量→惯性因素

因此，根据需求确定产品价格的方法，是一种符合现代市场营销的方法。它的指导思想是以市场营销的方法为基础，根据企业的市场定位，找出目标市场消费者可接受的价格带，然后逐级求出各流通环节中产品的价格。

产品价格的计算步骤是：企业通过市场调查，了解消费者心中产品的零售价格带，或通过实验调查法，经过实销求得消费者能接受且企业也能承受的零售价格水平。以玩具市场为例，30 元～50 元是一个中小型塑料玩具车的价格带，100 元～200 元是一个国产中小型压铸仿真模型车的价格带，300 元～500 元是一个中型进口压铸仿真模型车的价格带。企业将价格定位在价格带中，必将增加产品的竞争力。

$$产品的批发价 = \frac{产品的零售价}{1 + 产品的零售利率(交税前)} \tag{5-15}$$

$$产品的收购价 = \frac{产品的批发价}{1 + 产品的批发利率(交税前)} \tag{5-16}$$

$$产品的出厂价 = \frac{产品的收购价}{1 + 产品的收购利率(交税前)} \tag{5-17}$$

显然，以需求为导向的定价方法，是从消费者利益出发，以消费者为中心。但是，既要维护企业自身的利益，又要保护消费者应有的权益，那么，必须要对产品成本加以控制。根据产品的出厂价可求得产品的目标成本为

$$产品的目标成本 = \frac{产品的出厂价}{1 + 产品的利税率} \tag{5-18}$$

3. 竞争导向定价法

竞争导向定价法是指企业通过研究竞争对手的生产条件、服务状况、价格水平等因素，依据自身的竞争实力，参考成本和供求状况来确定商品价格。这是以市场上竞争者的类似产品的价格作为本企业产品定价的参照系的一种定价方法。在现代市场营销活动中，竞争导向定价已被企业广泛采用。

1) 随行就市定价法

随行就市定价法是以同行的平均价格水平作为定价的依据，在竞争对手众多、竞争势态不明确、企业缺乏明显优势的情况下，向同行表示和平共处的一种策略。这种方法多用于实现“和为贵”的竞争思想。

2) 竞争价格定价法

与随行就市定价法相反，竞争价格定价法是一种主动竞争的定价方法。一般被实力雄厚或独具产品特色的企业采用。竞争价格的定价步骤如下。

(1) 将市场上竞争产品价格与企业估算价格进行比较，分为高于、低于、一致三个层次。

(2) 将企业产品的性能、质量、成本、样式、产量与竞争企业进行比较，分析造成价格差异的原因。

(3) 根据以上综合指标确定企业产品的特色、优势及市场定位。在此基础上，按定价所要达到的目标，确定产品价格。

(4) 跟踪竞争产品的价格变化，及时分析其中原因，相应调整企业产品价格。

3) 密封竞标定价法

这种定价法主要用于投标交易方式。一般情况下，在同类同质产品之间，价格相对较低的产品更具有竞争力。在市场营销活动中，投标竞争是一种常用的营销竞争方式，投标竞争的过程往往就是价格竞争的过程，竞争的结果产生实际的成交价格。

企业参加竞标总是希望中标的，而能否中标在很大程度上取决于企业与竞争者投标报价水平的比较。因此，投标报价时要尽可能准确地预测竞争者的价格意向，然后在正确估算完成招标任务所耗成本的基础上，定出最佳报价。

一般情况下，报价高，利润大，但中标机会小，如果因价高而招致败标，则利润为零；反之，报价低，虽中标机会大，但利润低，其机会成本可能大于其他投资方向。因此，报价时既要考虑实现企业的目标利润，也要结合竞争状况考虑中标概率(中标概率的测算取决于企业对竞争对手的了解程度，以及对本企业能力的掌握程度)。最佳报价应该使预期收益达到尽可能高的价格。

以上介绍了一些定价方法供企业在实际营销活动中选择采用。每一种定价方法不仅各有特点和要求，而且还相互补充。因此，企业要全面考虑成本、需求及竞争状况并结合使用各种定价方法。

知识点4 价 格 策 略

价格策略是根据购买者各自不同的支付能力和使用情况，结合产品进行定价，从而实现最大利润的定价方法。

价格策略不仅是一种科学，更是营销的艺术，在进行价格决策时，不仅要按成本定价，同时要考虑到消费者的购买动机，了解市场供需及竞争情况。价格策略如图 5-6 所示，企业仅以正确的会计成本来决定价格，市场上未必能接受，因此定价策略在价格决策中显得非常重要。企业在营销活动中要综合考虑各种因素，选择适合的价格策略。

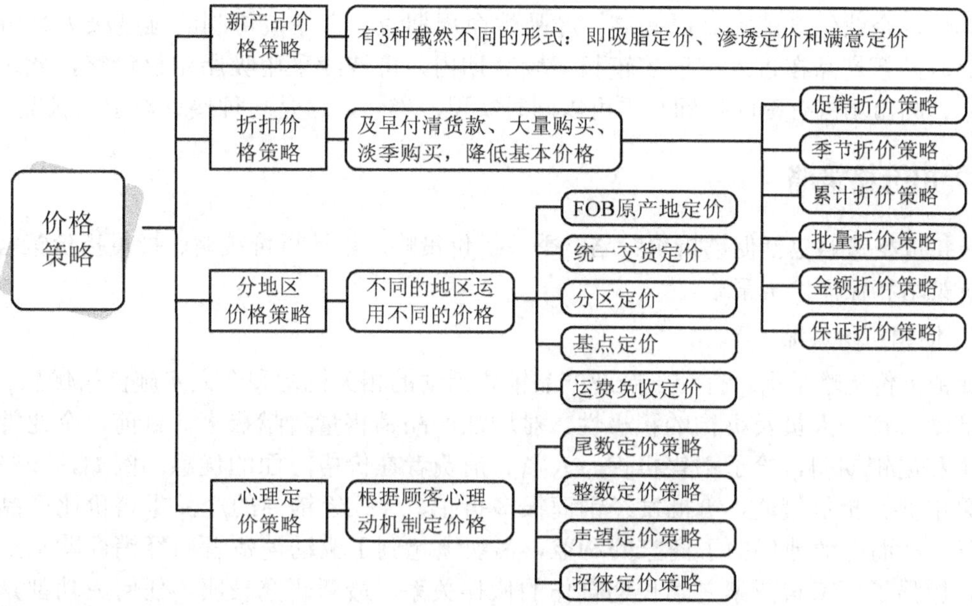

图 5-6　价格策略

一、新产品价格策略

当产品处于投入期，即当新产品投放市场时，由于顾客对新产品不了解，而且对产品的使用也有一个熟悉过程，因此，一些企业采用低价进入市场的策略，争取以价格方面的优势吸纳顾客；而另一些企业则采取高价进入市场的价格策略，以高姿态针对同行竞争，利用顾客价格质量匹配的心理，树立优质的产品形象。事实上，每种价格策略各有不同的特点，分别对应不同的使用范围。

1. 渗透定价策略

渗透定价策略的指导思想是快速占领市场，提高产品的市场占有率和销售量，让一些无法支付高价的消费者也能成为实际的购买者，阻止实力不足的竞争者加入本行业。因此，渗透定价策略往往是低价策略，此时，利润已不是企业近期的主要目标，而是期望消费者产生对产品的依赖后，利润会源源不断而来。

2. 吸脂定价策略

吸脂定价策略(Skimming Pricing Strategy)的指导思想是希望像奶油蛋糕中的脂肪或海绵吸水一样，加速获取利润，期望利润愈大愈好。显然，这是一种高价策略。由于高价使产品失去价格优势，因此，除非产品有强劲的势头、旺盛的市场需求、科技含量较高且不易被仿制，否则，即使产品能快速牟取高额利润，也难以长久维持高利润率，扩张市场必将受到阻碍。

3. 追随定价策略

追随定价策略又称为满意定价策略。当新产品进入市场时，可采用行业平均成本价，以满足市场需求。该策略介于吸脂定价与渗透定价策略之间，取中庸之道，吸取两者的长处。事实上，当新产品差别优势明显、技术资金密集度高、生产成本难以降低、产品缺乏弹性、企业生产能力难以提高、产品生命周期短、产品被仿制的难度极大且市场需求强势时，新产品在进入市场的较长一段时期内，可持续采用吸脂定价策略，此时，高利润率、高市场占有率的目标几乎可以同时实现，当然，这是一种接近理想的状况。

二、折扣价格策略

折扣价格策略包括促销折价策略、季节折价策略、累计折价策略、批量折价策略、金额折价策略和保证价格策略。

1. 促销折价策略

促销折价策略是指对有利于企业产品销售活动的相关机构和个人实施价格优惠。它有力地调动了销售人员及机构的积极性，对增加产品销售量贡献极大。目前，企业常在产品展销和促销期间，给予销售机构、人员、消费者在价格方面的优惠。例如，一些机电企业采用促销折价策略，给批发经销商很多折扣，导致经销商的产品零售价比产品出厂价还低，从而有效地保护了商家的利益，客观上起到了驱动消费者向经销商购买产品的作用，加强了厂家与商家之间长期合作的伙伴关系。最新研究表明，任何成功都是团队的成功，而团队的成功本质上源于队员合作的成功。企业团队必须邀请供应商、经销商共同加入，才能有效运作。

2. 季节折价策略

季节折价策略是指在不同的季节，企业给予顾客不同的价格优惠。许多产品都有销售淡季、旺季之分。企业为鼓励消费者在淡季消费，往往在淡季折价销售产品，以提高淡季的销售额，而对消费者来说，在淡季消费可以较少的投入获得最多的回报，消费行为自然因趋利转向淡季，从而减缓企业旺季生产、销售的压力，对厂家的均衡生产也极为有利。

3. 累计折价策略

累计折价策略是指对购买本企业产品累计达到一定数量后，给予购买者的价格优惠。显然，这种策略是鼓励顾客的长期购买行为，对提高企业顾客忠诚度极为有效。稳住老顾客、吸纳新顾客，企业才能长盛不衰。

4. 批量折价策略

批量折价策略是指对一次性购买产品达到一定数量的顾客采取价格优惠的策略。目前，许多商家批发、零售兼营，当顾客购买量达到一定数额时，商家就会以批发价出售，这样既可鼓励顾客多消费，也可降低销售成本，对买卖双方均有利。

5. 金额折价策略

金额折价策略是指一次性消费本企业产品达到一定金额时，给予顾客的价格优惠。这种策略往往比单纯的折价促销策略更为有效。

例如，“100 万元买 110 万元的商品”比“买 100 万元的商品打九折(即卖 90 万元)”的折扣要少些，前者的利润率比后者高 0.9%，但前者给人的感觉是货币的使用价值提高，而后者则给人以削价处理的印象，此外，前者多提供的 10 万元也是对另一部分产品的促销。

6. 保证价格策略

保证价格策略是指厂家承诺，若今后因产品降价而使商家原购进的商品未售完时的损失由厂家负责补偿。显然，它使商家的经营风险部分转移到了企业身上，是一种典型的以商家为中心的价格策略。有些企业还承诺，对于季节性很强的产品，若过了销售季节仍未售完，则未售完的产品可退回厂家，商家的利润按销量提成。这样，既免去了商家的后顾之忧，也为企业广开了销售渠道。在技术创新飞速的今天，机电产品的加速折旧，使批发商、经销商难以承受风险，而此策略则可起到缓解风险的作用。

三、分地区价格策略

价格与许多因素相关，包括销售地区的收入水平、顾客偏好、社会文化环境、竞争因素等，而不同地区的同一定价因素相差甚远。因此，企业应采取分地区价格策略，即在不同的地区运用不同的价格策略。但是，必须杜绝价格歧视。

所谓价格歧视，是指经营者(企业)向两个以上商品批发或零售商出售产品，在同等交易条件下却实行不同等的价格交易，从而客观上造成进价高的经营者(商家)在竞争中处于不利的地位。事实上，为规范市场，我国已于 1998 年 5 月 1 日开始实施《中华人民共和国价格法》，对价格歧视作了明令禁止，其规定是：任何企业不得以分地区价格策略或其他价格策略作为幌子，进行价格歧视活动。

四、心理定价策略

心理定价策略是运用心理学原理，根据不同类型的顾客购买商品的心理动机来制定价格，引导消费者购买的价格策略。心理定价策略包括尾数定价策略、整数定价策略、声望定价策略和招徕定价策略。

1. 尾数定价策略

尾数定价策略也称非整数定价策略，即给产品定一个以零头数结尾的非整数价格。消费者一般认为整数定价是概括性定价，定价不准确，而尾数定价可使消费者产生减少一位数的看法，产生这是经过精确计算的最低价格的心理。同时，消费者会觉得企业定价一丝不苟，甚至连一些高价商品看起来也不太贵了。

一般来说，产品在 5 元以下的，末位数是 5 的定价最受欢迎；在 5 元以上的，末位数是 9 的定价最受欢迎；在 100 元以上的，末位数是 98 或 99 的定价最畅销。当然，尾数定价策略对那些名牌商店、名牌优质产品就不一定适宜。

2. 整数定价策略

整数定价策略即企业在定价时，采用合零凑数的方法制定整数价格，这也是针对消费者心理状态而采取的定价策略，如把一套西装的价格定在500元而非499元。因为现代商品太复杂，许多交易中，消费者只能利用价格辨别商品的质量，特别是对一些名店、名牌商品或不太了解的产品，整数价格反而会提高商品的“身价”，使消费者有一种“一分钱、一分货”的想法，从而利于商品的销售。

3. 声望定价策略

声望定价策略即针对消费者“价高质必优”的心理，对在消费者心目中有信誉的产品制定较高价格。价格档次常被当作商品质量最直观的反映，特别是消费者识别名优产品时，这种心理意识尤为强烈。因此，高价与性能优良、独具特色的名牌产品比较协调，更易显示产品特色，增强产品吸引力，产生扩大销售的积极效果。当然，运用这种策略必须慎重，绝不是一般商品可采用的。

4. 招徕定价策略

招徕定价策略是指商品定价低于一般市价时，消费者总是感兴趣的，这是一种“求廉”心理。有的企业就利用消费者的这种心理，有意把几种商品的价格定得很低，以此吸引顾客上门，借机扩大连带销售，打开产品销路。

采用这种策略，仅从几种“特价品”的销售来看，企业不赚钱，甚至亏本，但对企业总的经济效益还是有利的。

综上所述，市场上具体的营销价格是变化多端的，最易使人“捉摸不定”，企业必须十分重视价格手段的应用。但也应该指出，企业在制定价格时要注意与其他非价格竞争手段的协调配合。单纯的价格竞争，可能引发企业间的价格战，使企业形象受损。对于现实中的市场营销活动来说，价格本身仅仅是吸引顾客的因素之一，过分夸大价格的作用也是片面的。

【思考与练习】

1. 影响定价的主要因素有哪些？
2. 什么叫折让定价策略？它有哪些主要形式？
3. 企业定价目标主要有哪些？
4. 如何利用消费者心理为产品定价？
5. 新产品应如何定价？
6. 请评价“薄利一定多销”这一说法。
7. 阅读案例，分析其中价格弹性是如何发挥作用的。

案例名称：家电拒绝下乡。

政府为了鼓励农民更新家里的家电，拉动农村消费，采取家电下乡的政策，实际上，在落实到地方上出现了下面一些问题。

(1) 某些不法商贩，借“家电下乡”的名义向农民兄弟出售伪劣的家电产品，既损害了农民兄弟的利益，又威胁到了农民兄弟的生命安全。

(2) “家电下乡”产品一般利润较薄，农民较为欢迎。根据销售补贴规定，需要提供

“家电下乡”产品销售发票，这就给经销商增添了税负。经销商的积极性不高，不能很好地落实政策，造成了“如果你买‘家电下乡’的产品，就没有发票”的局面。

8. 张五常年卖橘，同样的盆栽橘，7 点与 12 点市价不同，雨前、雨后也不同，为什么？卖给熟知市场的和陌生市场的价格不同，为什么？

9. 阅读下列案例，你认为该公司对新产品的定价策略是成功的吗？为什么？

某著名品牌，在日本生产机械产品，在中国销售，该公司开发出一种新产品(在日本应用比较多)，在业内某个应用领域处于领先的技术水平，该新产品具有节能环保且控制精度高的特点，目前没有同行拥有同样的技术，但是这种特点并非企业生产的必需品，有其他普通类型的产品可以替代，完成同样的工作，同时该公司也在经营普通产品。该公司对于该特性产品的定价在进入市场初期就非常高，通常比国产普通替代品高 2～3 倍，即使比自产的普通产品也要高出差不多一倍的价格。推入市场 3 年多时间，市场占有率一直非常低，没有形成批量。最近，有同行厂家开发出具有类似特点的产品，但是价格要低大约 30%，无奈，该公司选择跟随降价，但整体市场表现仍然不好。

10. 阅读案例，回答以下问题：

(1) 英特尔公司采取的是什么定价策略？

(2) 请说出英特尔公司采取这种定价策略成功的原因。

一个分析师曾这样形容英特尔公司的定价政策：“这个集成电路巨人每 12 个月就要推出一种新的、具有更高赢利的微处理器，并把旧的微处理器的价格定在更低的价位上以满足需求。”当英特尔公司推出一种新的计算机集成电路时，它的定价是 1000 美元，这个价格使它刚好能占有市场的一定份额。这些新的集成电路能够提高高级个人电脑和服务器的性能。如果顾客等不及，就会在价格较高时去购买。当英特尔公司销售额下降或竞争对手推出相似的集成电路对其产品销售构成威胁时，英特尔公司就会降低其产品的价格来吸引下一层次对价格敏感的顾客。最终价格跌落到最低水平，每个集成电路仅售 200 美元多一点，使该集成电路成为一个普及产品。通过这种方式，英特尔公司可以从各个不同的市场中获取最大收益。

项目六 机电产品用户购买行为分析

【项目导航】

市场营销的目的是为了满足目标消费者的需求和欲望，但是，要了解消费者并不简单。消费者对自己的需求和欲望的描述可能并没有触及自己的深层动机，他们往往会受到某种因素的影响而在最后改变主意。市场营销人员必须了解目标消费者的欲望、观念、喜好和购买行为，因为只有满足了消费者的要求，企业生产的机电产品才有可能成为商品，商品的价值才能得到承认。而消费者行为又正是影响并决定企业营销成败的关键因素。因此，生产企业必须研究消费者行为及其变化趋势，为营销决策提供依据。

通过本项目学习，能够指出影响消费者行为的主要因素；列出消费者购买决策过程的各个阶段；指出影响产业购买者决策的主要因素；列出产业购买者购买决策过程的各个阶段。

【案例导入】

案例 6-1 限量销售的奥秘

据报道，两年前，日本汽车公司推出极具古典浪漫色彩的“费加洛”车时，宣布全部汽车只有两万辆，并保证此后决不再生产。消息传出，在广大消费者中造成轰动效应，订单像雪片一般飞来。但该公司却慢条斯理地采取接受预订的方式，并分批进行抽签，中签的幸运儿欣喜万分，而未能如愿者(估计至少 31 万人)则怨声载道。

无独有偶，日本奥林帕斯公司推出一种价值 5 万日元的欧普达相机。公司只生产 2 万台，其中 1.2 万台在日本国内销售。结果半个月内就有两万多人申请预购，公司只好采取抽签配售，现在这种相机价格已超过 8 万日元。

营销启示：

(1) 人为制造稀缺产品，此举迎合了消费者求奇好胜心理与对高档品牌产品的饥渴动机。

(2) 抓住了消费者追求高质量产品的消费心理。

(3) 抓住了消费者恐惧假冒伪劣产品的心理。

物以稀为贵，以供不应求来提高产品的身价，从而达到既促进销售，又获得较高经济效益的目的，保证企业在激烈的市场竞争中立于不败之地，这正是案例中提到的两家企业的高明之处。

知识点1　机电产品消费者市场购买行为阶段及其特点

机电产品消费者行为是指消费者围绕机电产品而产生的一系列心理活动的总称。消费者的心理活动包括需求的产生和变化，以及购买动机等活动；心理活动则主要指消费者的购买行为，即在购买机电产品时选择机电产品的心理变化过程。因此，消费者往往不是简单的购买行为，而是一个前后连贯的过程。这一过程包含有序的多个阶段，而每一阶段又体现出消费者行为的相应特点。系统地研究和把握消费者行为的阶段与特点，是机电产品生产企业营销管理的重要内容。

一、机电产品消费者行为阶段

机电产品的消费者行为作为一个过程，一般会经历六个阶段(如图 6-1 所示)：形成需求、产生购买动机、收集商品信息、评估待购商品、购买决策和购后评价。这六个阶段环环相扣，循序渐进，并且每一个阶段中都包含有消费者行为的特点及其影响因素。

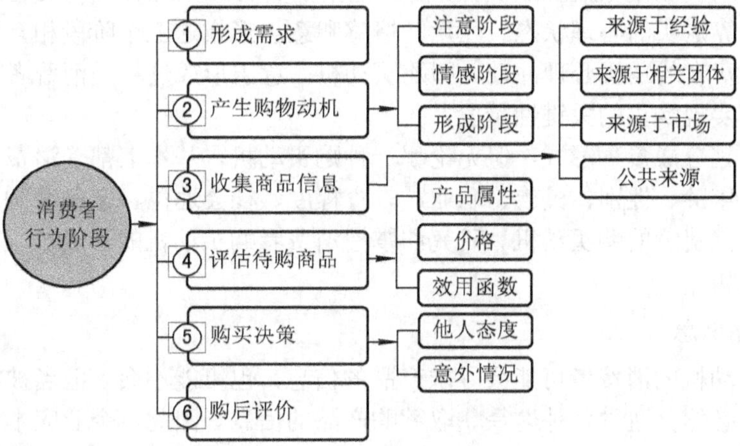

图 6-1　消费者行为阶段

1. 形成需求

需求的形成是消费者由于某种刺激而引起的对尚未满足的消费心理的紧张感，即对消费的渴求，这是消费者购买行为的起点。消费者需求的形成由内在的刺激和外在的刺激引起，或者是两者相互作用的结果。内在刺激源于消费者生理上感到的某种缺少，如某些场合或工作过程中，觉得不顺手、不方便或效率不高，刺激消费者觉得需要购买某种机电产品以弥补其不足、改进工作或提高效率等；外在刺激是指外界客观因素，如亲戚、朋友、推销广告或看到某种机电产品的说明书等。当外界因素刺激这种缺少感，并且使消费者的心理紧张达到一定程度时，便会形成对机电产品的消费需求。如双职工家庭因邻居都有了小汽车而形成对小汽车的消费需求等。

随着人们经济收入的不断提高，以及新产品投放市场，消费者的消费需要将逐渐地由低级到高级、由简单到复杂地发展。

2. 产生购买动机

消费者需求形成之后，经过一定因素的影响，才能产生购买动机。购买动机的形成除了受到消费者内在生理因素的影响之外，还受到社会、经济等因素的影响。当消费者因某种缺少而产生的紧张感经过这些因素以一定强度的刺激之后，便会产生购买这种机电产品的心理冲动，即购买动机。消费者购买动机的形成通常会经历对机电产品购买的注意阶段、情感阶段和形成阶段。

(1) 消费者对机电产品的注意阶段。注意是指消费者对机电产品的价值和属性等的反应过程，它是消费者购买动机形成的第一阶段，主要通过消费者的感觉、知觉、记忆、联想、思维等活动得以实现。消费者接触某种机电产品，首先是通过各种感觉器官有所感知，继而对该产品引起注意。

(2) 消费者对机电产品的情感阶段。情感是指消费者对注意到的产品是否感兴趣和是否满意，以及感兴趣和满意的程度。在这一阶段，消费者可能对产品产生兴趣而产生购买欲望，和同类的其他产品相比较，继而对产品进行评价。积极的情感能够促使购买意愿的产生，消极的情感会阻碍购买意愿的实现。

(3) 消费者对产品购买意志的形成阶段。是指消费者自觉地、有目的地准备收集该产品的信息，并打算购买的心理状态。注意、情感和意志形成这三个阶段相互影响，彼此渗透，共同构成消费者的购买心理冲动，即购买动机。意志形成过程是消费者努力排除各种干扰，自觉准备实现购买的关键性阶段。

购买动机可划分成多种形式，但无论哪一种购买动机，基本上都受消费者个人所处文化背景的制约。年龄、性别、民族、职业、教育程度、社会地位、家庭结构、风俗习惯的不同都会影响到消费者的购买动机。研究和掌握消费者购买动机的形成过程，有利于指导企业的生产和销售。

3. 收集商品信息

一位有购买动机的消费者可能会寻求产品的信息，也可能不会。但当被唤起的动机很强烈时，消费者必然会通过各种途径获取欲购产品的信息。因此，企业应十分注意了解消费者获取信息的来源。以下为消费者信息的主要来源。

(1) 经验。主要指消费者在以往生活中的所见、所闻以及实际感受，这是消费者获取有关信息的基本来源。凭着经验，消费者就可能做出购买决策。

(2) 相关团体。指亲戚、朋友、邻居或学会、协会成员提供的信息。

(3) 市场。指市场上推销人员、营业员、经销商、商品展览、商品陈列、商品包装、产品说明书等提供的信息。例如，消费者一般会在购买前仔细阅读欲购买的机电产品的功能说明书。

(4) 公共来源。指报纸、杂志、广播、电视、政府机关以及其他大众传播媒体提供的信息。

上述信息来源中，市场信息与广告媒体传播的信息最为重要，因为这种信息的针对性强，易于为消费者所收集。

4. 评估待购商品

评估待购商品是指消费者对收集的有关待购产品的信息进行分析、整理、比较的过程。

评估的内容一般包括产品属性、价格和效用函数三个方面。

(1) 产品属性。消费者不仅要了解产品质量的好坏，而且要比较该产品和其他同类产品的不同属性。产品的属性可分为一般属性和特色属性。产品的特色属性是消费者购买产品时首先考虑的属性。如电冰箱，有的考虑其保鲜性、节省电费的功能，有的要考虑其除霜、除臭的功能，有的则考虑其是否具有智能型的功能。企业营销人员应当分析消费者对产品各类属性的要求，依据属性的重要程度建立属性等级，按其等级的重要程度生产或改进产品。

(2) 价格。价格是影响消费者购买决策的重要因素，不同的消费者因其性别、年龄、收入、学识、经历等不同，对不同机电产品价格的反应不一样。一般地讲，在具有相同功能的前提下，消费者愿意接受货真价实、价廉物美的产品。

(3) 效用函数。效用函数即产品对需求满足程度的函数。任何机电产品在不同时间和不同场合或对不同的需求购买对象其效用是不一样的。例如，带冷暖空调的汽车，对于南北方的司机在夏天和冬天的效用差别会很大。同样，一台计算机对于普通人来说，其效用不会很大，但对于一位正需要借助计算机进行研究的人来说，其效用就相当大；但是如果该科研人员的研究项目已经完成了，暂时不需要使用计算机的话，计算机的效用对这位科研人员来说也很差。把握商品的效用函数，就是要充分利用商品的时间价值原则，不失时机地满足不同消费者对不同商品的需求。

5. 购买决策

消费者经过判断和评估后，如果对某种产品形成了一定的偏爱，便会做出购买决定。但是做出购买决定并不等于购买。消费者在购买过程中，如果受到某种不良因素的影响，可能会放弃购买。例如，原打算购买煤气热水器的消费者，假如刚刚看到由于热水器使用不当而导致人员煤气中毒死亡的报道，他可能会暂时放弃购买的打算。从购买决策转化成购买行动，除了消费者自身的因素外，还要受到另外两种因素的影响，即他人态度和意外情况。

(1) 他人态度。他人态度是指消费者之外其他人的影响。如丈夫想购买一套高级音响，因其价格较高而受到妻子的指责，做丈夫的就有可能放弃购买的决定。

(2) 意外情况。意外情况指消费者收入或产品价格的变动，或营销人员态度的变化、或购买条件的改变等意外情况，也会影响购买的实现。如购买大屏幕彩电，如果家中突然出现意外事故而需要花大笔的钱，就有可能会导致放弃购买的打算。

6. 购后评价

消费者购买商品之后，有时会自做评价，或主动听取他人的品评。购后评价如图 6-2 所示。如果消费者对所购商品感到满意，一方面可能会继续购买，另一方面会积极向别人推荐；倘若对所购商品感到失望，不仅自己不会再购买，而且可能会竭力劝阻他人购买。由此可以看出，消费者对所购商品的评价，哪怕是误解或偏见，也会给企业带来重大的影响。消费者的反宣传对其他消费者的影响足以使企业的促销努力付诸东流。实际上，每一个消费者都是某些商品的评判员和宣传员。目前许多厂家有退换或保修制度，都是为了消除消费者不满，建立商品信誉的一些有效措施。因此，企业营销人员必须十分重视消费者的购后评价，将其作为重要的反馈信息，帮助企业发现营销缺陷，改善工作。

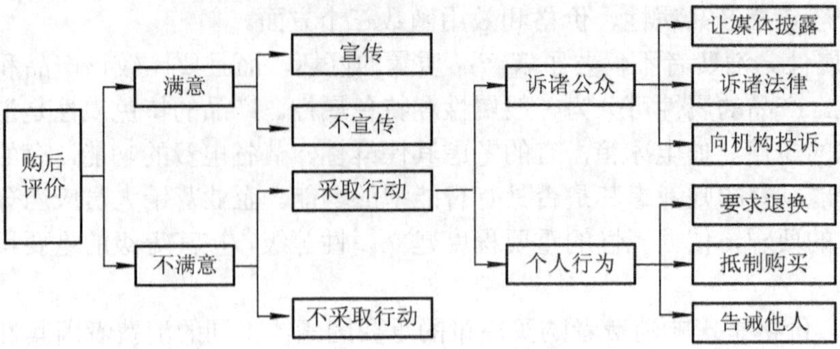

图 6-2 购后评价

以上简要地介绍了消费者行为的六个阶段。当然，具体到每个消费者身上，他们的行为未必都需要经历这六个阶段。有的消费者可以不通过购买而满足自己的消费需要，如亲友馈送的东西；有的消费者不经过对商品的选择，就直接进行购买；有的消费者选择商品后，又改变了主意，不打算购买了等。即使是经历了同样几个阶段的消费者，各人的心理活动也是千差万别的，这些都是因为消费者所处的社会环境和消费者内在因素的不同而引起的。

二、消费者行为特点

消费者行为作为一个过程，在不同的阶段会呈现出不同的特点。消费者购买行为特点如图 6-3 所示。研究和把握消费者行为的特点，有利于企业搞好市场细分和目标市场的选择，从而有针对性地开展营销活动。

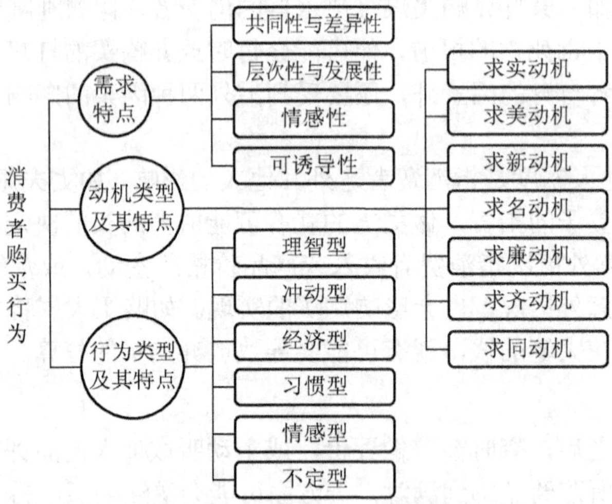

图 6-3 消费者购买行为特点

1. 消费者需求的特点

消费者的需求具有许多明显的特点，研究和把握这些特点，对于企业制定营销策略有着重要的指导作用。

(1) 共同性与差异性。消费需求的共同性通常表现在消费者对小机电产品等需求的大同小异；其差异性则往往指消费者对发展性和大型的机电产品需求的多样化。例如，家庭购买同样容积的电冰箱或同一屏幕尺寸的彩电时，功能、款式等方面的需求一般都大同小异；而对于大型水能发电机等大型机电产品的需求，不同规模的水电站则需求各异。

(2) 层次性与发展性。消费需求的层次性是指消费者对同一类产品，在质量、价格、款式、规格、性能等方面需求的差异性在消费品市场以多层次性特征表现出来。消费者的需求层次有高低之分，满足较低层次的需求之后，逐步向较高的需求层次推进，由质的需求向精神需求发展，从数量需求向质量需求转化等。消费需求的发展性是指随着时代变迁，科技进步，经济收入的提高，消费者的需求会经历一种由低到高、由粗到精的发展过程。例如，人们对电视机的需求，首先是小屏幕的黑白电视机，之后是小屏幕彩色电视机，再之后上升到对大屏幕彩电的需求，需求的层次不断深入和发展。

(3) 情感性。消费需求的情感性是指消费者购物时会带有明显的感情色彩。由于消费者缺乏专业知识，大部分是外行，多属非专家购买，往往是根据个人的喜好和情感来购物。

(4) 可诱导性。消费需求的可诱导性是指消费需求受消费者收入、嗜好、商品价格、税收和储蓄利率、心理预期、经济发展趋势的影响，购买具有很大的弹性，容易受外界因素的诱导。一般来讲，消费者对商品的不同偏好程度决定了他们的购买意愿。消费者的嗜好取决于个人生理和心理需求，也取决于社会消费时尚。企业可以通过示范效应和广告效应来影响消费时尚。由于示范效应和广告效应的重要性，许多企业不惜重金利用这两种效应来诱导消费者。

2. 购买动机的类型及其特点

消费者对机电产品的购买动机通常有以下几种类型，不同的购买动机有相应的特点。

(1) 求实动机。求实动机表现为追求商品的使用价值，注重商品内在的质量和效用，讲究实用、实惠和使用方便，不过分强调外观、花色、款式等。

(2) 求美动机。求美动机表现为追求机电产品的欣赏价值或艺术价值，即注重产品的造型、色彩、包装装潢等外在美。例如，艳丽色彩的吸尘器较灰暗颜色的吸尘器的销售情况要好。

(3) 求新动机。求新动机表现为追求商品的时尚和新颖，不大计较商品的价格。例如，年轻人在购买自行车时，往往购买色泽艳丽、功能多、款式新的山地车、跑车。

(4) 求名动机。求名动机表现为追求名牌产品，注重产品的牌号、产地及其声誉，舍得花时间、精力选购。例如，人们对名车的偏爱和追求，就是一种求名的动机。

(5) 求廉动机。求廉动机表现为追求廉价商品，喜欢选购折价、优惠价、处理价的产品，不大计较产品的外观质量，如花色、款式及包装等。例如，中年人喜欢选购价格低廉的二手自行车，追求的是二手自行车价廉、实用的特点。

(6) 求奇动机。求奇动机表现为追求商品的奇特式样，别具一格的造型等，注重产品的与众不同之处。

(7) 求同动机。求同动机表现为追求大众化产品，随大流，不愿赶时髦等。

消费者的购买动机，是引起购买发生的关键性因素。因此，企业应当认真研究和掌握目标消费者的购买动机，并以此作为企业决策的依据，有的放矢地实施营销策略，从而取得市场经营的成功。

3. 消费者购买活动的特点

要掌握消费者购买活动的特点，首先应当分析其购买活动。

1) 购买活动分析

消费者购买活动分析是指对消费者购买商品的原因、习惯、时间、地点等进行研究，通常用“6W”法进行分析。

(1) 谁是消费者(Who)：根据消费者的性别、年龄、职业、收入、性别等差异，分析最有可能购买某种商品的消费者类型。

(2) 购买什么(What)：分析消费者喜欢且经常购买的机电产品的类型。

(3) 为何购买(Why)：分析消费者购买机电产品的动机和原因。

(4) 何地购买(Where)：分析消费者喜欢且经常光顾的购买地点。

(5) 何时购买(When)：分析消费者喜欢且经常选择什么时间购买机电产品。

(6) 如何购买(Which)：分析消费者购买机电产品的方式，主要指购买产品的货币支付方式。

企业通过对消费者购买活动以上六个方面进行认真的分析，就有可能根据其购买活动的特点，搞好销售网点的布局，选择适当的推销时机，争取灵活多样的货币付款方式，去满足消费者的需求，从而扩大销售，实现企业营销的目的。

2) 购买行为的类型与特点

实际从事购买活动的消费者，选购商品时的表现各不相同。一方面，消费者因收入、性格、素养等不同而存在着购买心理上的差异；另一方面，购物环境也会影响消费者的购买行为。比如在顾客多、营业员少、经营面积狭小的情况下，有些人会耐心等待，有些人会易地购买，也有些人则干脆打消购买念头。根据消费者购买的心理状况，可将购买行为分成以下几种类型，各种类型具有其相应的特点。

(1) 理智型。这类消费者头脑比较冷静，主观性较强，对机电产品的品质、用途、价格高低等有自己的见解，不易受外界因素的影响。购买产品前，常常广泛地收集信息，做到心中有数。购买产品时十分谨慎，反复挑选。

(2) 冲动型。这类消费者感情比较外露，即兴性较强，容易受到外界刺激的影响。购买产品前通常没有进行足够的思考，凭自己的一时感觉做出购买决策；购买商品时不愿反复比较，容易做出较快的购买行动。

(3) 经济型。这类消费者十分注重产品的价格，购买产品时图实惠，常常根据价格的高低来判断产品质量的优劣，喜欢购买廉价的商品，尤其是削价产品。

(4) 习惯型。这类消费者根据其长期养成的消费习惯，总是按照过去购买的某种牌号、商标、规格、档次去购买产品，或习惯于在某个地点购买，其购买通常建立在见解或信任的基础上，较少受广告宣传和时尚的影响。

(5) 情感型。这类消费者情感体验深刻，想象力丰富，审美感强，购买产品时容易受到促销宣传和情感的诱导，对购物现场的环境反应十分敏感，通常购买符合自己感情需要的商品。

(6) 不定型。这类消费者购买心理不稳定，没有明确的购买目标和要求，缺乏对购买物品的选择常识。购买产品时，没有多大的主意，往往只是奉命购买或随意购买，容易受旁人的意见所左右。

营销者必须同各种各样的消费者打交道，如果不能及时、准确地判断消费者购买行为的类型，以单一的服务方式对待顾客，某些可能成功的交易也可能会落空。因此，及时、准确地判断消费者的购买行为类型与特点，可能会提高营销活动的效率。

知识点2　机电产品产业市场购买行为分析

机电产品的产业市场是指所有购买机电产品，将其进一步用于生产其他商品和劳务，并以获得利润为目的而购买的组织机构。机电产品产业市场的特点如图6-4所示。与面向消费者的活动相比，产业购买者所需的资金额更大，涉及的机电产品的项目更多，也具有自己的一些特点。生产者购买决策远比消费者购买决策复杂，因为生产者在购买中要面临各种各样的决策，至于要作多少决策则取决于各种不同的购买情形。

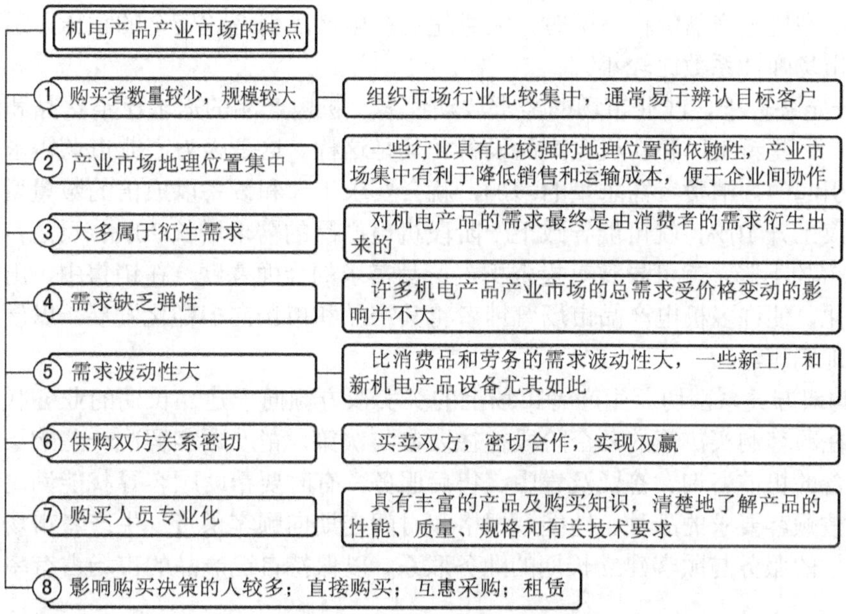

图6-4　机电产品产业市场的特点

一、机电产品产业市场的特点

机电产品产业市场与消费者市场有明显的差别，它具有以下特点。

(1) 产业市场的购买者不是购买者个人，而是购买机电产品的生产企业，所以它相对于消费者来说，数量较少。但是每个企业，特别是大中型企业，每年需要购买的机电设备的数量是很大的。例如，一家大型飞机制造厂每年需要大量的机电设备、仪器仪表。但是在生产者市场内部，购买者的规模和购买批量的分布是不均衡的。

(2) 产业市场地理位置集中。由于国家的产业政策、自然资源、地理环境、交通运输、社会分工与协作、销售市场的位置等因素对生产力空间布局的影响，容易导致其在生产分布上的集中。例如，美国半数以上的产业市场集中在纽约、加利福尼亚、宾夕法尼亚、伊利诺、俄亥俄、新泽西和墨西哥等7个州。在广东的顺德，美的风扇厂集中了全世界电风扇产量的几分之一。产业市场的地域集中性，有助于降低销售成本。

(3) 产业市场的需求大多属于衍生需求。对产业市场机电产品的需求最终是由消费者的需求衍生出来的。例如，客户购买飞机，才导致生产者购买飞机上相关的机械和电器产品。当购买者对飞机的需求量增加时，这些企业需要的机电产品就会增加；反之，对机电产品的需求量就会随之减少。因此，机电产品产业市场的营销者要了解同本企业产品有关的各种消费者需求的变化情况。

(4) 在短期内，机电产品产业市场的需求缺乏弹性。许多机电产品产业市场的总需求受价格变动的影响并不大。如飞机制造商不会因飞机上相关机电产品的价格下跌而购进大量的机电产品，也不会因价格上涨而少购。就短期来讲，需求缺乏弹性，因为生产商不可能在制造工艺上进行大的变革。在机电产品涨价时，减少机电产品的购买会造成没有零件、设备而停产；在机电产品价格下降时，大量超购机电产品会造成资金的积压。所以，机电产品的产业市场弹性系数比较小。

(5) 在一定条件下，产业市场的需求波动性大。机电产品的需求比消费品和劳务的需求波动性大，一些新工厂和新机电产品设备尤其是这样。这是因为产业市场需求是消费者市场需求所引起的。消费者需求量的增加，就会要求工厂和设备以成倍的数量增长。有时消费者需求仅上升10%，就可能导致下一阶段机电产品的需求增长20%；反之，如果消费品需求有10%的下降，就可导致对投资机电产品需求的全面暴跌。在销售中，出现这种反复无常的变化，使许多机电产品市场营销者将其产品和市场向多样化发展，以便能在商业周期中均衡地销售。

(6) 供购双方关系密切。生产者市场上的买卖双方倾向于建立长期的业务联系，相互依存，卖方在顾客购买决策的各个阶段往往要参与决策，帮助顾客解决一些购买过程的问题，提供完善的售前咨询、答疑及售中、售后服务，有时要帮助顾客寻找能满足其需要的商品，甚至按顾客要求的品种、性能、规格和时间定期向顾客供货。生产者市场的供方一定要通过有效的服务与顾客建立长期的业务联系，以保持自己产品的市场占有率和企业的稳定客户。

(7) 购买人员专业化。机电产品都是由那些经过专业训练的采购人员购买的，他们的全部工作时间都在研究怎样才能更好地采购。他们的专业技术较高，采购趋于合理。

(8) 其他特征。产业市场除有以上主要特征外，还具有以下特征：

① 影响购买决策的人较多。采购委员会都是由技术专家和营销专家组成的。

② 直接购买。机电产品购买者往往是直接向生产者购买而不再经过中间商。

③ 互惠采购。机电产品购买者往往选择那些购买自己商品的人作为其供应商，即买卖双方各自购买对方的产品。

④ 租赁。许多机电产品购买者并不一定要完全采用购买的方式，而是可以以租赁的方式取得机电产品设备的需用数。

产业市场与消费者市场比较见表6-1。

表 6-1　产业市场与消费者市场比较

比较项目	消费者市场	产业市场
购买目的	为生活消费，不谋求营利	为维持生产经营活动，有明确的营利目的
社会生产中的地位	位于再生产一次循环的终点	社会再生产的中间环节，是一种生产性消费，直接或间接受消费者市场影响
购买决策参与者	个人或家庭的购买	专业人士参与的有组织的购买行为

二、生产者购买产品的主要类型

生产者购买产品有三种主要类型(如图 6-5 所示)，即机电产品的直接重购、机电产品的修正重购、机电产品的新购。

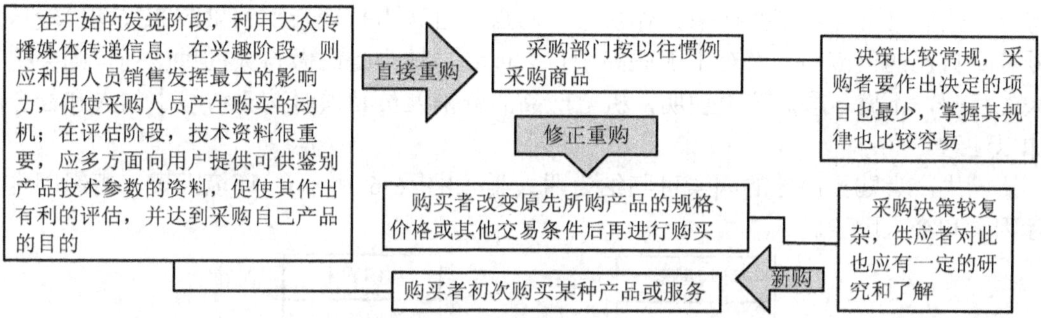

图 6-5　生产者购买产品的三种类型

1. 机电产品的直接重购

机电产品的直接重购是最简单的购买方式：采购部门通常只是按过去的订货目录向原来的供应单位订货，不作大的变更；采购人员只是根据过去供应单位的供货是否满足本企业的需要和是否感到满意而对数量及供货单位略加调整。针对生产者购买的这种比较常规又可能略有调整的情形，机电产品市场营销人员必须采取相应的市场营销策略以保持原有的市场或打入新的市场。如对原来的用户，首先应力求使其供应的产品或服务保持一定的质量，并使用户感到满意，同时也可以提出自动重购的办法。这样不仅方便用户采购，而且也可以使本企业能较稳固地保持一定的用户和销售水平，并可减少推销事务和费用。另外，对原来尚不属本企业供应对象的用户，则可以通过努力开拓新产品或利用客户对原来供应者的供应在某些方面得不到满足的机会，让客户重新考虑供应来源，从而打入新的市场。

2. 机电产品的修正重购

机电产品的修正重购就是采购者想改变产品规格、价格、其他条件，或想改变供应商的购买情形。机电产品的新设备、新零件和新购买者通常都属于这种购买。针对这种情况，机电产品供应企业必须做好市场调查的预测工作，掌握用户需求变化的趋势，努力开发产品新的规格和品种，并大力提高生产效率，降低成本，使产品价格相应降低，并能为用户所接受，从而保住原有的供应阵地，并有效地填充其他供应企业退出的阵地。

3. 机电产品的新购

机电产品的新购就是企业为增加新的生产项目或更新设备而第一次购买某一产品。在安装第一套计算机系统和建设新工厂时就是处于新购的情形。这种情况对机电产品的市场营销人员来说，是一种最好的机会，这是一个还未被任何竞争对手占据的有待于争取的市场。他们应运用整套市场营销手段，包括向客户提供信息和帮助，以及建立专门负责向新用户推销的机构等措施来尽力争取这部分市场。

知识点3　影响生产者购买决策的因素

一般来说，生产者的购买行为与个人购买者的行为是有很大不同的，生产者对机电产品的购买，主要受经济因素的影响，而受个人偏爱的影响不大。因此，机电产品的采购人员大多数属于理性决策。但这些决策者，即使在办公室工作也仍然是人，仍然有常人的一些特点，他们常常凭着某些印象来作决策，向那些自认为是较亲密的供应商采购，较乐意惠顾尊重自己的供应商，而对于那些高傲自大或者被认为是高傲自大的供应商，则会抱有很大的反感，不屑一顾。这正说明，机电产品的营销人员必须对购买情境中的人和社会因素加以注意。

影响生产者购买决定的因素可归纳为四大类(如图 6-6 所示)：环境因素、组织因素、人际因素和个人因素。

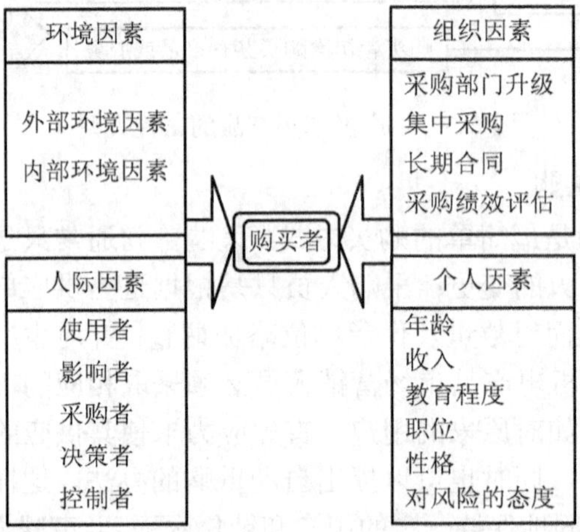

图 6-6　影响生产者购买决定的因素

一、环境因素

1. 外部环境因素

客观环境因素对生产者的购买有着重要的影响，如经济形势的好坏、工农业生产速度、基本建设的投资规模和投资方向、产业结构、机电产品的供应情况、市场需求的变化、物价的涨落、银行利率的高低、贷款的松紧以及政局的稳定等。

机电产品购买者深受目前和未来各种经济环境因素的影响，例如，基本需求水平、经济前景、资金成本等发生变化时，都将影响到生产者的购买。当经济不确定性风险提高时，机电产品购买者将会停止厂房设备的新投资，同时也会力求减少存货。在这种情况下，机电产品供应企业只有把价格降低到一定的水平，才能刺激购买者冒一定风险购买自己的产品。

机电产品购买者，同样也受技术、政治及竞争环境发展变化的影响。机电产品营销人员必须经常注意这些因素的发展变化情况，随时做出这些因素对机电产品需求情况影响方向和程度的判断，及时采取相应的市场营销措施，将消极因素转化为积极因素。

2. 内部环境因素

企业是市场营销的主体，其行为每时每刻都受到购买者的关注。若多数人对企业产生好感，并形成有利的舆论，就会踊跃地购买它的产品。因此，企业在分析影响购买者行为因素时，切不可忽视自身因素对购买者行为的反作用，影响购买者行为的企业因素主要有企业形象、产品形象和企业的销售服务工作。

1) 企业形象

企业形象是指企业在社会和人们心目中的地位。它是企业经营能力、公关能力等各种能力的综合体现，良好的企业形象是企业的无形财富。因此，企业必须注意通过各种有效途径，如赞助公益事业、为顾客提供周到的服务等，树立和维护其良好的社会形象。

2) 产品形象

产品形象是指购买者对于经常接触的商品形成的一种印象。它是企业形象的具体体现。产品形象的好坏直接影响到它的销售。产品进入市场后能否引起购买者的注意首先取决于产品本身的吸引力。购买者对吸引力大的产品容易做出较为迅速的良好反应，反之则无视其存在。因此，企业必须搞好产品定位，在各方面都能投顾客的所好。同时，还应善于听取购买者的意见，为自己的产品创造容易被人认识和接受的形象。

3) 企业的销售服务工作

企业销售服务工作的好坏不仅关系到购买者是否当时、当次购买，而且关系到企业的形象，从而决定购买者是否重复购买，决定着目标市场的存在。企业的销售服务工作包括售前服务、售中服务和售后服务三个方面。

(1) 售前服务。售前服务即企业与购买者在商品销售之前的信息沟通。它包括口头沟通、书面沟通、宣传沟通和销售沟通许多方式。企业只有不断地与购买者保持信息交流，才能了解企业在购买者心目中的地位和信誉，把握消费的变动趋向以及企业经营与购买者需求的差距，从而促进和指导消费。

(2) 售中服务。售中服务是影响购买者能否使购买决策转变为购买行动的重要因素。一个善于同顾客打交道的企业，就会在产品销售过程中根据顾客的不同心理，提供各种咨询服务和技术指导。热情、耐心和周到的服务能促使顾客在良好的气氛中迅速实现购买。

(3) 售后服务。企业的产品售出以后，不是销售工作的完成和结束，只是销售工作完成的第一步。购买者若对已购买的商品不满意，就会导致下次购买的转移，而这种转移的扩散力是很大的。可是企业的售后服务工作往往可以弥补产品本身的不足，并在售后服务中进一步加强与顾客的沟通，为企业提供反馈信息，促使购买者重复购买。售后服务包括实行“三包”(即包退、包修、包换)、代办托运、上门维修等许多内容。每个企业都应根据自己的特点在售后服务中充分发挥想象力、创造力，创造出各具特色的售后服务形式，以博得购买者的青睐。

二、组织因素

组织因素对生产者购买有直接影响，如企业发展战略、经营目标、技术改造、新产品开发和市场开发、企业营销战略和策略、企业内部采购机构的设置、采购制度及采购人员的管理考核等。

每个企业都各有目标、政策、业务程序、组织结构和制度。机电产品市场营销人员必须对这些采购组织的情况详加了解，进而采取相应的市场营销策略和手段。例如，应该弄清该采购机构有多少人参与购买决策？他们是些什么人？他们的评判标准是什么？公司的政策如何？公司对这些采购人员的活动有什么约束？所有这些方面又各包含着极其详细的内容，以机电产品采购人员的评判标准来说，固然他们希望在每次采购中最好都能获得最大的经济优惠，但是他们同时还希望得到一定的质量保证、售后服务，以及胜任采购工作而获得的威望、自我满足等交织在一起的情感因素，这些都是营销人员必须进一步弄清楚的。

机电产品的产业营销人员应当意识到，采购组织有下列发展趋势。

1. 采购部门升级

尽管采购部门控制着公司半数以上的费用，但就管理层次而言，它们所处的地位很低。近年来由于竞争的加剧，许多公司都提高了采购部门的级别，将采购部门的领导任命为主要的管理者之一。采购部门的职能已经从以前流行的“以最低成本购买产品”的部门，演变成现在的“采办部门”，即其任务是从少而优的供应商那里采购价值最高的产品。一些跨国公司已经专门将采购部门升级为“战略原料部门”，负责从全球采购产品并与其他战略伙伴合作进行。还有不少公司都在高薪招揽最优秀的采购人员，这意味着产业营销人员将会相应地提高级别，从而与产业采购者的能力相匹配。

2. 集中采购

在设有多个事业部的公司里，由于各个部门所需各异，采购权通常由各个部门分别行使。近年来，许多公司开始把采购权集中起来，由总部确定各分公司所需的机电产品的数量，然后集中统一采购。公司可因此节省大量的资金。当然，如果各个部门有更好的采购途径，也可以分别进行。但对于产业营销人员来说，这种变化意味着与他们打交道的采购人员数量减少了，但级别更高了。

3. 长期合同

产业采购者越来越乐于与可信赖的机电产品供应商签订长期合同。而机电产品的制造商们倾向于在他们工厂附近选择少数能够提供优质机电产品的供应商。除此之外，产业营销人员也向客户提供订货自动转换系统，即客户只要把订单输入计算机，订单就自动输送给供应商。

4. 采购绩效评估

越来越多的公司设立了奖励制度，以奖励采购绩效卓著的采购经理人员，这种办法类似于推销员因销售业绩突出而获得的奖金。这种制度将引导采购经理人员争取最佳交易条件向卖方施加更大的压力。

三、人际因素

生产者的一切购买活动都是由采购人员来完成的。因此，采购人员的个人因素，如采购人员职位的高低、年龄的大小、文化素养、专业知识、经验丰富程度、事业心强弱、承担风险的态度、社交能力以及采购人员的个性和偏爱等，都对交易的达成产生重要的影响。

机电产品的采购活动，除受上述组织机构本身一些正式因素的影响之外，还受到许多人事因素的影响。就是说，机电产品购买的决定不像购买消费品那样，只由个人或一个家庭的成员决定，而是由来自公司各部门和各个不同层次的人员组成的“采购中心”所决定。所谓采购中心，就是指那些参与购买决策过程的个人和群体，包括使用者、影响者、采购者、决策者及控制者这五个方面的人员，这些人员不仅在企业内的权威、地位、影响力、说服力各不相同，而且对于不同种类机电产品的采购，这几方面的作用也是各不相同的。因而在购买决定上呈现出较纷繁复杂的人际关系。

1. 使用者

使用者是公司里将要实际使用这种产品或服务的人。由于他们执行任务而需要运用这些机电产品，所以产品的购买由他们首先提出，尤其在产品规格的决定上具有较大的影响力。

2. 影响者

影响者是协助决定所购产品标准的人员。例如，工程师可决定机电产品的规格，会计主管则可以决定财务细目。

3. 采购者

采购者是实际执行采购产品的任务，在例行的采购业务中，他们是主要决策者，而在较复杂的采购中则要由企业的高层人员参与和决定。

4. 决策者

决策者是企业里有权正式做出购买决策的人，有时决策者便是采购者，但也往往是某些人做出购买决策，采购主管按章执行即可。

5. 控制者

控制者是企业里负责控制信息流程的人，主要任务是积储并提供购买决策时所需的资料。正因为上述五种人员在购买决策中所起的作用不同，机电产品市场营销人员必须了解用户参与购买决策的人是谁?他们所能影响的决策有哪些？他们之间相互影响的情况如何？他们决策的标准如何？只有深入全面地掌握了这些情况以后，才能做出适当的市场营销对策，更有效地吸引客户的惠顾。

四、个人因素

每个参与购买决策的人，在做决策的过程中都会掺入个人的情感因素。而这些个人情感又是受年龄、收入、教育程度、职位、性格以及对风险的态度等因素所影响的，因此每个采购人员都各有各的采购风格。影响生产者购买决定的主要因素，如某些年轻的、受过高等教育的采购主管，对供应商的选择会非常苛求；而一些阅历较深的、从老学校毕业出来的采购主管，则非常老练而又有权术，往往略施小技便会使供应商之间相互产生矛盾，以便从中取得交易上的好处；至于采购人员的个人好恶更会影响企业对供应商的选择。

在机电产品的营销市场中，理智的购买动机是占支配地位的，产品质量、供应数量、售后服务和价格是影响购买决策的主要因素。但其他因素，如企业的声誉、规模及地点，与供应企业的互惠关系，甚至销售代表的性格和生活方式等也仍然相当重要，因为采购决策人员对供应企业的这些方面是很敏感的。

知识点4　生产者购买的决定过程

生产者购买机电产品的决定过程一般可以分为八个阶段。显然，并不是任何一项机电产品的购买过程都必须经过八个阶段，就前面所说的三种生产购买类型来说，第一种直接重购方式就没有经过这么多阶段，或被大大缩减到只经过使用效果的反馈和评价这一个阶段；第二种修正重购方式，有些阶段需要，有些阶段就不一定需要；第三种新购方式，则八个阶段都要经历。因此关于机电产品购买过程的研究，一般都以新购这一方式作为典型案例来分析。生产者购买的决定过程如图6-7所示。

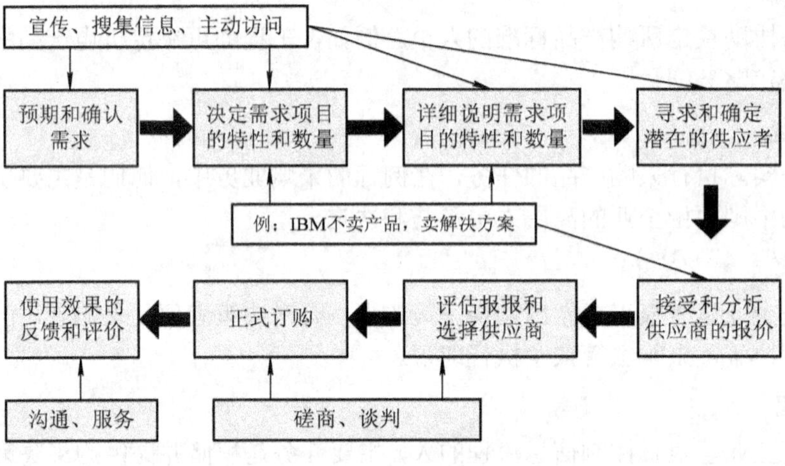

图6-7　生产者购买的决定过程

一、预期和确认需求

预期和确认需求包括预期需求和确认需求两部分内容，即确认需求和弄清通过某一具体产品和服务的购买是否可使需求获得解决。

1. 预期需求

预期需求主要缘于内外部因素刺激，一般从搜寻产品或品牌中形成印象，其来源主要通过个人来源、公共来源和商业来源三个途径。

2. 确认需求

确认需求就是要断定是什么情况引起该企业对机电产品产生购买需求。一般来说，引起企业对某一具体产品产生购买需求，大致有企业内外两方面的因素。下面是一些来自企业内部常见的原因。

(1) 机电产品存货水平开始下降；

(2) 购买者对现在供应的产品在规格上有新的要求；

(3) 发展一种全新产品，必须采购新的机电产品设备；

(4) 发觉过去采购的某些机电产品是不合要求的，企业打算另找其他的供应商；

(5) 机器故障、厂房倒塌或其他类似的事件发生，需要新购置机器、零件和设备。

外部原因也是多方面的。例如，采购人员在参观一个产品展销会时，可能会引起某些新的想法而更换买主或新的规格品种；或者看到一则广告，接到销售人员一次推销电话提出较高的质量或较低的价格时，也往往会引起变更购买。

二、决定需求项目的特性和数量

企业的需求一经确定后，采购人员便要进一步决定待购项目的特性和数量。对标准化的产品来说，没有太多要决定产品特性的问题，但对于复杂的机电产品，采购人员则需要与采购中心的其他人员，如工程技术人员、使用者等一起商量研究，决定所购产品的一般特性。他们必须详细就产品的耐用性、可靠性、价格及其他特性的重要程度加以排队，然后衡量轻重得失加以抉择。

在这一阶段，机电产品推销人员有可能给采购企业提供某些有益的帮助，因为许多采购人员往往不甚了解产品的各种特性的重要性，而机灵的、熟悉产品性能的推销人员则可以帮助用户确定其所需的各种不同性能的产品。

三、详细说明需求项目的特性和数量

当所需某种性能的产品已经决定后，采购机构接着就要决定产品和技术规格。关于决定产品技术规格的问题，一般交由价值分析工程小组负责，所谓价值分析，是美国通用电气公司在20世纪40年代末首创的一种降低成本的方法，它仔细研究机器设备的各个零配件能否重新设计、能否实行标准化或采用更低成本的方法进行生产。价值分析小组对那些价值高昂的零配件特别注意分析研究，以尽量降低整体产品的成本。他们会寻求那些经久耐用的零配件，这些零配件甚至会使整机的寿命延长。

总之，价值分析小组将研究确定产品的最佳特性，并相应地加以详细说明。下面是在进行价值分析时提出的主要问题：

(1) 该项产品有什么使用价值？

(2) 该项产品的成本是否与其使用价值相符？

(3) 该项产品的所有特性是否都是必备的？

(4) 该产品是否比原来预期的用处更好一些？

(5) 该产品某些适用的零部件是否可用成本更低的方法来生产？

(6) 是否可以找到某种便于使用的标准化产品？

(7) 拟购的产品是否有相应的生产能力，在生产规模及数量上能否保证本企业所需？

(8) 原材料、劳动力、企业管理费用及利润合计起来是否会超过预计的成本？

(9) 其他可靠的供应商是否会按较低的价格供应该项产品？

(10) 是不是任何人都可以较低的价格买到该项产品？

机电产品的供应企业也可以利用这种价值分析方法作为促成销售的工具，机电产品推销人员可针对用户价值分析所关心和需解决的问题，列举本企业能提供品质特性更优良、价格更便宜的机器设备或零部件，往往可激起采购企业修正重购的需求，由向以前的供应者购买转变为向该企业购买，从而获得新的经营机会。

四、寻求和确定潜在的供应者

采购人员在决定了具体采购品的规格以后，便将进一步确定最适合的供应者。这可通过查找工商名录、电脑资料或征询其他公司的意见等途径来进行。在这个过程中，有些供应者由于无力大量供应企业所需，或由于交货和服务方面的信誉不好而排除在被考虑之列，最后采购主管将确定一张能供货的少数供应者名单。作为供应企业来说，则应针对这种情况将本企业及其产品详列在工商名目中，或通过其他大众媒介宣传介绍，以便买方易于查找和挑选。

五、接受和分析供应商的报价

当已确定预期的少数供应者后，采购主管就会约请这些选中的供应者提出报价单，有些供应者可能只送来售货目录或派销售代表前来。总之，产品越复杂越昂贵，采购主管就应更严格地要求每个供应企业提出详细的报价单，并且在正式接受这些供应企业提出的报价以前，还要对其重新加以审查。在这一过程中，还可能会删除一些报价不当的供应商。对此，供应企业的市场营销人员必须十分重视报价单的填写工作，力求全面而形象地把推销产品的优点和特性表达出来，以促使采购企业乐意接受本企业的报价。

六、评估报价和选择供应商

在评估报价和选择供应商阶段，采购中心要重新审查报价单，然后决定供应者人选。他们不仅要考虑各供应商的技术能力，而且还要考虑他们及时交货及提供必要服务的能力。采购中心通常会列出一张明细表，详列拟与成交的供应商的各种特件，按供应商各种特性的不同重要程度，依先后次序开列如下特性明细。

(1) 技术服务能力；

(2) 交货快慢；

(3) 能否对用户的需要迅速做出反应；

(4) 产品质量；

(5) 供应商的声誉；

(6) 产品价格；

(7) 是否具有完整的产品线；

(8) 延期付款许可期；

(9) 人际关系；

(10) 产品说明书及使用指南。

根据这一明细表所列的项目，采购成员将逐一给予评分，然后确定理想的供应商。但在做出最后决定之前，采购人员还要与这些供应商在价格和其他条款上进一步协商，以取得更大的优惠。到最后，他们可能只选择一个供应者或少数几个供应者，但他们一般都宁愿选择几个进货来源，而不愿依赖一个来源，以防万一该供应商有问题时没有补救的余地。

七、正式订购

供应商已经选定后，采购企业就要给选定的供应商发出最后的采购订单，列出所需产品的技术规格、拟购数量、交货时间、退货办法、产品保证条款和措施等。在日常维修用品、大修理用品及供应品的采购中，采购单位越来越倾向于签订一揽子合同，而不采用定期发采购订单的办法。这种一揽子合同可使供购双方建立一种长期的相互关系，供应企业承诺每隔一定时期按照协议价格，随时供应买方所需的产品，这样采购企业就不需要保存大量的存货。如需要补充进货时，随时通知供应商便可及时获得进货，不会停工待料。一揽子合同交易势必导致进货来源的单一化，向每个供应商采购的品种会增加更多，这样对供应企业大有好处，借此可使自己与采购企业结合得更牢固，使其他供应商不易插足进来，从而保持较为稳固的市场，使企业获得生产稳步发展的可靠基础。

八、使用效果的反馈和评价

使用效果的反馈和评价就是收集企业使用部门对供应商所供产品的意见，对使用效果进行全面评价。显然，使用部门关于产品使用效果的信息反馈，对是否做出重复购买决策具有很大的影响和作用。至于具体的评价项目，一般都把供应企业的可靠性、产品的质量及其他类似特性放在最前列。由于这些产品，如机器、设备等并不经常购买，因此关于这类产品使用效果的信息，往往可由过去多年的实践经验积累而来。经过这种使用效果的评价，采构企业可能接纳原来的供应商，也可能会变更或降低对原供应商的采购品种和数量。就供应企业来说，必须事先了解用户的反应，争取主动，在产品质量、型号、规格及市场营销方法等各方面锐意提高和改善，以赢得用户的进一步信赖与惠顾。

以上所述的八个购买阶段虽然主要适用于新购的情形，其他购买情形可以大大缩减，但在某些情况下，也可能会增加一些步骤。总之，应具体情况具体分析，在不同的机电产品采购中，工业用户的采购流程可能会有很大的差别。由此可见，机电产品市场营销同样是一项艰巨复杂的工作，作为机电产品经营企业来说，最关键的步骤就是要了解买方的需求及其采购流程，才能制定出一套有效的市场营销计划，从而扩大企业产品的销售范围和数量，进一步巩固在市场上的竞争地位。

产业购买行为和消费者购买行为的区别见表6-2。

表 6-2　产业购买行为和消费者购买行为的区别

比较项目	消费者购买行为	产业购买行为
购买需求	为满足个人、家庭的生活需要	产业需求是从消费者对消费品的需求中派生出来的
购买者	个人或家庭的购买	专家购买
购买规模	购买者的数量较多，规模较小	购买者的数量较少，规模较大
决策过程	消费者是建设性决策的制定者，且受到很多情境因素的影响	购买决策过程的参与者往往不只是一个人，而是由很多人组成
周期性	消费者购买有一定的周期性可循	产业购买行为过程会持续较长一段时间

知识点5　组　织　市　场

按照市场的性质不同，机电产品市场可以分为组织市场和消费者市场两大类。其中，消费者市场是由为了满足个人或家庭需要而购买产品和服务的顾客组成；组织市场则由那些为了生产、销售、维持组织运作或履行组织职能而购买产品或服务的用户(制造商、中间商、政府、组织机构等)构成。用户购买的目的是用于再生产、转售，或开展公益事业等。

组织市场和消费者市场相对应，消费者市场是个人市场，组织市场是法人市场。机电产品市场主要是组织市场、制造商(企业)市场和中间商市场。

组织市场和个人消费者市场一样，也是机电产品市场的重要组成部分，研究这些市场对企业开展营销活动也有着重要的意义。机电产品市场如图 6-8 所示。

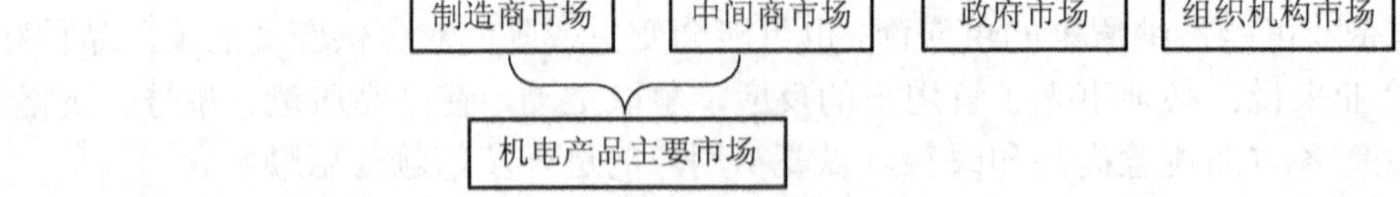

图 6-8　机电产品市场

企业进行组织市场的营销活动，要认识组织市场的类型、购买行为特征、影响组织购买的因素及决策过程等。

一、组织市场的特点

大多数组织市场都具有两个特征：一是预算较低；二是与顾客关系密切。比如，因为学校的采购人员为学校的教学所购的教学仪器设备，是作为学校为学生提供教学服务的一部分，所以必须考虑到教学仪器设备(如电化教学的投影仪设备)的质量，其采购目的是非盈利性的；同样，成本最小化也不是其采购的目的，若设备质量差而影响教学效果，则有损于学校的声誉和未来的发展。因此，学校的采购人员就必须寻找价格低廉，但设备质量要达到或超过某一标准的机电设备或仪器供应商。

1. 组织市场的规模和复杂性

通常组织市场的顾客数量较消费者市场的少，并且每个顾客每次购买交易的规模和价值相对比较大。同时组织市场的购买者往往集中在某些区域，以至于这些区域的业务用品购买量在全国市场中占据相当大的比重。显然，每个顾客对于供应商都是十分重要的，如果失去任何一个顾客，则将严重影响供应企业的销售额和就业率。

对于企业来说，大客户一般都是很重要的，设法与他们建立密切长期的关系，有时需要营销队伍为其提供专门服务，长期进行较频繁的用户访问，从而赢取并保持持续的订单量。

组织市场在总交易量、每笔交易的当事人人数、客户经营活动的规模和多样性、生产阶段的数量和持续时间等方面，要比消费者市场大得多、复杂得多。此外，组织市场的数量并不受其下游消费者市场数量的限制，因为有些组织不参与任何消费者市场。

一些组织机构对消费者提供服务而不直接收取费用(如慈善机构、教堂、学会等)，另外有些组织机构中则根本看不到消费者这一角色的作用(如军队)。

2. 组织市场需求的特性

组织市场通过一系列的增值阶段为消费者市场提供产品，所以对最终消费的需求是引发组织市场供给的最终力量。组织市场的需求是从组织市场到消费者市场间各增值阶段一系列需求的派生。例如，出版社用纸市场的需求取决于对书籍和杂志的需求。如果对于最终消费品的需求疲软，那么对所有用以生产这些消费品的企业产品的需求也将下降。组织市场的供应商必须密切关注最终消费者的购买类型和影响他们的各种环境因素。

组织市场对产品或服务的总需求量受价格波动影响较小。一般来说，原材料的价值越低或原材料成本在成品成本中所占的比重越小，其需求弹性就越小。在短期内组织市场的需求无弹性，是因为任何组织不能随时对其生产方式或运营模式做出太多变动。

3. 组织市场购买的特性

组织市场具有购买者数量较少，而其购买规模较大的特性，与消费者市场相比，通常影响组织购买决策的人较多。大多数组织有专门的采购委员会，由技术专家、高层管理人员和一些相关人员组成。特别是在购买重要商品时，决策往往是由采购委员会的成员共同做出的。所以供应企业的营销人员不得不雇用一些受过精良训练、有专业知识和人际交往能力的销售代表及销售队伍，让他们与经过专业训练、具有丰富专业知识的采购人员打交道。

由于组织市场购买是专业性采购，而且产品交易涉及的金额较大，组织购买者通常直接从生产厂商那里购买产品，而不经过中间商，那些技术复杂和价格昂贵的项目更是如此。同时，由于组织市场购买者处于强有力的谈判地位，可以让卖方做出让步，在有些情况下，购买者会要求卖方反过来购买自己的产品，以确保订单的安全性。

许多组织购买者采用租赁的方式，以取代直接购买方式。作为承租人能得到一系列好处：获得更多的可用资本，得到出租人最新的产品和上乘的服务以及一些税收利益。出租人则最终将得到较多的净收益，并有机会将产品出售给那些无力支付全部贷款的顾客。

二、组织市场的类型

组织市场是指工商企业为从事生产、销售等业务活动以及政府部门和非营利性组织为履行职责而购买产品和服务所构成的市场。组织市场包括制造商(生产者)市场、中间商市场、政府市场和组织机构市场。

1. 制造商(生产者)市场

制造商(生产者)市场又叫产业市场或工业市场，它是由那些购买货物和劳务，并用来生产其他货物和劳务，以出售、出租给其他人个人或组织构成的。它具有购买者数量较少、规模较大、生产者市场的需求波动性较大，以及生产者市场的需求一般都缺乏弹性等特点。它对于国民经济的发展具有重要的作用。

1) 制造商(生产者)市场的组成

一般认为，产业市场主要由农业、林业、渔业、采矿业、制造业、建筑业、运输业、通信业、公用事业、银行业、金融业、保险业和服务业等组成。与向最终消费者销售产品相比，对产业用户的销售，要涉及更多的资金流动及商品项目。比如，服装的生产与销售，首先需要农民将生产的棉花卖给纺织厂，纺织厂生产的坯布再卖给印染厂，印染企业加工过的布再卖给服装生产商，而生产的服装又需依次经过批发商、零售商，最终才能到达消费者手中。生产和销售链条上的每一环节都需要购买许多商品和服务，这就说明了生产者的购买要远多于消费者的购买。

2) 制造商(生产者)市场的特点

(1) 购买者数量较少、规模较大。在消费者市场上，购买者是个人和家庭，购买者数量很大，但规模较小。而生产者市场上的购买者，绝大多数都是企事业单位，购买的目的是为了满足其一定规模生产经营活动的需要，购买者的数量虽然很少，但购买规模很大。由于有生产集中和规模经济，因此要达到一定的生产批量，一次性的购买额必然很大。但是，在生产者市场内部，购买者的规模和购买批量的分布是不均衡的。

(2) 地理位置集中。由于国家的产业政策、自然资源、地理环境、交通运输、社会分工与协作、销售市场的位置等因素对生产力空间布局的影响，容易导致其在生产分布上的集中，我国现代化大工业主要集中于东北、华北、东南沿海一带。正因为这样，企业把生产资料卖给企业购买者的费用才可以降低。

(3) 生产者市场的需求是派生需求。派生需求又叫引申需求，即生产者市场的需求是由消费者市场需求派生和引申出来的。例如，消费者对电视机的需求，引申出电视机厂对电视机生产资料的需求。派生需求要求生产者市场的企业不仅要了解直接服务对象的需求情况，而且要了解连带的消费者市场的需求动向，同时企业还可通过刺激最终消费者对最终产品的需求来促进自己的产品销售。

(4) 生产者市场的需求波动性较大。生产者市场比消费者市场的需求波动性更大。这是因为，生产者市场内部的各种需求之间具有很强的连带性和相关性，而且消费品市场需求的结构性变化会引起生产者市场需求的一系列连锁反应；受经济规律的影响，消费品市场需求的少量增加或减少，会导致生产者市场需求较大幅度的增加或减少；生产者市场的需求更容易受各种环境因素(尤其是宏观环境因素)的影响，从而产生较大的波动。

(5) 生产者市场的需求一般都缺乏弹性。在生产者市场上，生产资料购买者对价格不敏感，一般不受市场价格波动的影响，生产者市场的需求在短期内更加缺乏弹性。这首先是因为生产者不能在短期内明显改变其生产工艺。例如，建筑业不能因水泥涨价而减少用量，也不能因钢材涨价而用塑料代替钢材。其次是因为生产者市场需求的派生性，只要最终消费品的需求量不变或基本不变，引申的生产资料价格变动不会对其销量产生大的影响。再次是因为一种产品通常是由若干零件组成的，如果某种零件的价格很低，这种零件的成本在整个产品的成本中所占比重很小，即使其价格变动，对产品的整体价格也不会有太大影响，因此这些零件的需求也缺乏弹性。

(6) 长期联系。生产者市场上的买卖双方倾向于建立长期的业务联系，他们相互依存，卖方在顾客购买决策的各个阶段往往要参与决策，帮助顾客解决一些购买过程的问题，提供完善的售前咨询、答疑及售中、售后服务，有时要帮助顾客寻找能满足其需要的商品，甚至按顾客要求的品种、性能、规格和时间定期向顾客供货。生产者市场的供方一定要通过有效服务与顾客建立长期的业务联系，以保持其产品的市场占有率和企业的稳定客户。

(7) 生产资料的购买要求较为严格。生产资料所购买的产品将被用于生产经营活动，不易替代，且单位产品价值较高，购买的数量较大，其质量优劣、适用性、经济性、供应等都会在企业的生产经营过程、满足市场需求、应变能力、竞争能力及盈利能力等方面形成较大的影响。因此，生产资料购买者对所购产品在技术经济性等方面有着严格要求。

2. 中间商市场

中间商市场是由以营利为目的，购买机电产品后再转卖或出租给其他人的组织和个人所构成，它主要包括批发商市场和零售商市场。中间商市场少于消费者市场，但多于制造商市场。

1) 中间商的购买决策

中间商在购买产品时，一般需要做出以下三个方面的决策。

(1) 购买什么产品的决策。中间商购买什么产品的决策具体有以下四种情况。

① 独家经营策略。独家经营策略是指销售的各种花色品种的机电产品都出自一家厂商。

② 单品种多家产品经营策略。单品种多家产品经营策略是指中间商只销售多家企业生产的一种机电产品。

③ 相同类型多种产品经营策略。相同类型多种产品经营策略是指中间商同时经营多种系列的商品，如在销售电冰箱的同时，还销售电视机、洗衣机等。

④ 混杂产品的经营策略。混杂产品的经营策略是指中间商同时经营多种互不相关的产品。

(2) 购买谁家产品的决策。中间商要选择最佳供货单位，最佳供货单位应具备以下条件。

① 产品质量最好，最受顾客欢迎。

② 价格适中，可以被顾客接受。

③ 货源稳定，交货及时。

④ 付款条件比较宽松。

⑤ 能为中间商提供广告及各种与产品销售有关的服务。

(3) 组织进货的决策。组织进货的决策一般有以下两种方法可供选择。

① 进货次数少，每一次进货数量比较大。这种方法的优点是进货费用少，能享受较大的数量折扣；缺点是库存量大，不利于资金周转，要求有一定的库存能力。批发商多选用这种方法；路途遥远和市场需求旺盛、价格趋涨时，零售商也常用这种方法。

② 进货次数多，每一次进货数量比较少。这种方法的优点是库存量小，资金周转快，不需要很多仓库；缺点是进货费用多，不利于享受大批量进货的折扣优惠。零售商多选用这种方法；当供货单位或市场疲软、价格下降时，批发商也常用这种方法。

2) 中间商市场购买活动的决策者和参与者

中间商市场由于规模、职能不同，因此购买活动的决策者和参与者也有很多的不同。

(1) 大型商业企业。由于商业企业内部分工的不同，采购工作分为由采购人员统一进货；各柜组分散进货；远距离商品统一进货，近距离商品分散进货等。

(2) 小型商业企业。商店经理既是购买的决策者，又是采购工作的直接参与者。

3. 政府市场

机电产品政府市场是指因政府消费而形成的一个特殊市场，是国内市场的一个重要组成部分。政府采购市场的规模为政府财政支出中政府消费和政府投资的总和，通常占一个国家或地区年度 GDP 的 10%以上，发展中国家规模还要大一些，一般占其国家或地区年度 GDP 的 20%～30%。

1) 政府市场的采购组织

各级政府机关都拥有自己的采购组织。如美国联邦政府的采购组织分为两大类：一类是联邦政府民用采购机构，包括商务部、联邦总务署、联邦电讯委员会、航空航天局等。各个机构都控制相当一部分自己采购的比例，总务管理局在民政部门常用商品的采购上起着重要的作用。另一类是联邦政府军事部门的采购组织。联邦政府的军事采购由国防部进行，并且大部分都是通过国防后勤局和陆海空三军的有关部门进行的。国防后勤局负责组织采购和分发全部军用品，其目的是为了减少重复支出，以降低费用。

我国政府和地方各级政府都由自己的采购机构负责物资采购工作。

2) 政府市场采购机电产品的方法

政府采购市场不同于民间市场，它有特定的采购主体，采购资金为政府财政性资金，采购的目的是为履行政府管理职能提供消费品或为社会提供公共品，没有营利动机，不具备商业性。政府市场采购包括公开招标采购、合同采购、现金购买三种方法。

(1) 公开招标采购。公开招标采购是指政府的采购机构在报纸上刊登广告或发出函件，说明采购物品的品种、规格和数量等具体需求，邀请供应商在规定的期限内报价，并进行投标。供应商如果想要中标，就要在规定的期限内填写标书，写明可供应产品的名称、品种、规格、数量、交货期和价格等，将标书密封送达政府的采购部门，由政府的采购部门在规定的日期开标，选择条件最好、报价最低的供应商成交。这种采购方法，可以使政府的采购机构处于主动地位。

(2) 合同采购。合同采购是指政府的采购部门先与一个或几个公司接触，最后与一家或几家公司成交并签订购货合同。

(3) 现金购买。对于购买数量少、花费不多的机电产品，政府的采购部门一般用现金直接在商店或工厂购买。

政府的采购工作十分复杂，各企业不应对政府的要求作出被动地反应，而应主动对政府的要求作出预测并设计方案，收集竞争情报，加强通信联系，向政府介绍公司的优势，做好机电产品的销售工作。

4. 组织机构市场

组织机构市场是由学校、医院、疗养院、监狱和其他非营利组织机构形成的市场。他们采购商品或服务，并向其服务对象提供商品和服务。组织机构市场的购买行为往往会受到其非营利性的机构目标、严格预算和其他控制因素的影响。

非营利组织泛指所有不以营利为目的、不从事营利性活动的组织。我国通常把非营利组织称为“机关团体、事业单位”。

【思考与练习】

1. 影响产业购买者购买决策的主要因素有哪些？
2. 简述生产者购买行为的主要类型。
3. 如何分析产业购买者的购买决策过程？
4. 消费者市场同产业市场相比具有哪些特点？
5. 简述什么是组织机构、政府和中间商市场。
6. 当前，美国电动汽车企业特斯拉(Tesla)成立于 2003 年，不同于其他新能源汽车企业，它主要从事电动跑车等高端电动汽车的设计、制造和销售。

特斯拉是全球新能源汽车行业的先驱者。特斯拉通过整合产业链、研发核心技术、建立创新型商业模式，树立起良好形象，在新能源汽车行业居领先地位。特斯拉区别于传统汽车公司的一个显著特征是，特斯拉使用的是自己的经销网络，拥有自己的充电站和电池储能技术。

(1) 打造直营体验店，把握品牌控制权。2008 年 5 月，特斯拉在加利福尼亚州洛杉矶开设了第一家特斯拉商店，打造独树一帜的“官网电商＋实体体验中心”销售模式，致力于统一客户购车体验。牢牢掌握用户数据、把握品牌控制权是特斯拉坚持直营模式的核心原因。

(2) 整合产业链力量，自行打造核心优势。一个新兴产品的成功必须依靠产业链的力量共同发挥作用，才能在极短的时间内汇聚最大限度的能量，将产业带上新高度。

在整合产业链方面，特斯拉主要有三种方式：一是采购、联合开发或收购，通过利用其他企业长期积淀的优势助力特斯拉汽车发展；二是开发核心技术，形成自身的竞争优势；三是开放技术专利权，促使更多的整车企业和零部件厂商进入特斯拉技术路线阵营，带动整个新能源汽车行业的发展，由此分摊技术开发成本，促使特斯拉汽车放量盈利。

2016 年特斯拉第三季度营收入为 22.98 亿美元，截至 2018 年年底，特斯拉持有的客户订金达到了 7.93 亿美元。特斯拉在销量、盈利水平和国际化等方面取得不菲成绩，实现了快速成长，成为产业界和学术界广泛关注的“特斯拉现象”。

为探索特斯拉快速成长的成功经验，请从消费者需求角度，对特斯拉快速成长的影响因素进行分析。

7. 阅读以下材料，试析：从打死麻雀与怠慢顾客两则内容中，你得到什么启示？

“10－1＝0”的启示。有一个古老的数学命题：树上有 10 只麻雀，被枪打死 1 只，这时树上还有几只？幼稚的孩子往往回答还有 9 只；而聪明的孩子则回答，1 只也没有了。道理很简单，虽然打死了 1 只，但吓飞了 9 只，当然就 1 只也没有了。这道测试儿童智力的趣味数学，也给人们以启示。

某商店的打火机柜台前，一位中年顾客买了一只打火机，但他到其他楼层转了一圈后，发现打火机质量不佳，便来调换。然而营业员横竖不肯换，并恶言训斥，顾客只好愤然离去。在场的其他顾客本来打算购买打火机，但看到如此场面只好敬而远之，光顾别的商店了。

项目七　机电产品市场营销策略

【项目导航】

市场营销是什么？传统观点认为，构成市场营销的四大要素(又称为营销组合)是：价格(price)、销售渠道(place)、促销(promotion)、产品(product)，简称为4P。随后，美国西北大学教授菲利普•考特勒在《大市场营销》中，提出了6P要素，即在原4P的基础上增加2P：权力(power)和公共关系(public relation)。有的营销专家还提出了10P要素，在原有6P的基础上，增加了定位法(positioning)、优选法(prioritizing)、市场细分(partioning)、市场调研(probing)这4P要素。但无论4P、6P还是10P，实际上，由于一直以来营销技术手段和物质基础的限制，选择、确定市场营销策略的主要依据仍然是产品的价值、营销渠道、促销媒体和方式以及产品的价格，它们构成了企业经营、市场分析和营销策略的核心内容。

通过本项目的学习，要求学生掌握分销渠道的基本原理和策略，其中包括产品分销渠道类型、中间商的作用和类型、分销渠道管理；要求学生能够掌握促销策略的基本概念、作用及促销组合策略；了解人员推销、广告、公共关系和营业推广等促销方式的特点、形式及适用性。

【案例导入】

案例7-1　老李的营销方法

老李是一个某普通车床配件企业很能干的推销员，他知道一般机床生产厂家对机床的配件供应商的选择都比较慎重。他通过对机床行业中某客户对普通车床使用情况的调查研究之后发现，竞争对手产品中一个关键部件经常出现质量问题，但这个配件的质量对整个车床的影响在一年内不容易发现，直到以后出现故障时，客户才会被动地选择更换，给售后服务带来一定的影响。但在一般情况下，这一潜在的问题并不直接影响客户更换供应商的决策标准。发现这一问题后，老李并没有开门见山地向机床制造厂家推销自己的产品，而是回到公司后，与本企业技术人员一同制定了一套针对这一问题的技术改进方案，在充分地评估研究之后给该客户提供了初步的技术解决方案。客户看到这个分析报告后，感觉到问题的严重性，最后决定与老李进行进一步技术交流、技术评估。

机床生产厂家在选择以后的配件供应商时，虽然有多家竞争对手，但因为前期的互相交流，以及对老李的解决方案的认可，最后老李得到了为这家车床制造厂家做配套零件的稳定生意。

营销启示：一个产品能够成功占有预期市场份额，与企业做一个适当的、好的营销方案是密不可分的，所以营销是机电产品市场非常重要的一环。

案例 7-2　乔·吉拉德销售秘诀

乔·吉拉德，因售出 13 000 多辆汽车创造了商品销售最高纪录而被载入吉尼斯大全。销售是需要智慧和策略的事业。乔·吉拉德主要有以下几个秘诀。

1. 250 定律：不得罪任何一个顾客

在每位顾客的背后，都大约站着 250 个人，这是与他关系比较亲近的人：同事、邻居、亲戚、朋友等。乔说得好："你只要赶走一个顾客，就等于赶走了潜在的 250 个顾客。"

2. 名片满天飞：向每一个人推销

每一个人都使用名片，但乔·吉拉德的做法与众不同：他到处递名片。乔·吉拉德认为，每一位推销员都应设法让更多的人知道他是干什么的，销售的是什么商品。

3. 建立顾客档案：更多地了解顾客

乔·吉拉德说："不论你推销的是任何东西，最有效的办法就是让顾客一心相信你喜欢他、关心他。"要使顾客相信被喜欢、关心，就必须了解顾客，搜集顾客的各种有关资料。

4. 猎犬计划：让顾客帮助你寻找顾客

乔·吉拉德认为干推销这一行，需要别人的帮助。乔·吉拉德的很多生意都是由"猎犬"(那些会让别人到他那里买东西的顾客)帮助的结果。乔·吉拉德的一句名言就是："买过我汽车的顾客都会帮我推销。"

5. 推销产品的味道：让产品吸引顾客

每一种产品都有自己的味道，乔·吉拉德特别善于推销产品的味道。与"请勿触摸"的做法不同，乔·吉拉德在和顾客接触时总是想方设法让顾客先"闻一闻"新车的味道。他让顾客坐进驾驶室，握住方向盘，自己触摸操作一番。根据乔·吉拉德本人的经验，凡是坐进驾驶室把车开上一段距离的顾客，没有不买他的车的，即使当即不买，不久后也会来买。

6. 诚实：推销的最佳策略

诚实是推销的最佳策略，而且是唯一的策略。但绝对诚实却是愚蠢的。推销容许谎言，这就是推销中的"善意谎言"原则，乔·吉拉德对此认识深刻。推销过程中有时需要说实话，一是一，二是二。说实话往往对推销员有好处，尤其是推销员所说的，顾客事后可以查证的事。乔·吉拉德还善于把握诚实与奉承的关系。少许几句赞美，可以使气氛变得更愉快，没有敌意，推销也就更容易成交。

7. 每月一卡：真正的推销始于售后

乔·吉拉德有一句名言："我相信推销活动真正的开始于成交之后，而不是之前。"推销员在成交之后继续关心顾客，将会既赢得老顾客，又能吸引新顾客，使生意越做越大，客户越来越多。乔·吉拉德每月要给他的 1 万多名顾客寄去贺卡。凡是在乔·吉拉德那里买了汽车的人，都收到了乔·吉拉德的贺卡，也就记住了乔·吉拉德。

知识点1　机电产品的销售渠道

销售渠道是指某种产品从生产者向消费者或用户转移过程中所经过的一切取得所有权的商业组织和个人，即产品所有权转移过程中所经过的各个环节连接起来形成的通道。

一个成功的产品并不意味着会有很好的销售业绩，换句话说，一个好产品可能会销不出去。曾有人有疑问：放着我们企业物美价廉的产品不要，逊色一些的产品却销售得很好，这究竟是什么原因？这是因为营销与很多因素有关，质量好仅仅只是其中的一个方面，虽然它极其重要，而在诸多的相关因素中，销售渠道的畅通是市场营销的一个关键。正如彼得·安东尼奥和凯瑟林·惠特曼所言：任何产品的成功，在某种程度上都取决于选择适宜的销售渠道。

一、销售渠道的基本结构

销售渠道的起点是生产者，终点是用户，中间环节包括各种批发商、零售商、商业服务机构(如经纪人、交易市场等)。销售渠道的基本结构如图7-1所示。

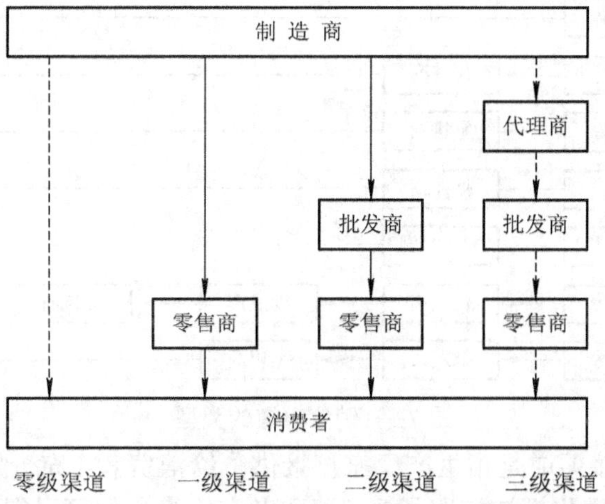

图7-1　销售渠道的基本结构

显然，销售渠道所构成的营销链有长有短。营销链愈长，顾客手中的产品价格愈高；营销链愈短，消费者手中的产品价格愈低，因为，在每个环节中，商人都必须是有利可图的。问题是消费者都希望购买物美价廉的产品，那么，具有较长营销链的销售渠道为什么还能继续存在呢？虽说存在不一定是合理的，但是存在必然有其合理性的一面。例如，对于一些低价的机电产品，消费者不愿意花许多时间去生产厂家购买，而愿意追求购物的便利性，以节省时间，因为时间就是金钱。但对于高成本、高价格的产品，若再经过较长的营销链销售，消费者就难以承受了，特别是当消费者的购买量较大、购买次数有限时，购买产品所消耗的时间价值比起因营销链增长而导致的价格增幅仍然要小得多，因此，购买此类产品，消费者一般会选择营销链较短的销售渠道，例如直销，而不经过中间商。因此，企业应满足市场需求，对不同的机电产品，选择不同的中间商和销售渠道。格力电器的销售渠道如图 7-2 所示。

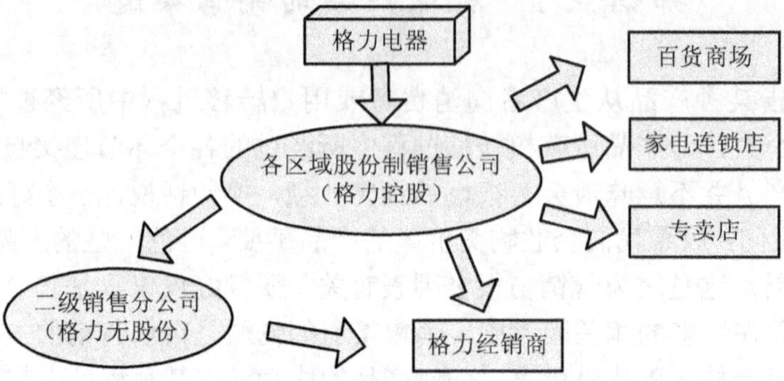

图 7-2 格力电器的销售渠道

二、销售渠道的类型及选择

1. 销售渠道的类型

销售渠道的类型如图 7-3 所示。

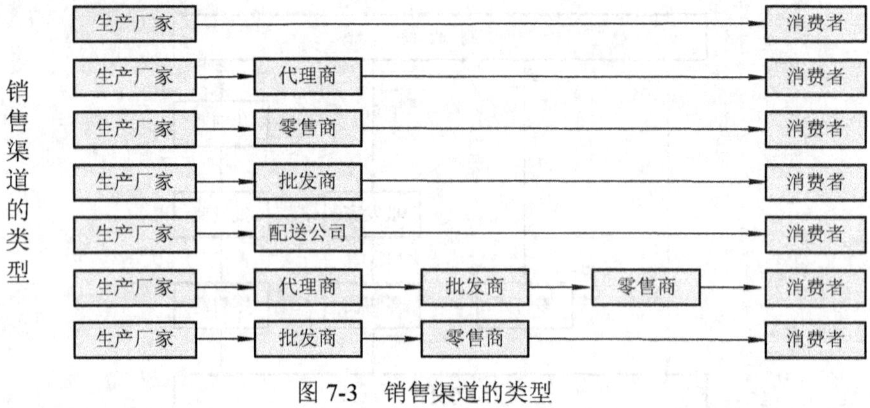

图 7-3 销售渠道的类型

(1) 直接渠道。直接渠道是指生产厂家直接供货给消费者，充分发挥商品的流通机能，而不经过中间商。这种销售渠道链路最短，消费者在价格方面可以得到最大的实惠。例如，网上直销。

(2) 生产厂家→代理商→消费者。这种消费渠道的链路比直销稍长。它是指生产厂家通过指定的代理商联系消费者来进行产品销售。

(3) 生产厂家→零售商→消费者。这种销售渠道是指生产厂家直接通过零售商将产品销售给消费者。比如，冲击钻的生产厂家经常通过零售商进行销售。美国的机电生产厂家也建立了自己的零售营销系统。

(4) 生产厂家→批发商→消费者。这种销售渠道用于生产厂家销售工业品，但并不多见，生产厂家销售工业品更多见的是采用直销方式。

(5) 生产厂家→配送公司→消费者。这种销售渠道是指生产厂家通过配送公司将产品送到消费者手中。这种方式目前流行于电子市场的购销活动中。它的主要背景是网上购物或电子商务。其一般程序是：消费者通过因特网查询生产厂家的产品目录，然后向销售公司订购产品，公司随即将订单传送到配送公司，然后由配送公司去生产厂家取货并送货上门。实际上，这类销售公司可以是虚拟企业或组织。对于机电产品营销而言，这种销售渠道的前景十分诱人。因为，机电产品的采购员大多是专业人士，购货时一般要查询产品的相关技术资料并力图“货比三家”，而一般的销售渠道难以向他们提供足够的信息，难以帮助他们做出合理的购买决定。此外，对于大型机电产品而言，为现场展示的运输也是十分困难的，而网络营销却可以通过 Internet 网以最低成本方便地展示、介绍产品，向消费者提供所有的产品信息，因此，这种渠道将伴随着 Internet 的架设和普及而成为最活跃的机电产品销售渠道。

(6) 生产厂家→代理商→批发商→零售商→消费者。这种销售渠道是指生产厂家通过自己选定的代理商将产品介绍给批发商，再通过批发商将产品转卖给零售商，最后由零售商将产品销售给消费者。显然，这是营销链路最长、最复杂的一种销售渠道。当机电产品的市场容量大、销售手续复杂、一次购买量少、单价低、产品小时，常选用这种销售渠道，例如，进口的螺钉。

(7) 生产厂家→批发商→零售商→消费者。这种销售渠道常被选择用来应付这种情况：生产厂家只是大批量销售其产品以保护销售大户的利益，如空调。而一些小零售商无力支付大批量订购货物的资金，于是只得从批发商那里进购少量的货物，再进行零售。它常用在低成本、中小型的机电产品市场营销中。

2. 销售渠道的选择

销售渠道有多种选择途径，其正确选择变得十分关键。在选择销售渠道时，通常考虑两个方面的因素：一是销售渠道的长度，二是销售渠道的密度。

销售渠道的密度是指产品在市场上覆盖的程度。根据密度的大小，可将不同销售渠道进行排列，如图 7-4 所示。

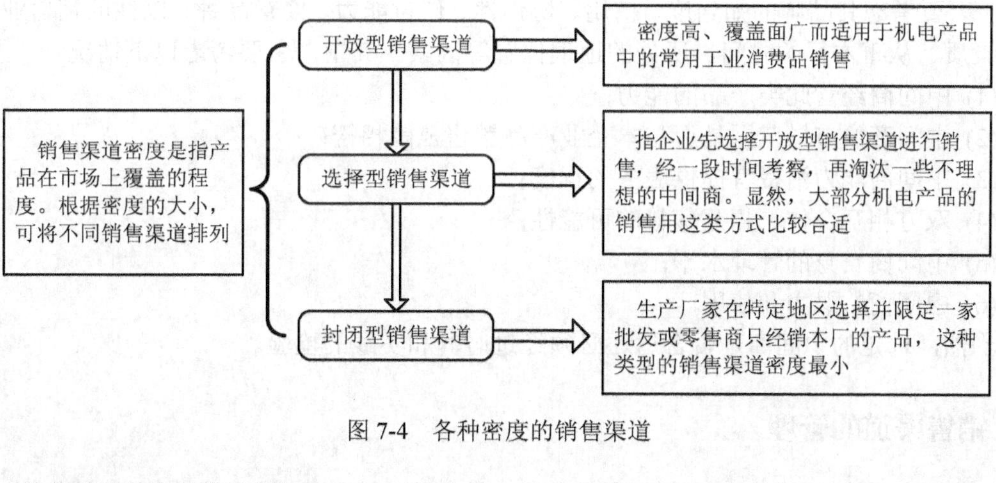

图 7-4　各种密度的销售渠道

三、中间商的作用与选择

除直销外，销售渠道均离不开中间商，即帮助销售产品的个人或组织，包括经销商和代理商。经销商通过商品的购销活动，赚取购销差价；代理商通过帮助购销双方或代表某一方进行购销磋商并达成交易，但在整个过程中只收取佣金，本身并不曾拥有产品。代理商主要有销售代理商、厂家代理商、经纪人、拍卖行等，批发商主要有承运批发商、批零兼营的批发商等；零售商主要有平价商场、百货商场、超级市场、便利商店、无店铺销售(如电子市场、电话邮购、电视直销)等。虽然任何一种中间商都将使产品的销售成本提高，但是中间商的专业技术形象、所掌握的销售网络以及在节省消费者购买时间甚至费用(如远途购买的交通费)方面，都做出了重要贡献。

在销售过程中，中间商通过与消费者之间的联系纽带，把生产厂家的最新产品、好产品、特色产品传递给潜在和显在的消费者，从而使双方受益。不难设想，如果没有中间商，当消费者需要如钉、锤、电机、机床、冲击钻这类常用机电产品，就必须到每个生产厂家去购买(如图 7-5 所示)，时间和金钱方面的耗费会非常大。若是以非直销渠道销售产品，就可以方便消费者购买并节省相关费用，产品也自然会因购买的便利而取得更好的销售业绩，许多设在加油站旁 24 小时营业的便利店就是如此设立的。

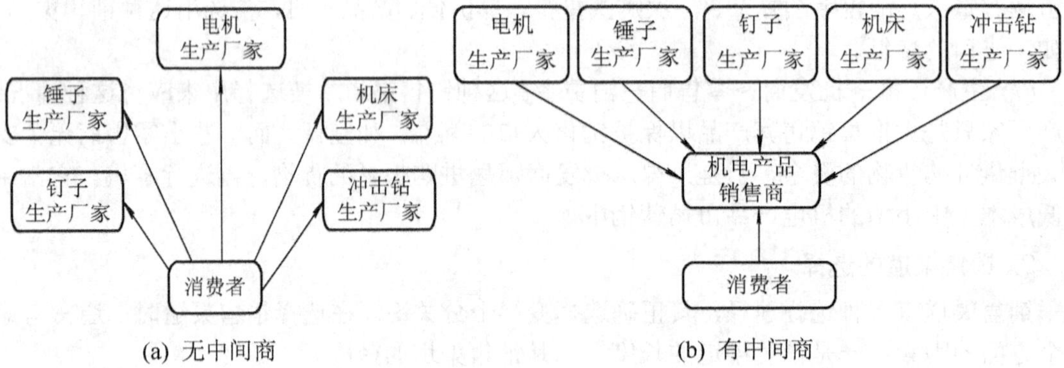

图 7-5 中间商的位置与作用

既然中间商有着如此重要的作用，如何选择中间商就变得十分关键。通常，对中间商的选择，要考虑其品牌的知名度、信用、协作性、偿付能力、经营品种、以往的销售业绩、员工素质、从事本行的时间、所处的地理位置等因素。其中，主要考虑以下情况。

(1) 中间商经营此类产品的能力；
(2) 中间商的市场范围是否与本企业产品销售范围相符；
(3) 中间商能为消费者提供服务的程度；
(4) 双方相互合作、相互信赖的可能性；
(5) 中间商自身的管理水平；
(6) 中间商的财力和信用。

当然，选定的中间商是否合适还必须经过时间和实践的检验。

四、销售渠道的管理

一旦选择了销售渠道，其管理就应列入工作范畴。销售渠道管理是对企业销售活动的计划、组织、训练、领导和控制，以达到实现企业价值的过程，也是对销售活动和从事销售活动的人员进行管理的活动。以下为监管和约束经销商的主要方法。

(1) 收集并分析经销商进货的频率与数量、出货的流向等基本情况。如在同样的市场时机和营销推广策略下，经销商的要货量与销售量突然出现大幅度增加，可能意味着经销商在低价窜货，这时销售部门、财务部门及审计部门要做大量的工作来进行调查与分析。

(2) 控制出货量，解决好库存。既要缓解经销商的库存压力，又要保障自己市场的安全和有序。另外，如果经销商方面缺货情况经常发生，表明经销商对企业的产品不够重视，经销商缺货，会使企业丧失很多的机会，因此，做好库存管理是一项重要的工作。

(3) 巡视与沟通。生产商要制定对经销商的拜访计划，指派人员依据计划定期或不定期地对经销商进行拜访，收集意见，了解情况，其中举办生产商与经销商之间的座谈会是一种有效的沟通形式。

(4) 建立健全的合同管理。合同是在经销商管理中最有约束力的法律文件，是管理的法律依据，生产商应与所有有业务往来的经销商都会签署合同。合同要内容完整，严加保管，保证合同的完整性和机密性。

(5) 辅助经销商，提高经销商的经营管理水平和销售能力。经销商管理的好坏最终要落实到业绩上，生产商要给经销商提出合理的分销目标，制订分销计划，并帮助经销商达成分销目标。

(6) 售后服务管理，经销商往往不具备维修服务能力，生产商应提供技术支持。在产品销售过程中，会出现包装破损现象，企业应给予调换。当然要根据经销商的不同情况，规定不同的退换货时间，防止经销商恶意退换货行为。

(7) 协助经销商了解竞争对手情况。一般来说，经销商缺乏专业的市场研究，生产商要结合平时的市场走访，分析竞争对手在市场上的表现，并把情况及时与经销商沟通，使经销商及时掌握市场行情，适当调整营销策略。

知识点2　机电产品促销策略

促销是指企业通过各种有效的方式向目标市场传递有关企业及其产品(品牌)的信息，以启发、推动或创造目标市场对企业产品和服务的需求，并引起消费者的购买欲望和购买行为的一系列综合性活动。因此，促销的实质是企业与目标市场之间的信息沟通，促销的目的是诱发购买行为。

机电产品促销，有学者归纳了以下九项策略。

(1) 供其所需，即千方百计地满足消费者的需要，做到“雪中送炭”“雨中送伞”，这是最根本的促销策略；

(2) 激其所欲，即激发消费者的潜在需要，以打开商品的销路；

(3) 投其所好，即了解并针对消费者的兴趣和爱好组织生产与销售活动；

(4) 适其所向，即努力适应消费市场的消费动向；

(5) 补其所缺，即瞄准市场商品脱销的“空挡”，积极组织销售活动；

(6) 释其所疑，即采取有效措施排除消费者对新商品的怀疑心理，努力树立商品信誉；

(7) 解其所难，即大商场采取导购措施以方便顾客；

(8) 出其不意，即以出其不意的宣传策略推销商品，以收到惊人的效果；

(9) 振其所欲，即利用消费者在生活中不断产生的消费欲望来促进销售。

以上策略的使用基础在于商品本身的质量。机电产品促销策略的实施最忌蒙骗手法。

促销是企业市场营销组合中的基本策略之一，机电产品促销组合因素如图 7-6 所示。促销常见的方式有人员促销和非人员促销两大类，其中，非人员促销包括广告、公共关系和销售推广等方式。这两种推销方式各有利弊，起着相互补充的作用。此外，目录、通告、赠品、店标、陈列、示范、展销等也都属于促销策略范围。

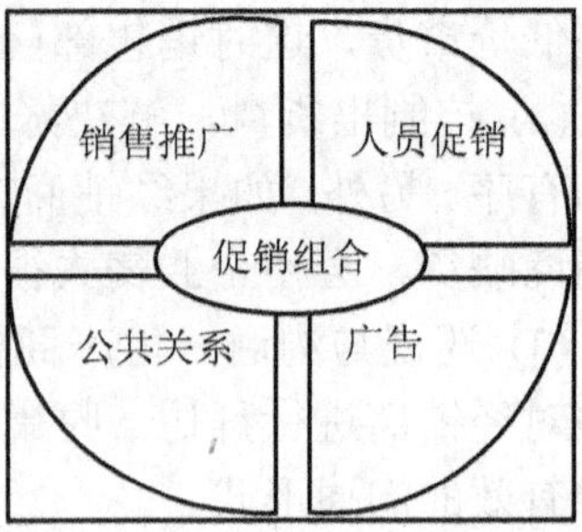

图 7-6　机电产品促销组合因素

一、促销的作用

促销在企业经营中的重要性日益显现，具体来讲有以下几方面。

1. 提供信息，疏通渠道

产品在进入市场前后，企业要通过有效的方式向消费者和中间商及时提供有关产品的信息，以引起他们的注意，激发他们的购买欲望，促使其购买。同时，要及时了解中间商和消费者对产品的意见，迅速解决中间商销售中遇到的问题，从而密切生产者、中间商和消费者之间的关系，畅通销售渠道，加强产品流通。

2. 诱导消费，扩大销售

企业针对消费者和中间商的购买心理来从事促销活动，不但可以诱导需求，使无需求变成有需求，而且可以创造新的欲望和需求。当某种产品的销量下降时，还可以通过适当的促销活动，促使需求得到某种程度的恢复，延长产品的生命周期。

3. 突出特点，强化优势

随着市场经济的迅速发展，市场上同类产品之间的竞争日益激烈。消费者对于不同企业所提供的许多同类产品，在产品的实质和形式上难以觉察和区分。在这种情况下，要使消费者在众多的同类产品中将本企业的产品区别出来，就要通过促销活动，宣传和介绍本企业产品的特点，以及能给消费者带来的特殊利益，增强消费者对本企业产品的印象和好感，从而促进购买。

4. 提高声誉，稳定市场

在激烈的市场竞争中，企业的形象和声誉是影响其产品销售稳定性的重要因素。通过促销活动，企业足以塑造自身的市场形象，提高在消费者中的声誉，使消费者对本企业产生好感，形成偏好，达到实现稳定销售的目的。

二、销售推广、公共关系

1. 销售推广

销售推广是促销策略的要素之一，它包括除公共关系、人员推销和广告之外的所有其他促销方式。这类促销活动多用作临时或短期措施，其目的是追求立竿见影的效果，强烈刺激消费以提高销售量。

目前，常用的销售推广方式主要有如下几种。

(1) 抽奖。

(2) 折价优惠，如参展最后一天的优惠价销售。

(3) 购物附送赠品或赠券。

(4) 赠送样品。此法仅适用于小件、小型机电产品。

(5) 配套或套装优惠。

(6) 销售竞争。

(7) 样品试用。

(8) 产品展示、交易会。例如，2017 年 10 月在深圳举行的我国首次高新技术产品交易会上，高科技含量的机电产品成交额达 135.5 亿美元。

(9) 现场演示会。

(10) 销售回扣。

(11) 以旧折扣换新。

(12) 免费提供咨询和培训。

上述方式也可组合使用。

2. 公共关系

所谓公共关系，是指企业或团体利用双向沟通的方式赢得外界的信任和支持，力图使企业同周边环境建立友好关系，树立良好的企业形象。它与广告宣传最大的差别在于：公共关系虽然是销售企业形象，但这种销售是通过制造新闻事件而非广告来达成的，因此，公共关系活动的开展不需向宣传机构支付广告费，而广告费用通常是巨大的。这种方式的推销没有快速的广告效应，而只是间接影响销量，但它却给消费者客观、公正的感觉，更容易使消费者信服。一个企业生存于一定的环境之中，与周边环境发生、存在着许多错综复杂的关系。诸如与供应商和中间商的关系等。在千丝万缕的关系中，只要有一个环节出了问题，都会给企业带来难以预料的后果。反之，若企业理顺并建立了良好的公共关系，就会得到各方援助，建立良好的企业形象，从而带旺整个机电产品销售市场。因此，积极开展公共关系活动是非常重要的。从某种角度上说，关系是一种企业资源，它可以转化为企业的另一种强大生产力。

目前，常用的公共关系方法有：制造新闻事件；慈善捐款，关注公益事业；召开专题学术研讨会；专题演讲；召开记者招待会；利用名人效应；专家评述；赞助体育事业、大型文艺晚会；与有关团体合作；其他软性广告。

值得一提的是，无论运用哪种公共关系方法，都不能哗众取宠，要适可而止。一些企业请专家评述产品、企业运作，以软性广告的形式为产品、企业作宣传，虽不太引人注目，但使人信服，费用也低。因此，用软性广告的方式为产品促销，愈来愈受到营销业的重视。

3. 企业形象识别(Corporate Identity，CI)

企业形象识别是企业大规模化经营而引发的企业对内对外管理行为的体现。当今国际市场竞争愈来愈激烈，企业之间的竞争不是产品、质量、技术等方面的竞争，已发展为多元化的整体的竞争。企业欲求生存必须从管理、观念、现象等方面进行调整和更新，制定出长远的发展规划和战略，以适应市场环境的变化。现在的市场竞争，首先是形象的竞争，推行企业形象设计，实施企业形象的竞争，推行企业形象设计，实施企业形象战略。为统一和提升企业的形象力，使企业形象表现出符合社会价值观要求的一面，企业就必须进行其形象管理和形象设计。

三、广告

广告是指企业或组织为了推销产品、服务或思想，通过一些大众媒体向消费者提供产品信息。广告策略则是为获得广告的最佳效果而制定的策略，包括广告的表现形式和广告媒体的选择。传统的营销认为“酒香不怕巷子深”，好的产品即使不做特别宣传，消费者也会寻香而来。而实际上，由于市场竞争的日趋激烈，使得产品的同质性愈来愈高，差别化程度愈来愈小，企业若不借助大量的广告树立产品形象，则消费者很难发现、了解产品，更难对产品一见钟情。只有通过大量广告，并借助其他促销方法吸引消费者对产品的关注，引起消费者兴趣，激发消费者的购买欲望，给消费者留下深刻的印象，才能最终使消费者采取行动。

广告策划包括广告的载体、对象、内容、表现形式、时间、地点的选择及其组合。通常，产品的市场定位是确定广告对象的主要依据，具体的广告内容、表现形式、广告时间和地点取决于广告对象，而广告媒体的选择又依赖于广告对象和广告内容。

广告的主要媒体包括传统的四大传媒(报纸、杂志、广播和电视)以及户外媒体、因特网、直邮等。广告媒体的种类及特点如表 7-1 所示。

表 7-1　广告媒体的种类及特点

种类	优　点	缺　点
报纸	弹性大，及时，对当地市场的覆盖率最高，易被接受和信任	印刷质量一般，广告寿命短，传阅者少
杂志	印刷质量精美，可选择适当地区和对象，传阅者多，时效长	广告作业前置时间长，出版周期长，无法快速回应市场变化
电视	视、听、动作紧密结合，富有感染力，引人注意，触及面广	成本高，干扰多，展露瞬间即逝，观众选择性低
广播	可选择地区和对象，成本低，能快速回应市场变化	仅有声音效果，广告寿命短
户外广告	比较灵活，展露重复性强，成本低	受地区限制，不能限制对象，创造力有局限性
直邮	沟通对象准确，有灵活性，无同一媒体的广告竞争	成本比较高，容易造成滥寄现象
因特网	个人化服务，有互动机会，成本低	语言范围较窄，仅限于上网人员

目前，大部分企业对广告的监控，主要表现为对广告的计时而忽略或缺乏质的监控，从而造成广告投入的失控，对企业盈利构成了极大的威胁。因此，利用现代化的信息技术，应用现代营销理论，实现广告功能成本比值最大的目标，已迫在眉睫。

构建广告投资管理体系可根据价值工程理论，并按以下步骤进行。

(1) 建立合理、标准的广告传播效果评判模型。

(2) 对广告传播效果进行功能评定(以权重表示)，计算功能评价系数。

(3) 对广告传播进行分类测定，计算广告传播的成本系数。

(4) 用功能成本法或功能系数法，计算广告传播的价值系数。

(5) 在此基础上，对广告传播的各类方案进行比较、分析、筛选或改进。

广告传播效果评判模型(如图 7-7 所示)的功能主要是描述现实世界中，广告传播的本质属性及其相互之间的关系。

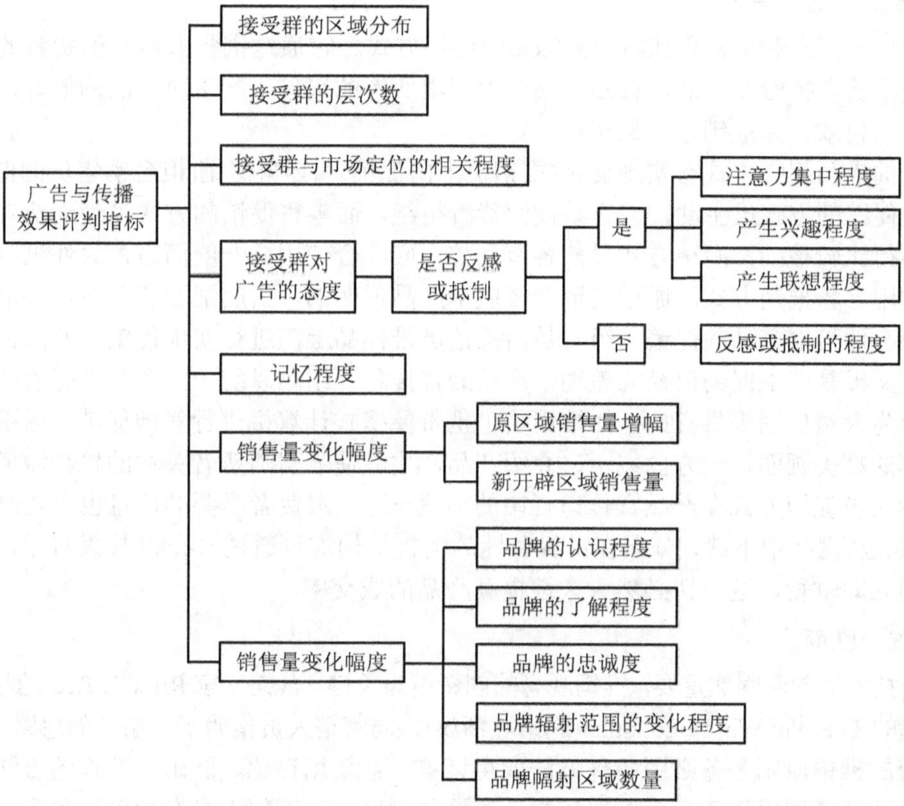

图 7-7　广告传播效果评判模型

要充分发挥广告的作用，除了对广告外部如广告媒体等的优化外，还必须优化广告的内在，也即广告的表现形式、广告的创意。广告主要是针对消费者，吸引、激发他们的关注和兴趣，而研究表明，在任何消费者的感官所接受的外界信息中，有 83%来自视觉、1%来自味觉(或口感)，占吸纳信息的 84%，因此，广告的视觉效果要准确匹配消费者的视觉倾向。此外，若选用广告“明星”来做广告，则对“明星”选择得当将会使广告号召力倍增。一般规则是，用专家做专业广告，用明星做大众广告(但也有例外)。例如，人们通常认为，用大明星为工业用机电产品做广告，感觉可能不伦不类，但若选用同行专家进行评述，则对消费者有较强的说服力，促销效果会更明显。此外，昂贵的广告媒体不一定比便宜的广告媒体效果好，关键在于营销人员如何去创意。

一幅色彩绚丽、形象生动的广告作品，能以其非同凡响的美感力量增强广告的感染力，使消费者沉浸在商品和服务形象给予的愉悦中，使其自觉接受广告的引导。

四、人员促销

人员促销是指企业派出推销人员直接与顾客接触，洽谈、宣传商品，以达到促进销售目的的活动过程。它是一种古老的、普遍的但又是最基本的销售方式。它既是一种渠道方式，也是一种促销方式。

1. 传统的促销理论

人员促销是一种面对面(face to face)的促销方式。它通过销售人员与消费者的直接接触，促使消费者接触新产品、认知产品，引起消费者的兴趣，产生对产品的偏好，然后经讨价还价、付款，完成销售—购买行动。

常用的人员促销方式有实地促销(推销员上门促销)和零售促销(柜台销售员的促销)。其中，实地促销的方式虽主动，但容易被消费者拒绝，而零售促销的方式虽使消费者盛情难却，但显得比较被动，两种方式显然各有利弊，应综合使用。一般而言，大件机电产品的推销，常用零售推销方式，通过向消费者展示产品说明书，引起消费者关注，并最终达成交易；而小件机电产品的促销，经常是由推销员带样品上门进行实地促销。若两种方式综合使用，又极易产生促销口径的差别，产品的宣传和介绍难以统一，企业唯有借助信息技术的平台为人员促销提供支持，如推销员可携带便携式计算机进行实地促销，运用多媒体技术创作的精美画面，全方位展示、介绍产品，才能使吸引消费者关注的机会激增，才能保持两种人员促销方式在产品宣传口径中的高度一致，消费者需要的信息也可随时从计算机中调取、从网络中下载，分布在世界各地的销售机构均可通过 E-mail 接发订单，并通知相关部门立即供货，这一切必然大大地提高产品的成交率。

2. 胜—胜商议

推销技术的创新固然重要，推销观念的创新更为关键。营销专家 Ross R. Reck 罗斯•雷克博士提出的 The Win Win Negotiation(胜—胜商议)，向营销人员指明了一条新的思路。

传统的推销原则是务必用各种方法取得订单，甚至用迷惑、胁迫、欺诈的方法。传统的推销员绩效考评也以订单为主要依据。在这种制度下，销售人员必然以订单为目标，视每个订单的获取为独立事件，其结果是每开辟一个“战场”只能做成一个交易，为取得第二笔交易就必须去开辟第二个“战场”，因为没有消费者希望被再次诱导、胁迫。这样一来，促销工作的难度和效率便可想而知。1985 年，罗斯•雷克将销售观念进行了创新。他提出的胜—胜商议(即胜—胜销售原则)认为：订单的签订只是交易的开始，是与消费者合作的开始，契约完成才是交易的结束。在这种观念下，销售人员变得更加关注产品售后服务以及消费者的满意度，从而提高了促销服务的质量，最终是销售人员获得了双重的回报：一是老顾客的重复购买，二是老顾客自告奋勇介绍新顾客。至此，老顾客已转化为一股新的销售力量。

胜—胜商议销售原则的主要内容依次为：

(1) 计划(plan)，即策划如何能满足顾客的需求；

(2) 关系(relation)，建立与顾客的友好关系；

(3) 契约(agreement)，即满足顾客所需，换取自身所需的契约；

(4) 持续(maintenance)，即保持关系、契约的延续性和重复性。

雷克认为，靠个人力量推销产品终是有限的。的确，若将所有顾客变成销售团队的队员，则促销员将轻轻松松提升销售业绩。因为，顾客需求是客观存在的，而向朋友推荐好的产品与服务也是友情的自然表现形式，只是促销员受益了，其原因是他们首先帮助顾客使其购买行为得到了优化。

3. 机电产品的人员推销

人员推销是机电产品推销的一种主要形式，它要求推销人员有良好的身体、心理素质，丰富的业务知识，深入扎实的专业知识和较强的销售能力。由于机电产品多属于生产资料产品，技术含量高，因此，推销时必须运用丰富的产品知识、敏锐的观察力以及理解力、创造力、想象力、判断力、沟通能力和交际能力，对用户进行开拓和选择，组织销售队伍开展销售活动。在开拓用户时要以关系为铺垫，充分收集用户的相关资料，如用户的生产特点、资金周转情况、设备计划等，同时也要向用户提供产品资料(如提供产品样本等)，促进双向沟通以达成共识。在选择用户时，要考虑对方的支付能力、需求量、在同行中的声誉和内部运行现状，即充分考虑双方合作的可能性、长期性。为方便推销工作的开展，可根据产品的特点，选择区域结构、用户结构或产品结构的组织形式，集中力量进行推销，力求达到最佳的推销效果。

知识点3　市场竞争中的营销策略

优势不同、地位不同、实力不同，企业选择的营销策略自然不会相同。商场如战场，规则都一样。在市场竞争中，能分出胜负，垄断市场最好；但若势均力敌，两虎相争，必然两败俱伤，不如先和平共处一段时间再伺机反扑论胜负；若是新生弱小，势单力薄，则只能在夹缝中求生存或投奔于强者的麾下做一个跟随者，赢得时间，逐步壮大。

企业在特定市场的竞争地位，大致可分为市场领先者、市场挑战者、市场追随者和市场补缺者四类。

1. 市场领先者策略

作为市场领先者，企业在产品、服务、切入市场的时间等方面均有优势，因此，可以高价甚至垄断价格追求巨额利润，同时，不断积累品牌资产、建立并巩固品牌地位，使名牌产品深化、巩固。领先者地位的保持比建立这一地位更难，作为领先者，企业必须依靠持续的技术创新活动，不断向市场投放新产品，满足消费者日益变化、增长的需求，同时，要在企业外部，灵活采用阵地防御、侧翼防御、以攻为守、诱其深入的策略迎击“来犯者”。

2. 市场挑战者策略

处于市场挑战者位置的一般是同类产品中的第二、第三品牌，仅为少数企业之下，数百企业之上，自然难以臣服，总想拼取桂冠。市场挑战者策略采取的方式，一是壮大自身力量，寻找机会与领先者一争雌雄；二是避实就虚，准备以少胜多。后者，常把企业定位在领先者左右，尽量缩小与领先者的距离，力图出其不意、攻其不备、出奇制胜。例如，广告出奇意、低价竞争等。先向低位者发起进攻，通过挤垮、兼并低位次者来壮大自己的实力，然后与领先者抗衡。例如，海尔集团并购通用电气家电业务的交易在2016年6月7

日正式完成，最终交易金额约为55.8亿美元，这是当时中国家电业最大的一笔海外并购案。此次并购有助于海尔集团打开美国市场，实现全球的家电市场格局，推进海尔品牌走向转型之路，对于提高海尔品牌的知名度以及加快实现全球化的进程具有积极意义。

3. 市场追随者策略

市场领先者与市场挑战者的角逐，往往是两败俱伤，从而使其他竞争者通常要三思而行，不敢贸然向市场领先者直接发起攻击，而是更多地选择市场追随者的竞争策略，相应的策略有仿效跟随、差距跟随、选择跟随等。

大企业虽实力雄厚，但资源毕竟有限，不可能全方位地占领市场，他们的空隙常常是市场追随者的目标市场。显然，运用这种策略时，必须低调以掩人耳目，避免引来火力攻击。而运用市场追随者策略，则是模仿大企业基调，当大企业的追随者，从而赢得时间喘息，然后成长壮大。

4. 市场补缺者的竞争策略

几乎所有的行业都有大量中小企业，这些中小企业盯住大企业忽略的市场空缺，通过专业化营销，集中自己的资源优势来满足这部分市场的需要。他们的策略有市场专门化、顾客专门化、产品专门化等。

知识点4 机电产品市场营销的科学管理

对市场营销进行科学管理是十分必要的。市场营销管理的主要内容包括市场营销计划、组织与控制。其中，市场营销组织涉及市场营销人员的配置和考核，市场营销控制包括成本控制、营销组合控制、利润控制、产品控制等，内容繁多，涉及面十分广泛。

一、市场营销计划

市场营销计划是指对实现一定营销目标的行动方案进行系统、详细的描述。产品市场营销计划一般由八个部分的内容组成(见表7-2)。

表7-2 市场营销计划的内容组成

计划步骤	目　的
1. 计划概要	对整个计划或主要内容的摘要或综述
2. 目前的营销状况	提供有关市场、产品、竞争、分销以及环境的相关资料
3. 机会与问题分析	确定主要的机会、威胁、优势、劣势和产品面临的问题
4. 目标	确定销售量、市场份额和利润等要完成的目标
5. 市场营销战略	提供实现计划目标的主要营销手段
6. 行动方案	要做什么？谁去做？什么时候做
7. 预测损益表	费用是多少？预测期望的财务收支
8. 控制	如何监测计划的执行

做任何事情都必须计划先行。缺乏计划会走许多弯路，从而使实现目标的过程失去效

率，更谈不上控制。一些企业对计划产生误解，认为制订计划是在浪费时间，或者以为计划可以消除变化。但事实是制订计划将迫使企业营销管理人员认真思考干什么、怎么干、谁干以及什么时候、以什么方式、在什么地点干的问题，这个过程本身就极具价值。实践证明，凡是认真进行营销计划工作的机电企业都有明确的、具体的营销目标，都会将偏离营销目标的损失控制在最低的限度。虽然计划周密，也无法控制外部环境、内部环境的变化和变化导致的计划更改、行动调整。计划只是提供营销人员总体上稳定的行动方针，以及及时预测变化、迅速寻求对策的基础。每个企业、营销人员必须端正对营销计划的认识。

编制市场营销计划的程序如图 7-8 所示。

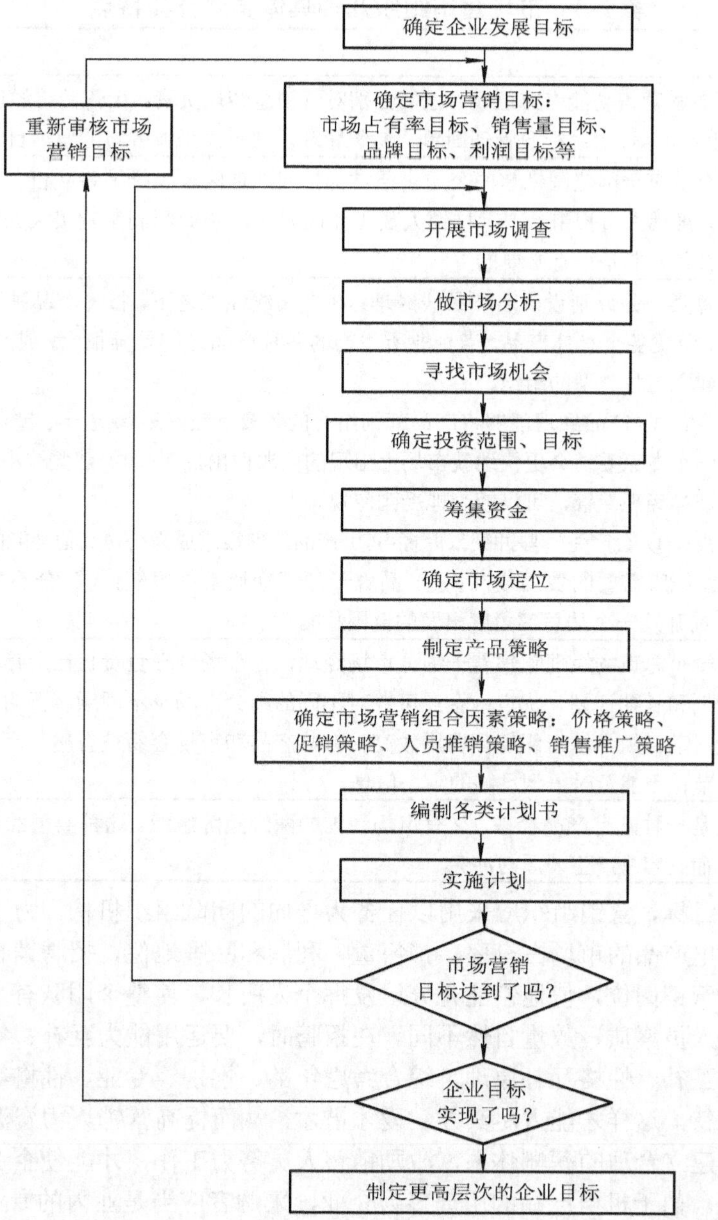

图 7-8　编制市场营销计划的程序

二、市场营销组织

市场营销组织是企业为了实现经营目标，发挥市场营销职能，由从事市场营销活动的各个部门及其人员所构成的一个有机体系。在现代市场经济条件下，企业从事市场营销活动、实施市场营销战略和策略，都离不开有效的市场营销组织。健全、有效的营销组织是实现企业营销目标的可靠保证。

市场营销组织必须与营销活动的四个方面即职能、地域、产品和市场相适应，市场营销组织几种具体类型及其特点如表 7-3 所示。

表 7-3　市场营销组织几种具体类型及其特点

组织名称	特　　点
职能型	由各种营销功能专家组成，他们分别对营销总经理负责，由营销总经理负责协调各项营销活动。优点：行政管理简单，易于管理。缺点：强调各自的发展目标
地区型	一个从事全国范围销售的公司，通常都按照地理区域安排销售队伍。在销售任务比较复杂，推销人员报酬很高，推销人员工作的好坏对企业利润影响极大的情况下，这种分层的具体控制是很有必要的
产品式	按每类产品分别设一名产品线经理；在产品线经理之下，按每个品种分别设一名产品经理，负责各个具体产品。当企业所生产的各种产品之间差异很大，或产品品种太多时，适合建立这种类型的组织。 优点：① 产品经理能够将产品营销组合的各要素较好地协调一致起来；② 产品经理能比一个专家委员会更快地就市场上出现的问题做出反应；③ 那些较小品牌的产品，由于有产品经理专管，可以较少地受到忽视。 缺点：① 会产生一些冲突或摩擦；② 产品经理很难成为公司其他功能的专家；③ 产品管理组织所需要的费用较高；④ 品牌经理任期通常都很短；⑤ 分裂的市场使品牌经理很难开发一个从总部角度出发的全国战略
市场管理型	由一个总市场经理管辖若干细分市场经理，各市场经理负责自己所管辖市场发展的年度计划和长期计划。优点：企业可针对不同的细分市场及不同顾客群的需要，开展各种营销活动。缺点：组织管理费用较高；有些产品和市场容易被忽略，而造成计划与实际的脱节；不能及时得到足够的市场信息
产品—市场管理型	这是一种既有产品经理，又有市场经理的两维矩阵组织。这种类型的组织管理费用太高，而且容易产生矛盾与冲突

为实现营销目标，营销组织应采用以任务为导向的团队组织机构。为了建立和提高销售业绩，提高机电产品的市场占有率、销售量、利润和品牌地位，招聘销售人员，并把他们安排在不同的营销岗位，使他们能充分地发挥个人所长，使整个团队有最佳的表现。目标不同，招聘的人员素质、数量自然不同。在招聘时，要运用能力互补、年龄互补、知识结构互补、性别互补、性格互补原理，综合考虑年龄、性别、专业、性格等有关因素，把人力当作资源对待，这样才能人尽其才、爱才惜才，从而提高营销人力资源的配置率和利用率。同时，要建立合理的薪酬体系，激励销售人员努力工作，才能使企业以最小的投入获得最大的回报。由于机电产品的用户多为企业，采购者应当是业内的专业人士，因此，招聘销售员时一定要考虑其专业，以及专长是否能适应机电产品营销的需要。

三、市场营销控制

计划是控制的基础，建立市场营销控制系统就是将实施营销计划的结果与营销目标相比较，若有偏差则修正方案，直至目标实现。其控制的内容包括利润的统计与核算、销售状况分析、市场占有率分析、流通费用分析、策略分析、市场竞争状况分析及对策等。定期检查与评价工作由市场营销稽核来完成。

市场营销控制的四种类型见表 7-4。

表 7-4　市场营销控制的四种类型

控制类型	主要负责人	控制目的	方　法
年度计划控制	高层管理当局，中层管理当局	检查计划目标是否实现	销售分析，市场份额分析，费用与销售额比率，财务分析，市场基础的评分卡分析
盈利能力控制	营销主计人员	检查公司在哪些地方赚钱，哪些地方亏损	盈利情况：产品，地区，顾客群，细分片，销售渠道，订单大小
效率控制	直线职能管理当局，营销主计人员	评价和提高经费开支效率以及营销开支的效果	效率：销售队伍，广告，促销和分销
战略控制	高层管理当局，营销审计人员	检查公司在市场、产品和渠道等方面是否正在寻求最佳机会	营销效益等级评核，营销审计，营销杰出表现，公司道德与社会责任评价

四、建立机电产品市场营销管理信息系统

机电产品市场营销信息系统(Marketing Information System)由人员、设备和信息处理过程组成。信息处理过程包括信息的收集、分类、分析、评价和传送几个部分。营销信息系统的起点和终点均为市场营销的管理人员，首先是评估信息，其次是从公司记录、营销情报部门或市场研究中获得信息，然后通过信息分析使信息更加有用。最后，营销信息系统通过适当的形式，并在适当的时间，将整理好的数据传给管理者，供他们决策时使用。

根据服务对象的不同，企业主要有六种不同层次的营销信息系统，如图 7-9 所示。

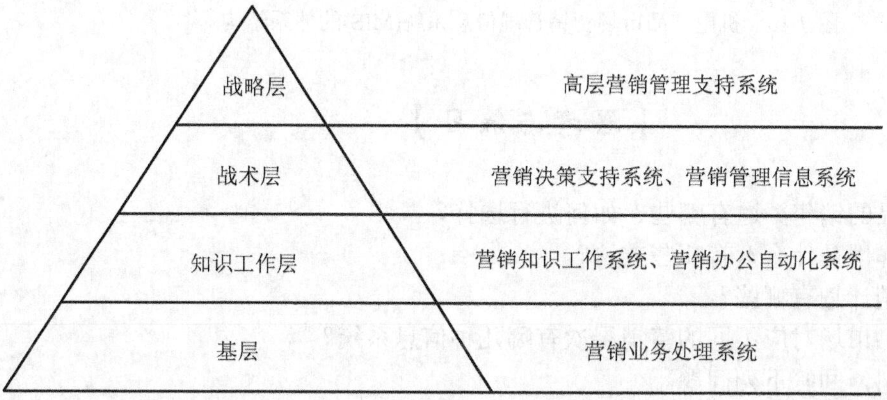

图 7-9　对应不同层次的六种营销信息系统

高层营销管理支持系统一般用于5年或5年以上的营销规划和预测；营销决策支持系统可用于中期(1～3年)销售分析，以支持相关决策；营销管理信息系统主要服务于中期销售管理；营销知识工作系统用于新产品开发和设计；营销办公自动化系统用于与营销相关的订单等文档的收发与管理；营销业务处理系统用于基层订购处理。

机电产品市场营销管理信息系统(MIS)的体系结构对感受内外部环境的变化十分重要，其体系结构如图7-10所示。其中，不良用户库是指在计算机网络上或行业内有不良记录的用户名单，这些用户最好排除在企业客户之外，即也要选择客户。虽然要尽力招揽顾客，但一些客户从根本上缺乏诚意，不讲信誉，缺乏合作精神，不懂互惠互利原则，与这些客户合作将是极其困难的，甚至可能会后患无穷。因此，完善客户服务(也称为顾客服务)越来越重要。

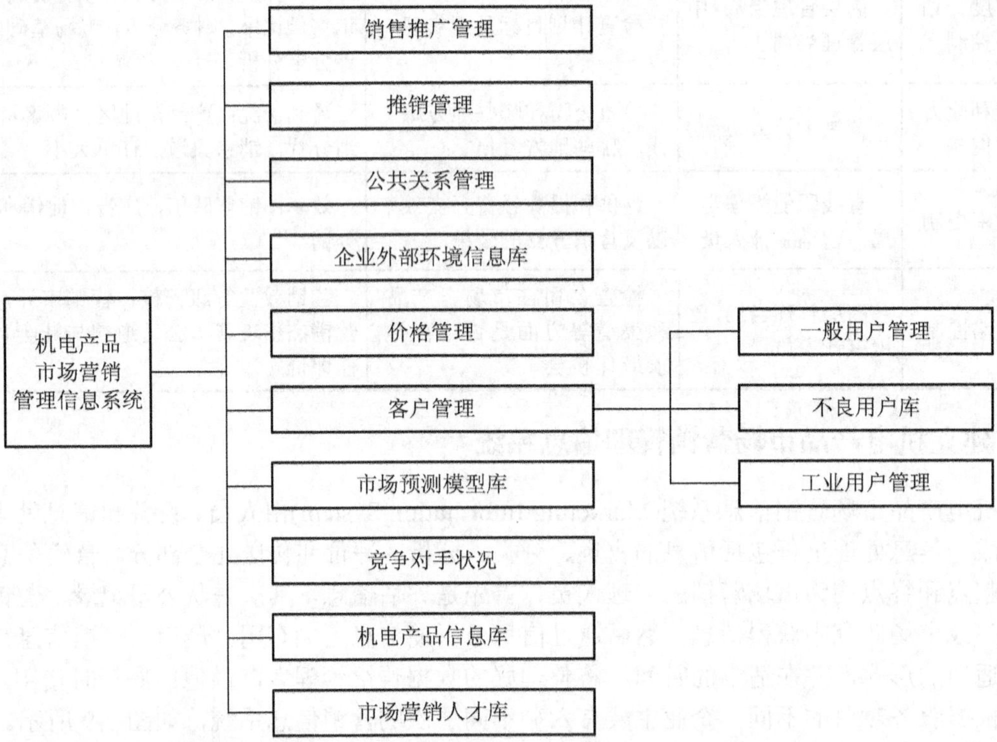

图7-10　机电产品市场营销管理信息系统(MIS)的体系结构

【思考与练习】

1. 机电产品的销售渠道有哪些？如何进行选择？
2. 促销的作用是什么？有哪些方法？
3. 市场营销计划有哪些？
4. 机电产品市场对应不同的营销层次有哪几种信息系统？
5. 阅读资料，回答下列问题。

(1) 西屋电器公司为什么采取免费赠送产品策略？

(2) 你认为免费赠送产品的方法有哪些？试列举。

(3) 结合本案例谈谈免费赠送对企业产品被消费者接受的作用。

材料：免费赠送是一种促销方法，就其实质而言这是一种销售促进策略，美国企业巨人西屋电器公司也曾从这种方法中获益。西屋电器公司曾经开发了一种保护眼睛的白色灯泡，为了打开销路，采取了免费赠送策略，两周后再派人到使用的用户家中收集使用意见。在反馈意见中，有 86% 的主妇认为，这种灯泡比别的灯泡使用时眼睛感觉更舒服；78% 的主妇认为，这种灯泡光线柔和。于是，西屋电器公司以此作为实验性广告资料，将用户的评论意见公之于众，立即引起了消费者注意，因此西屋电器公司的白色灯泡即刻成为了畅销品。

6. 下列物品在开展人员推销时侧重点有什么不同呢？洗衣机等家电；人寿保险；教育培训；食品等日常生活用品。

7. 某商场家电营业柜台决定在五一期间促销。

(1) 营业推广活动为什么要限制在一定期限内？这会影响促销效果吗？

(2) 商家是逢节必搞促销，如何避免消费者在铺天盖地的促销活动中产生审美疲劳？

8. 阅读材料，谈谈你对营销策略的看法。

在当下，一个成功而又具有时代代表性的成功营销案例非“苹果”莫属，iPhone、iPad 就像明星一样被苹果粉丝追逐，成为营销界的一个传奇，为什么“苹果迷”会有这样的冲动心理和行为呢？

(1) 未营销先造势。苹果手机新机型每次上市之前，总是造势很大，有种“千呼万唤始出来”的感觉。这种强大的气场影响着每个人，可以不买它，但必须关注它。

(2) 饥饿式营销，即对市场需求进行控制。苹果公司明白“物以稀为贵”的道理，绝不会在某型号手机生产线进行大批量的生产。苹果公司有意调低产量，以期调控供求关系，制造出苹果手机供不应求的假象，从而达到维持商品较高售价和利润率的目的。

(3) 打造苹果文化，培养疯狂的苹果粉丝。

(4) 口碑营销，让手机通信工具变成时代玩具。苹果手机绝不仅仅是一个手机，而是影响一个时代的高科技电子产品。

(5) 人性营销的极致，把握顾客的需求。乔布斯明白，人性的贪婪是无止境的，人对于荣耀的追求也在升级。苹果手机的更新换代正是迎合了大多数人的欲望——这是对荣耀和身份的显示，以及对于新时代产品的占有欲。

项目八　机电产品国际市场营销

【项目导航】

国际市场营销(International Marketing)简称国际营销，是指超越国界的市场营销活动，是国内市场营销活动在国外市场上的延伸。国际市场营销与国内市场营销在其观念、手段及市场营销活动过程等方面是类似的，但由于国际营销跨越了国界，涉及外国市场的复杂环境，面临的竞争对手更多，因而国际营销与国内营销相比，难度更大，要求也更高。

通过本项目的学习，帮助学生掌握现代国际市场营销的基本原理，培养国际市场营销的实战才干，具备进行国际市场营销的策划能力及制定经营策略、选择市场定位的能力，提高分析和处理国际市场问题的综合能力及实战能力，掌握相关的营销能力，为日后实际工作打下良好的基础。

【案例导入】

案例8-1　华为手机案例分析

1. 产品

华为在产品研发上的投入是巨大的，占其销售收入的10%以上，2016年全球企业研发投入排行榜中，华为以608亿元的产品研发投入位于世界第八、中国第一。华为不断更新产品功能，顺应时代发展趋势，华为手机的超强拍照体验、指纹识别、支持办公打印、电池续航等功能，满足了消费者多样的需求。

2. 渠道

一方面，华为通过在国外成立合资企业，来减少贸易保护的阻力。另一方面，华为通过在目标国寻找代理商，并通过代理商与自建营销网络合作，来拓宽销售渠道。企业不仅要在合作中激励渠道成员，也要及时对渠道成员进行评估，从而筛选出优质的合作伙伴，保持针对性的、长期的稳定合作关系，华为用自己的行动获得了合作伙伴的信任，以更加开放的姿态，吸引各个领域合作伙伴的加盟。

华为公司在除南美外的发展中国家采取自建营销网络的方式，也与运营商直接商讨，在一些发达国家采取寻找合作伙伴，借用合作伙伴的营销网络来渗透自己的产品，从而提高营销效率，节省成本，提高利润，快速占领市场。因地制宜的渠道策略成为华为国际营销的一大亮点。

3. 促销

华为几乎使用过各种形式的促销工具，比如，华为通过在国际市场支付广告费用的形式向国外消费者传播商品和服务。

在国际推销方面，华为直接雇佣国外推销人员或派出推销员，向国外最终用户和国外中间商宣传本公司产品。

4. 文化及政治

国际竞争日益激烈，企业所面临的政治障碍以及文化风险越来越严重，要想在国际市场上立足，就必须要对目标国的国内环境进行充分的了解与分析，才能成功迈入国际市场，拥有一席之地。华为通过在目标国成立合资企业，邀请被投资国政要加入公司董事会，从而减少贸易保护的阻力，或是邀请目标国知名明星代言，提高企业以及品牌在目标国的知名度，从而开拓市场，扩大产品的销量。

5. 品牌

华为实施公司品牌策略和手机多品牌策略，其手机拥有荣耀、Mate 以及 P 系列等子品牌。华为针对不同的目标市场选用了不同的手机品牌，满足了不同目标市场的利益，不同的品牌有各自的特点，以此来满足消费者的多样化需求，增加企业利润。华为公司采用公司品牌策略，从而增加了公司的品牌资产价值，强化了企业的形象，增强了消费者的购买信心。

案例启示：企业想要迈入国际市场，可以借鉴华为的国际营销策略，从而扩大企业经营范围，增强企业竞争力。我国企业要全面、深入研究国际营销环境，对于目标国的政治、经济、人口、法律等环境进行重点分析。企业应发挥自身低成本优势，加大产品研发创新力度，在制定一系列营销策略时，要考虑到目标国的文化以及风俗习惯，形成企业品牌效应。

知识点 1　国际市场营销环境

国际市场营销(International Marketing)是指商品和劳务流入一个以上国家的消费者或用户手中的过程。换言之，国际市场营销是一种跨国界的社会和管理过程，是企业通过计划、定价促销和引导、创造产品和价值并在国际市场上进行交换，以满足多国消费者的需要和获取利润的活动。

随着经济全球化的发展，各国企业经营活动日益同国际市场发生紧密的联系。中国的产品和服务已在国际市场上占有重要的地位，数以千计的企业在海外办起了公司、工厂、办事处，从事着加工、贸易、金融、劳务等活动。特别是在国家深化外贸体制改革，实行外贸企业自主经营、自负盈亏，外贸出口实行代理制，并让一部分符合条件的生产、科研企业享有外贸自主权后，企业外向型活动大大加强。随着全球经济一体化趋势的日益增强，择优采购的全球采购模式的进一步普及，为企业的产品提供了更多走向世界市场的机会，如美国通用汽车公司就是典型的跨国公司。

国际市场营销学的基本原理和方法同基础市场营销学并无多大差异。许多指导国内企业营销的原理和方法，诸如市场营销调研、消费者行为分析、选择目标市场、营销组合策略、营销战略计划、营销管理等，均可用以指导国际市场营销活动。国际市场营销学与国内市场营销学的主要区别见表8-1。

表8-1 国际市场营销学与国内市场营销学的主要区别

区　别	不　同　点
环境不同	国内营销是在企业熟悉的营销环境(包括人口、经济、社会文化、政治法律及竞争环境)中开展；国际市场营销则要在一国以上的不熟悉的营销环境中开展，同时还要受国内宏观营销环境的影响。可见，国际市场营销所面临的环境更加复杂多变
组合策略有区别	(1) 在产品策略方面，国际市场营销面临产品标准化与差异化策略的选择。 (2) 在定价策略方面，国际市场定价不仅要考虑成本，还要考虑不同国家市场需求及竞争状况，而且成本还包含运输费、关税、外汇汇率、保险费等。此外，还要考虑各国政府对价格调控的法规。 (3) 在分销渠道方面，由于各国营销环境的差异，造成了不同的分销系统与分销渠道。因为各国的分销机构的形式、规模不同，从而增加了管理的难度。 (4) 在促销策略方面，由于各国文化、政治法律、语言、媒体、生产成本等不同，使企业在选择促销策略时会更复杂
管理过程	由于各国营销环境差异大，且各国消费者需求也存在着巨大的差别，如制订国际营销战略计划及进行营销管理时，既要考虑国际市场需求，又要考虑企业决策中心对计划和控制承担的责任应当达到什么程度等问题

一个企业欲进入国际市场，在开展外销活动时，它会遇到一系列的问题，首当其冲的就是它将面临一个与国内市场营销环境有很大不同的国际市场营销环境。国际市场营销环境是企业可控却又必须置身其中的外部环境条件，它既给企业提供营销机会，同时又制约企业的营销活动。国际市场营销环境要比国内市场营销环境复杂得多，各个国家或地区之间在政治、经济、法律、社会文化等方面都存在着显著的差异，其市场也相应呈现出不同的特点。

一、世界经济全球化与多极化

自进入20世纪90年代以来，世界经济出现许多新现象、新问题。世界经济发展的总体趋势也随之进入了一个全新的时期。

1. 世界经济全球化的发展趋势

20世纪90年代以来，以信息技术革命为中心的高新技术迅猛发展，不仅冲破了国界，而且缩小了各国和各地的距离，使世界经济逐步融为整体。经济全球化的过程是生产社会化程度不断提高的过程。在经济全球化进程中，社会分工得以在更大的范围内进行，资金、技术等生产要素可以在国际社会流动和优化配置，由此能带来巨大的分工利益，推动着世界生产力的发展。

经济全球化对发展中国家也具有积极的影响。经济全球化使资源在全球范围内加速流动，发展中国家可以利用这一机会引进先进技术和管理经验，以实现产业结构的高级化，增强经济的竞争力，缩短与发达国家之间的差距；发展中国家可以通过吸引外资，扩大就业，使劳动力资源的优势得以充分发挥；发展中国家也可以利用不断扩大的国际市场解决产品销售问题，以对外贸易带动本国经济的发展；发展中国家还可以借助投资自由化和比较优势组建大型跨国公司，积极参与经济全球化进程，以便从经济全球化中获取更大的利益。

经济全球化已显示出强大的生命力，并对世界各国经济、政治、军事、社会、文化等所有方面，甚至包括思维方式等，都造成了巨大冲击。这是一场深刻的革命，任何国家也无法回避，唯一的途径是寻求适应的办法，积极参与经济全球化，在历史大潮中接受检验。

2. 区域性经济集团化向纵深发展

在世界性经济全球化趋势的经济合作开始进入更广泛、更紧密和更高层的新阶段。早在20世纪70年代，世界各大洲的区域性经济集团几乎遍布全球，并出现了以下一些新特点。

(1) 通过调整、合并，区域性经济集团的规模在不断扩大；

(2) 突破区域性经济集团必须根据各国的经济发展水平组成的传统观点；

(3) 区域性经济集团中的意识形态色彩越来越深化，采取实际步骤向建立共同市场方向过渡。

3. 世界经济格局向多极化演变

全球经济的形成对世界经济格局产生了巨大的影响。目前，世界经济格局正向多极化演变。20世纪70年代以来，在世界经济的大动荡、大调整过程中，各主要经济大国在世界经济中的地位发生了引人瞩目的变化。两极格局的终结，美国的相对衰落，日本的迅速崛起，西欧的繁荣，是当今世界经济格局多极化的重要表现。一种真正的全球经济的形成，不仅是通过跨国公司和跨国银行的跨国界的经济活动，而且还要通过政府(包括国际组织)的积极参与来实现，而后者的直接结果之一是加速形成地区经济集团，从而促进多极化格局的出现。目前，美、欧、日三足鼎立的世界经济格局是世界经济多极化的重要标志。美、欧、日正成为世界上势均力敌的三大经济实力中心，全球经济的形成，也促进了“新兴力量”的崛起。在全球经济形成的过程中，挑战与机遇并存。各个国家和地区对此做出的反应不同，致使他们所获得的进展也差异颇大。典型地区贸易组织如图8-1所示。

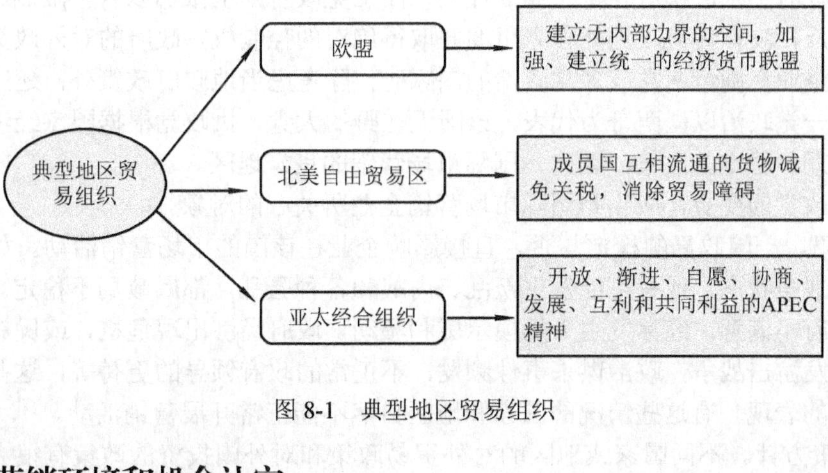

图8-1　典型地区贸易组织

二、国际营销环境和机会认定

企业的国际市场经营环境是不断变化的，这些变化既能给企业带来新的市场营销机会，也能对企业当前或未来的营销构成威胁。因此，企业进行国际市场营销时，首先必须分析国际市场营销环境，评估国际市场营销机会。

1. 国际营销环境分析

国际市场营销环境主要包括政治与法律、经济与技术、社会文化等因素，如图 8-2 所示。

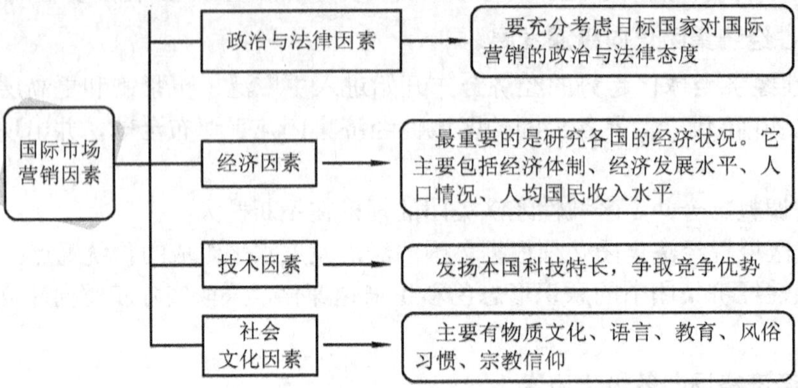

图 8-2 影响国际市场营销环境的因素

1) 政治因素

政治与经济是不可分的，从事国际市场营销工作必须懂得国际政情，了解政治环境。

(1) 政治形态。政治形态可以根据人民表达他们意志的过程，以人们控制政府的能力与政府政策的程度等进行划分。

试图进入国际市场的企业必须考虑的问题是：当地政府是何种形态？是奉行保守路线、中间路线还是激进路线？目前的政治气候是否允许企业自由发展？将来是否可能变成专制政体，没收外资企业或通过冻结通货阻止国际市场营销等？

(2) 政党。一般来说，政党政治可以分成三种形态，即多党政治、两党政治和一党政治。不同的政党有不同的政治主张，政府的政策也受到执政党的左右。两党政治以英国为例，保守党政府主张放松对外资企业的控制，而工党政府则主张加以若干限制。意大利的情况正好相反，没有任何政党能独立组阁并取得绝对的控制权，政府的对外政策是多党协商的结果。企业在衡量两党或多党政治的国家时，除考虑当地政府政策外，还应包括在野党的意见。一党政治以墨西哥为代表，该国无在野的大党，执政党根据国家经济发展需要制定比较长期、稳定的政策，因此是国际市场营销的良好地区。

各国执政党的变更，应当是国际市场营销企业所关心的对象。

(3) 政局。一国政局的稳定与否，直接影响企业在该国的市场营销活动。如果这个国家地区处在战争状态，或有可能发生叛乱、内战和各种骚乱，都属政局不稳定。此外，如民众因对政府不满意，经常发生大规模示威和骚动，政府经济出现危机，或民族间发生武装冲突，爆发游击战争，政治谋杀事件频发，不正常的政府领导的更替等，这些情况都是政局不稳定的表现。有这些情况的国家和地区自然不能正常开展营销活动。

(4) 政策方针。不同国家或地区的对外贸易政策和对外国投资的政策有很大差别，就是同一国家不同时期的政策也可能发生变化。有些国家出于发展本国经济的目的，需利用其他先进国家和资金、设备、技术以及管理经验，因而采取对外开放的政策。例如，墨西哥政府积极给外商创造有利的经营条件，提供投资奖励和选址服务，以吸收国外投资。相反，有些国家由于某种需要，可能会采取保守的政策方针，如印度政府对国外进口规定配额，并要求所有外国公司在印度分公司的管理人员应当大部分是印度人，还规定其货币不能同外币自由兑换。因此，企业必须详细地了解拟进入国的有关政策方针，才能有针对性地采取相应策略。

2) 法律因素

与政治环境密切相关的是法律环境。其中，对国际市场营销产生最直接影响的，是与外贸有关的法律规定，如各种税法、海商法、合同法、仲裁规则、商标法、专利法、投资法、票据法、广告法、保护消费者法、环境保护法以及其他单行法规等。因此，企业应当对拟进入国的各种有关法规进行了解和分析。下面从关税、非关税壁垒和法律限制几方面来进行分析。

(1) 关税。关税是一个国家海关对进出其关境的物品所征收的一种税。征收关税主要有两个目的：一是增加国家的财政收入(财政关税)；二是保护本国的工农业生产(保护关税)。各国政府通过各种关税政策来鼓励或限制进口。近年来，资本主义国家常推行贸易保护主义政策，用提高关税的办法来限制商品的进口，削弱进口商品的竞争力，使本国商品的价格在市场上具有竞争优势。高额关税像高墙一样，把国内市场保护起来，常称之为“关税壁垒”。

目前，各国对进出口商品主要征收的关税有进口税、出口税等。

① 进口税。进口税是进口国家的海关在外国商品输入时，对本国进口商所征收的正常关税。其税率的高低，取决于进口商本国的利益。如工业发达国家，对本国能生产的工业制品征收高额进口税，以保护本国商品的发展，而对国内缺乏的原料征收低税或免税。发展中国家对目前不能生产的商品，如对先进技术装备征收低税额，而对国内能生产的产品及奢侈品等征收高税额。

② 出口税。出口税是出口国家的海关在本国商品输往国外时，对出口商所征收的关税。目前，主要是发展中国家征收此税，以增加财政收入。我国为了鼓励出口，发展对外贸易，对出口商品，除少数几种产品征收出口税外，大部分产品免税。发达的资本主义国家为加强其产品的国际市场竞争能力，一般不征收出口税。

③ 特惠税。特惠税又称优惠税，它是对从某个国家或地区进口的全部商品或部分商品，给予特别优惠的低关税或免税待遇。其他国家或地区不得根据最惠国待遇原则要求享受这种优惠待遇。特惠关税有的是互惠的，有的是非互惠的。

④ 普遍优惠制。普遍优惠制简称普惠制，它是发展中国家经过长期斗争，在1968年通过建立普惠制决议后取得的。在该决议中发达国家承诺，对从发展中国家或地区输入的商品，特别是制成品和半制成品，普遍给予优惠关税待遇，故又称普惠税。普惠制对促进和扩大发展中国家或地区的出口起到一定的积极作用，但是，由于给惠国在普惠制方案中规定了一系列的限制性的措施，致使有些发展中国家实际上得不到优惠，多数产品不给优惠，只有少数产品如纺织品、石油制品、鞋类、皮革制品等才能获得优惠。

(2) 非关税壁垒。非关税壁垒是指关税以外的一切限制进口的种种措施。它可分为直接的和间接的两大类。前者是由进口国直接对进口商品的数量或金额加以限制或迫使出口国家直接限制商品出口。如进口配额制、间接地限制商品进口；进口押金制、进口最低限价、苛刻的技术标准、卫生安全检验和包装、标签规定等。据统计，目前世界上使用的非关税壁垒措施已达1000多条。现将主要的几种简述如下。

① 进口配额制。进口配额制又称进口限制，是一国政府在一定时期内，对于某些商品的进口数量或金额加以直接的限制。在规定的期限内，配额以内的货物可以进口，超过配额不准进口，或者征收较高的关税或罚款。它是资本主义国家实行进口数量限制的重要手段之一。

② “自动”出口配额制。“自动”出口配额制又称“自动”限制出口，它是出口国家或地区在进口国的要求或压力下，“自动”规定某一时期内，某些商品对该国的出口限制，在限定的配额内控制出口，超过配额即禁止出口。这是20世纪60年代以来非关税壁垒中很流行的一种形式。几乎所有工业发达国家在各种长期贸易项目中都采用了这种形式。

③ 进口许可证制。进口许可证制是各国政府用来管理本国对外贸易的重要手段，它是指商品的进口，事先要由进口商本国有关机构提出申请，经过审查核发进口许可证后，才可以进口，没有许可证，一律不准进口。实行许可证制可严格限制贸易数额，节约外汇支出，保持进口国家的国际贸易收支平衡。同时，还可保护本国新产业，防止过多的外国产品涌进国内市场，而削弱本国产品的竞争力。

(3) 法律限制。企业在国际市场营销活动中，不可避免地要遇到各种各样的法律问题。例如，签订买卖合同，要涉及合同法和买卖法的问题；组织国际海上运输，会涉及海商法和海上保险法的问题；处理货款的结算，会涉及信币证和票据方面的法律问题；进行技术转让，要涉及知识产权和技术转让方面的法律问题；发生争议和索赔，又会涉及仲裁法、民事诉讼法方面的问题；企业要为自己的商品在国外办理商标注册，又需按照当地商标法的规定进行；企业要在各国进行广告宣传，又将涉及各国的广告法等。

世界各国的法律限制，对国际市场营销的影响程度、差异甚大。例如，广告和标签方面的法律就因国而异。加拿大的产品标签要求用英、法两种文字标明；而法国只使用法文产品标签即可。许多国家禁止电视广告，或者对广告播放时间和广告内容进行限制。对工业产权的保护，各国所依据的原则也不同，普通法国家是按“使用在先”的原则确定对工业产权的所有权，而大陆法国家则是按“注册在先”的原则确定其所有权。例如，在加拿大，超级市场向供应商提供酬金是一种完全合法的行为，而美国则视为是一种丑闻。

3) 经济因素

考察国外市场，最重要的是研究各国的经济状况。经济因素主要包括经济体制、经济发展水平、人口因素、人均国民收入水平。这些因素决定着该国消费者的需求与购买力，从而影响市场营销。

(1) 经济体制。各国的经济体制是国际市场营销者首先必须了解的一个重要经济因素，它决定了各国经济活动的各个方面。世界上的经济体制大致可以分为计划经济体制和市场经济体制两大类。对于国际经贸活动的管理以及对于本国经济的管理，这两种经济体制有很大的差别，在不同经济体制的国家从事国际市场营销有很大的差别。

(2) 经济发展水平。从产业结构来看，世界各国经济发展水平可分为以下四种类型。

① 自给自足经济。这种经济状况的国家，大多数属于生产力水平很低、技术落后的原始农业国。在这些国家，自给自足经济占统治地位，商品经济很不发达，产品多为生产者自己消费，市场中交换的商品数量有限，进口能力很低，外汇严重短缺。企业如果是以

出口创汇为目的，这类国家就不是理想的目标市场。

② 原料出口经济。这种经济状况的国家通常有一种或几种比较丰富的自然资源，而其他资源却往往比较匮乏。由于这些国家的加工能力有限，其国民收入的大部分只能来自于这些资源的出口。在大量出口其初级产品的同时，往往从国外市场进口大量工业制成品。因此，这些国家是采掘设备、生活日用品、原料加工设备、运输工具等的良好市场。因为只依赖于少数几种产品的生产和出口，所以这些国家的国民经济发展和市场状况较易受到国际市场上这类产品的供求和价格变化的影响。对中国轻纺产品和机电设备产品来说，这一类国家是潜力较大的市场。

③ 工业化中经济。在这种经济状况的国家里，制造业的地位日趋重要，约占国民生产总值的20%～45%，轻纺工业、家用电器工业、机电工业发展很快。例如亚洲“四小龙”(中国香港、新加坡、韩国和中国台湾)，新的亚洲“四小虎”(菲律宾、印度尼西亚、泰国、马来西亚)以及巴西、阿根廷、印度、埃及等，在制造业迅速增长的同时，这些国家和地区逐渐依赖进口原材料，如纺织原料、钢铁等；而对纺织品、纸制品、汽车制成品的进口需求日渐减少，目前有些已成为国际市场上这类商品的主要供应地。

④ 已工业化经济。处于这种经济状况的国家，都已建立起相当雄厚的工业基础，如美国、日本、西欧各国等。这类国家是工业品的重要输出国，进口原料与半成品。近年来随着世界经济的发展与科技革命的推进，这些国家将劳动密集型产业和污染严重的工业转移到第三世界国家，集中精力发展资金和技术密集型的产业。因此，他们向国际市场大量输出高科技产品和合成材料，而从国际市场进口大量的轻纺产品、日常消费品、耐用消费品和部分机电产品。这是我国目前最大的国外市场。

(3) 人口因素。从国际市场营销的角度考察，最重要的人口因素是人口数量和人口密度。有些国家人口众多，如中国、印度，有些国家人口稀少，如阿扎布、冰岛；日本的人口密度很大，而澳大利亚的人口密度很小。各国人口因素的差异造成了各国市场潜力的差异。现代市场构成的三要素之一是人口，在其他条件都相同的情况下，一个国家的人口越多，市场就越大，很多产品的消费都与人口数字相联系。人口因素的差异还会产生各国不同的消费模式，影响企业在国际市场上的营销策略。例如，日本企业针对中国人口多、分布广、分布程度疏密不匀的实际情况，就采取了以电视广告为主的促销策略，结果使“日立牌彩色电视机”在中国几乎家喻户晓；反之，由于新加坡人口少，分布集中，日本企业就采取了以人员推销为主的促销策略，从而使日本的产品从纷繁的各国商品广告中摆脱出来，以吸引当地人购买。

(4) 人均国民收入水平。人均国民收入的高低，反映着一国经济实力的强弱，决定着市场规模的大小及消费者购买力的高低。人均收入水平的差异必然使各国市场具有不同的特点。

对企业来说，应注意影响人均收入实际水平的通货膨胀。通货膨胀会影响消费者支出的数额和所购买商品的类型。例如，急剧的通货膨胀使人们购买住宅等不动产，私有住房的增加又引起人们对各种与住宅有关的产品的需求。急剧的通货膨胀也会抑制需求，那些只有固定收入的人们自然会更加注意到自己有限的购买力的降低。因此，收入及其变化就直接关系到企业的产品在某国市场上的销售状况。

在确定特殊收入阶层是否在某种产品方面具有市场潜力时，收入分布也值得考虑。例如，人均收入相当高的瑞典是一个几乎没有贫富差别的“中层”社会国家，但是，在瑞典，真正的高档消费品可能没有市场；反之，不少人均收入很低的拉美国家却存在着收入分布上的较大差异，这些国家的中层社会阶层相对较少，但存在着小批高收入家庭，以致企业可以有效地向这些国家出口真正的高档消费品。

4) 技术因素

各国各地区科技发展水平有高有低，差异很大，各国科技发展也各有侧重，各有特点。进入国际市场的企业，应当重视发扬本国科技特长，争取竞争优势。准确认识各国的科技水平，不仅有助于引进适合本国国情的科学、技术、设备和商品，加速国家经济建设，提高人民生活水平；同时，经营出口业务的企业，也只有在准确认识拟进入国际市场的科技水平，才能加强自己经营业务的适应性。这个问题应当从两方面考虑。因为，科技水平高的国家，集中发展技术密集、投资利润高的企业，有一部分需要一定科技水平又是劳动密集的产品，则需要进口来补充，这就给一些国家提供了出口机会。我国近年来能向工业发达国家出口船舶、精密磨床、紧固件、电动机以及西药原料等就属于这种类型。另外，如我国的纺织机械、拖拉机、印刷机等在东南亚国家有广大市场，究其原因，并不在于我国这几个行业科技发展水平高，关键在于我们的发展水平正好符合这些市场的需求。由此可见，我国科技发展水平目前虽与发达国家尚有较大差距，但并不是没有营销机会。企业必须以商品类别为依据逐项进行调查，找到具有适应性的市场。

5) 社会文化因素

影响企业国际市场营销的社会文化因素很多，但主要有物质文化、语言与教育、风俗习惯、宗教信仰等。

(1) 物质文化发展水平。物质文化水平指的是经济发展程度和人们的生活水平。世界各国经济发展处于不同阶段，人们的物质文化水平高低悬殊，企业必须对准备进入的国际市场的物质文化水平有准确的认识。在贫富悬殊的社会里，同一个国家不同地区和不同阶层的消费者也会有不同的物质文化水平。例如，在绝大多数发展中国家，人们总是把纺织品与衣着原料联系在一起，可是工业发达国家的纺织品，用途有衣着、装饰和工业三大类，几乎各占总销量的 1/3。所以，我国发展纺织品出口，要根据不同情况调整出口纺织品的商品结构。再如，对于原料输出国家，富豪阶层的生活比一般工业发达国家还要奢华，就是当地居民，也是工资高、福利好。但是，外来劳工人数很多，生活水平则一般。所以我们不能只看到人均国民收入高，还得分析当地的实际分配情况，以采取相应的营销策略。

(2) 语言与教育。语言是国际市场营销文化环境里最具有意义的一项，成功的国际市场营销企业，往往能灵活地运用当地的语言。世界各国的语言文字非常复杂，据统计，在世界上，使用者每超过 5000 万人的语言文字就有 13 种。有些国家流行几种语言文字。如加拿大有英、法两种语言，瑞士有三种语言，南美国家虽通用西班牙语，但土著语言不下十几种。英语应当算是当代流行的国际商业文字了，但在法国和德国都提倡使用本国文字以示其民族尊严。凡此种种，企业都需要注意，方能有利于国际市场营销。

一个国家的受教育水平影响企业的国际市场营销。首先，教育水平影响人们的消费行为。其次，教育水平影响企业在这个国家进行市场营销活动。在教育水平较低的国家进行市场调查时，寻找合格的当地调研人员，或与消费者交流意见都比较困难。再者，教育水平不同，决定了当地用户对产品的要求不同，这往往是企业实施产品多样化战略的原因之一。例如，日本非常重视教育，儿童入学率为100%，93%的初中毕业生升入高中，40%的人升入大学；同时，日本人广泛接触大量的宣传工具，一般文化水平的日本成年人每天接触这些宣传工具约4～5小时。日本的消费者对于商品的相关知识比较丰富，因此他们选择要求较高，在日本市场上只有高质量的产品才有人购买。

(3) 风俗习惯。由于风俗习惯的影响，各国消费者往往有其独特的购买方式与消费嗜好，这也是国际市场营销中最棘手的问题之一。传统风俗习惯包括人们的衣食住行、审美观念等各个方面。例如，中国人以荷花表示夫妻“和合”，日本人则以荷花表示为丧气；中国人逢喜用红花，法国人则用白花；中国人以中秋赏菊为乐事，意大利人却忌用菊花图案。若企业不注意这些差异，则往往会碰壁。

各国的商业习惯也有很大差异，如拉丁美洲人洽谈生意时，把面对面靠近视为很亲切，而美国人则要保持一定距离；跟沙特阿拉伯商人谈生意时，忌问及对方太太，但对墨西哥商人却必问不可；法国批发商不负责产品的促销工作，若企业将其促销活动寄希望于法国批发商，那注定要落空。

(4) 宗教信仰。世界上有许多宗教和宗教团体，不同的宗教往往有不同的文化倾向和戒律，宗教的文化倾向和戒律影响人们认识事物的方式、行为准则和价值观念，因而也影响人们的消费行为。因此，在国际市场营销中必须考虑宗教因素。

例如，佛教的核心思想是四大皆空、无所作为、甘受清贫，因而在信奉佛教的国家经营高档消费品的企业必须要有所考虑。天主教要求教徒们绝对依从教会、传教士以及教物，因此在这类国家，企业若能取得当地传教士的支持就可能很快地打开市场营销的局面。

2. 海外市场机会分析

企业从事国际营销的一个很大原因在于，对这个企业国际市场提供了比国内市场更多的机会。国际市场是个买方市场，谁能抓住机会，谁就有了比别人更好发展的保障。如果询问负责国际营销的企业主管们，什么是他们最为关注的事情，十有八九的回答是：发现和捕捉海外市场机会。但是，很遗憾的是，没有一个通用且卓有成效的程序或方法帮助营销人员捕捉到海外市场机会。特别是对中、小企业而言，受资金、规模、地域等多方面限制，如何在国际市场上发现机会似乎更为困难。

成功的企业是与良好的机遇分不开的。索尼的产品能行销全世界，格力空调机能打进欧美市场，大众公司在沪的合资企业每年能获利数亿马克，关键之一是这些企业善于捕捉海外市场机会。在我国，随着市场竞争机制的引进，“机会”这个词的使用频率越来越高。许多营销人员苦苦寻找，想获得一个良好的机会，但市场对他们似乎特别苛刻。其实机会是一种对企业有利的、通过企业的努力有可能达到的客观条件。它确实存在，有时候读一篇报道，听一次演讲，与朋友的一次闲聊都会使人闪现机会的火花，有时却需要深入市场跑企业、访客户，通过大量的统计分析才会对潜在的市场机会恍然大悟。但机会又不是孤立存在的，它与企业的能力、优点、长处、不足和企业所处的环境有利或不利的因素，新技术的出现，来自竞争者的威胁等紧密地联系在一起。这就是为什么对有些企业看来不值一提的现象，对另外一些企业正是海外开拓的良机，他们会抓住机会全力以赴，从而将市场机会转化为企业发展的机会。

根据获得海外市场营销机会的难易程度，海外市场机会分析分为四个层次：找上门来的机会，主动去寻找获得的机会，深入了解、分析后发现的市场机会和创造的市场机会。

(1) 找上门来的机会。随着国际之间产业结构的调整，以及国际分工的深化和各国市场的开放，国外许多企业放弃了一些传统的、有一定需求量(或较大需求量)的产品或零部件的生产，转而投向国际市场。另外，有许多国家因生产技术、劳动力素质等原因需要到国际市场购买其所需要的产品，他们有的通过各类外贸公司向其他国家的外贸公司发盘询问需要的商品，有的则亲自出马寻找。比如，美国一家公司的采购员来到上海，要求供应4000万只灯泡；马来西亚一家公司来到宝钢，要求供应数万吨特种钢。

1993年，世界上规模最大的德国汉诺威展览公司到中国举办了十次推介会、两次工业和技术展览会，为1994年汉诺威工业博览会招商，他们希望中国企业踊跃参加，会后全球数以万计的客商带着订单飞到汉诺威。1979年以来，我国许多外贸、工贸公司组织过大批厂家参加历届汉诺威博览会，参展企业普遍反映，到汉诺威可大开眼界，获得极丰富的世界市场信息和大量的成交机会。许多企业就是这样开始接触国际市场、发展出口机会，并且使生产规模越来越大的。如今博览会来华招商，也是一种送上门来的机会，不要轻易丢失。

(2) 主动去寻找获得的机会。国际市场上的竞争者都把巩固或提高市场占有率作为重要的或者首要的目标，没有人会拱手把市场让出来，但是市场也非铁板一块，不会无机可乘、无隙可钻的。从某种意义上来说，机会是属于那些时刻留心、时刻准备着的人的。

我国不少企业的产品在海外有需求，但没有合适的渠道。对他们来说，抓往海外市场机会的重点就是要找到愿意经销的进口商或代理商。由于被封闭多年，没有自营出口权，不得不靠外贸公司的热心帮助，连出口考察也难以做到，这对许多中小企业来讲，确实是一道难题。对一个国际营销人员来说，注意从各种渠道捕捉信息，并善于从信息中提炼出直接的或间接的、眼前的或将来的机会是十分重要的。

(3) 对市场深入了解、分析后发现的海外营销机会。对大多数企业来讲，可能并没有找上门来的外国客户或订单，也没有唾手可得的出口机会，对他们来说，最现实的可能在于深入了解市场和认真分析市场，包括产品需求、市场结构、竞争者状况、发展趋势等，找出直接的或间接的市场缺口、空档、薄弱环节，适当调整或补充自己的实力，然后打入市场。

大中型企业在国际营销中，更多的是依赖于这种通过对市场的深入分析而打开机会的方法。以下为海外市场机会分析的一般过程。

① 根据本企业的产品、能力和条件，在国际市场上找出适合自己的预选市场。没有一家企业能向消费者提供他们所需的全部东西，也没有一家企业能把产品卖给所有的消费者。因此面对巨大而复杂的国际市场，企业首先要找到适合自己的产品，并能够发挥自己优势的市场区域。

② 对预选市场进行环境分析，以确定进入的市场。对根据自己的能力和条件挑选的预选市场，确定是否存在对特定的营销努力有巨大障碍的因素，比如，面对动荡的政局，常会使用反倾销法，以及当地较严的政府干预与控制等。实际上是要确定市场是否具备足够的吸引力。

③ 对市场进行细分，以确定目标市场。在产品激烈竞争的时代，企业想要在市场上占有一席之地并有所发展，就要先放弃想让市场上所有人都购买其产品的念头，因为这是不可能的。企业必须寻找出自己的位置，也就是说要找出特别愿意接受其产品的消费群。

不论是推出已有的产品或者改进、设计新的产品，都应以满足这一目标市场的需求为目的。只要消费群体喜欢，这个机会就会变成现实。

(4) 创造的市场机会。在现有的市场上寻找空缺或发现易于发挥自己优势的区域是找到机会的重要途径。但是，有些产品市场具有数以百计的品种，要找到一个尚未填满的空缺，可能性很小；由于竞争激烈，即便企业发现了很好的市场机会也可能难以如愿以偿。因此，最好的办法是另辟蹊径，用新产品、新服务激发起客户的购买欲望，创造出新的市场机会。

创造市场机会的关键在于挖掘出顾客潜在的需求意识。随着市场的日益饱和，产品竞争的日益激烈，懂得如何发现尚未清晰的市场需求，并将这种发现转化为成功的新产品超前开发，驾驭和引导市场变化，以新取胜将越发显出其重要性。我国一些家电企业在对国际市场调研后，发现随着旅游热和保健热的兴起，电子旅游用品和保健器具将风靡西方发达国家市场。于是超前开发了一系列有关产品投入国际市场，售价虽高但销路很好，取得了良好的经济效益。

知识点2　国际营销条件

企业进入国际市场的前提是必须有一个统一的国际大市场，这就要求我国经济运行机制遵循世界市场经济的法则，加快中国市场与世界市场对接。企业进入国际市场的营销条件如图8-3所示。

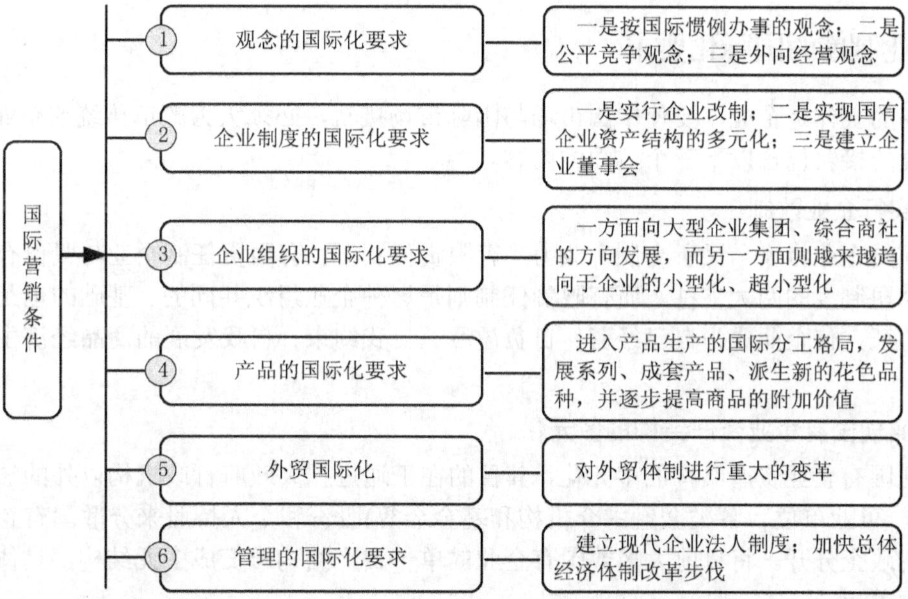

图8-3　企业进入国际市场的营销条件

一、观念的国际化要求

企业要打入国际市场，首先必须做到观念国际化，要以现代商品经济的全新观念冲破封建小商品生产的陈旧观念。目前必须建立或强化以下经营观念。

1. 按国际惯例办事的观念

对于企业来说，遵守国际惯例不仅是进入国际市场的前提，也是同国外企业进行公平竞争的基础，而且是规范企业自身行为、充分获得国际市场利益的保证。因此进入国际市场，要求企业必须牢固树立按国际惯例办事的观念，将国际惯例作为约束与指导企业行为的重要依据。

2. 公平竞争观念

进入国际市场后，国内经济体制会加快向市场经济体制过渡，同时市场规则与市场运行机制也逐渐向国际惯例靠拢，逐步形成一个公平的竞争环境。国外产品除了要交纳关税以外，其他各方面与国内同类产品享受同等待遇。就国内企业而言，不同地区、不同所有制企业也将面临同等的竞争条件，处在同一起跑线上。所有这些，要求企业树立公平竞争观念，包括保证自身市场行为的公正合理性，遵守公平竞争规则等。

3. 外向经营观念

进入国际市场意味着更多生产型跨国公司，会在我国境内建厂生产和营销其产品，直接和我国企业进行面对面的竞争，与此同时，也给我国企业开拓国际市场提供了广阔的天地。企业应主动出击，作战略性转移，不失时机地走出国门，搞国际化经营。企业应该将一些生产要素转移到世界上生产成本较低、外部市场条件较为有利的地区和国家，采取合作、合资或独资的形式，扩大海外投资，逐渐建立全球性商品生产和销售基地，实行全球性经营，并在此过程中形成企业自己的跨国公司，更大程度地参与国际竞争。

二、企业制度的国际化要求

市场的主体是企业，要使中国市场与国际市场接轨，必须大力改革传统的企业体制。企业制度的接轨包含以下三个方面的内容。

1. 实行企业改制

目前的企业将“全民所有制”改为“有限责任制”。有限责任制企业与股份有限公司是现代公司制度的两大支柱，而有限责任制则是这种企业组织共同的、基础的也是最主要的运行特征，使企业成为自己经营、自负盈亏、自我约束、自我发展的商品经济生产者和经营者。

2. 实现国有企业资产结构的多元化

实现国有企业资产结构的多元化，其目的在于通过扩大政府行政机构以外的法人组织(如企业、事业单位、各类金融中介机构和基金会等)股份和个人持股来分散国有企业的产权，实现政企分开。将目前大多数国有企业的单一资产结构转变成多元结构，具体可从以下两方面着手。

(1) 在目前的国有企业中引进集体的资产和个人的资产。

(2) 在企业应保留的国有资产中，将单一部门或单一地区的资产改成多部门、多地区的资产结构。

3. 建立企业董事会

董事会是典型的企业所有权代表机构。国际经验证明，董事会是所有者监督企业经理的有效工具。

董事会具有三项基本职能：一是对企业的发展提供战略指导，审查、批准总经理提出的战略决策和年度预算报告；二是评价企业经营实践，对企业管理部门实行有效监督；三是任免、奖励企业高级管理人员。企业董事会的三项基本职能体现了资产所有权的基本内涵，建立企业董事会有助于在国有企业内建立所有权代表机构，并形成所有权的约束、监督机构。

三、企业组织的国际化要求

企业进入国际市场后，企业的生存能力和发展能力主要取决于企业的竞争能力。目前，我国除一小部分企业基本具备参与国际市场的竞争能力以外，大部分企业还不能与外国同类企业相抗衡。尤其是在资本技术密集型产业方面，我们的许多产业尚处在“幼稚”发展阶段，而且这种状况的改变在短期内是不可能的，如何在进入国际市场后相对提高我国企业的国际竞争能力呢？走集团化的道路是一条可供选择的对策。通过建立纵向一体化、横向一体化或同心一体化的企业集团，充分发挥每个企业的相对优势，利用集团内部的分工协作，既可以提高生产率，又可以获得规模经济效益。可参照日本、韩国等国发展产品出口的经验，大力扶植、组建一批贸工结合的跨国综合商社，实行“一业为主、多种经营”，不仅可以经营国内商品，还可以进行自有外汇进口商品的内销和自属企业产品的批发、零售，以及房地产、旅游、运输、广告等业务。

可以预见，进入国际市场后我国企业的组织形态也会加紧顺应世界经济发展的大趋势。一方面越来越向大型企业集团、综合商社的方向发展；另一方面越来越趋向于企业的小型化、超小型化。作为国民经济超级单元的企业集团，以其对成百上千的成员企业进行组合管理的功能，将成为我国经济纵向管理和横向联系的交叉点，成为国际市场中率先冲锋陷阵的“集团军”。

四、产品的国际化要求

产品国际化即生产总额中出口生产所占的比重大大提高，直接表现为现代国际贸易的迅速增加。世界上几乎所有的国家和地区以及众多的企业都以这种或那种方式卷入了国际商品交换。现在的国际贸易已占到世界总生产额的1/3以上，并且还在稳步增长。国际贸易的商品范围也在迅速扩大，从一般商品到高科技产品，从有形商品到无形服务等几乎无所不包。

为了进入国际市场，企业必须形成适应国内外一体化市场需求的产品结构。根据国内和国际的不同地区、不同消费层次不断变化的需求结构，调整现有的产品结构，充分利用比较成本优势，进入产品生产的国际分工格局，发展系列、成套产品，派生新的花色品种，并逐步提高商品的附加值，使产品结构在市场需求的前提下，进入高附加值化的良性化发展阶段，把国内过剩的生产能力转向国际市场。

产品国际化体现于质量国际化，这就要求企业在产品生产中积极采用国际标准。现在世界上普遍开展了三大认证活动，即产品质量认证、工厂质量管理体系评定和测试试验室认可。其中，尤以国际标准化组织于1987年发布的ISO9000“质量管理和质量保证”系列标准为关键，欧洲共同体率先实行了质量体系认证制度，并规定自1993年1月1日起，不执行ISO9000体系标准证书的产品不得进入欧洲市场。美国等30多个国家和地区制定了相同性质的准则，认证制度已日趋全球化。取得ISO9000体系标准证书，就是取得了产品的“国际通行证”。执证产品不但可以免检进入海关，而且可以直接采用电子报关，进入国际商贸快速反应系统。

五、外贸国际化

外贸国际化是中国市场和国际市场接轨的最前沿，其核心问题是外贸体制。尽管目前我国外贸体制已经有了重大的变革，但与国际要求相比，仍有相当差距。从出口体制看，尽管目前的体制已接近于国际规范，但仍需大力完善，要逐步取消出口创汇的行政指标，并改变按商品大类统一外汇留成的办法；从进口体制看，除了要大幅度减让进口关税率外，还要大量减少行政性审批手续，取消绝大部分商品的进口许可证，统一全国外贸政策法规，抓紧清理外贸接轨要求，调整现有的外贸政策，政府要以“鼓励出口市场多元化，出口产品多样化、高级化，竞争手段现代化，投资外向化”为原则，制订具体的鼓励措施，进行科学、合理的导向。

此外，外贸接轨还表现为改变传统的小作坊式的外贸方式，实施大贸易、大海外战略，主动出击，将外贸重心移向海外。鼓励外贸专业公司在海外组建大跨国公司或贸易中心、分拨中心，逐步形成一个强有力的销售网络，并带动有实力、有条件的大型生产企业到海外去投资办厂，利用当地资源，就地加工生产，占领当地市场，同时发展工程承包、劳务合作和售后服务。对进入海外的企业，视同外国企业，允许他们以外商的身份，直接采购国内自营出口的企业、三资企业的产品，将他们与国内企业争货源的竞争关系，变为带动国内企业产品出口的合作伙伴关系。

六、管理的国际化要求

管理国际化包括微观管理和宏观管理两个层次，就微观层次而言，企业要以建立现代企业法人制度为目标，从有利于加强宏观管理、国民经济统一核算和按国际惯例办事的原则出发，在理顺关系的基础上逐步规范包括折旧制度、成本管理制度、审计制度、资产评估制度在内的企业财务会计制度。此外，在企业劳动人事制度、分配制度、领导制度等方面，有必要吸取国外先进的管理技术和方法。

宏观管理上的国际化，除了通过加快总体经济体制改革步伐，逐步强化市场在经济发展中的主导作用外，还要大力构造自主经营、自负盈亏的企业机制，努力使我国的经济体制与国际规范靠拢，为了帮助企业尽快进入国际市场大循环，迫切需要在立法、价格、金融、市场中介等方面进行配套改革。首先，必须尽快修订《中华人民共和国外贸法》《中华人民共和国反倾销条例》等法规，在健全法制和制定、修改、废除法规过程中，应参照关贸总协定框架协议的合理部分，用足、用好对发展中国家有特殊优惠的一些条款。其次，要加快价格改革，逐步实施市场性价格体制。如果不形成市场性价格体制，关税杠杆就会失去实际意义。再次，在金融、市场中介等领域要大力建立新的经营机构，使其直接参与国际业务，实现股票、外汇、信贷、信息等各类专门市场的国际联网，为企业的国际化经营提供切实有效的服务。

中国经济与世界经济的接轨是一项复杂的系统工程，因而其过程也是深化改革、扩大开放的过程，而现代化企业制度的建立和企业进行国际化经营，则是加速此过程的关键所在。

知识点 3　进入国际市场的策略

国际市场进入策略也称为国际市场开拓、拓展战略，是企业在国际市场选择的基础上，将产品打入国外目标市场，提高企业的市场覆盖率、占有率的战略，也是企业跨出国门、走向世界、向国际化经营发展的战略。

企业开拓国际市场时，到底选择何种进入方式，必须结合本企业的全球发展战略以及企业拥有的资源条件，针对不同的目标市场国环境综合考虑、科学决策。企业进入国际市场的方式如图 8-4 所示。

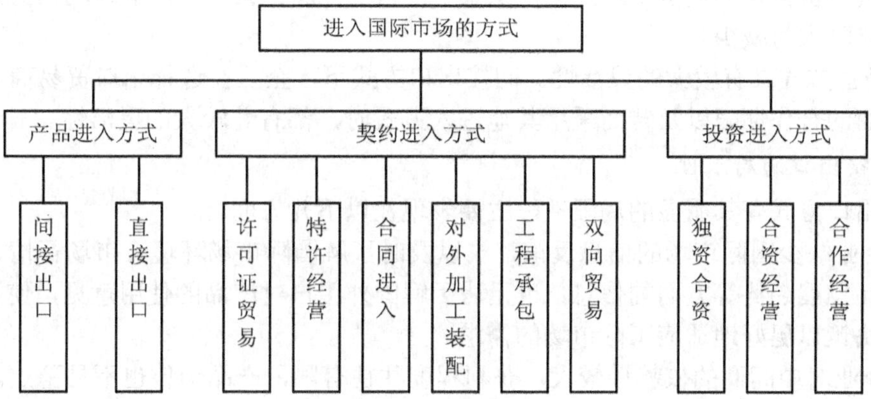

图 8-4　企业进入国际市场的方式

一、产品进入方式

产品进入方式是生产企业把本国生产的产品向国际市场出口的方式，是最简单、最普遍的形式，其主要有两种方式。

1. 间接出口

间接出口是企业将生产出来的产品卖给出口中间商(国内出口企业或设在国内的外国贸易机构)，通过出口中间商将产品销往国际市场。间接出口的特点是企业只负责产品的生产，而未介入产品的国际销售业务。因此，严格地说，间接出口方式下，企业还未真正从事国际市场的经营。

在我国，间接出口有两种基本做法。一是收购制，即企业将生产出来的产品，以卖断的方式，售给出口中间商，由出口中间商销往国际市场。另一种是代理制，即生产企业委托外贸公司出口本企业生产的产品，但生产企业在产品订货、报价及对外谈判过程中，可具体参与某些出口业务。收购制与代理制的一个主要区别是，在收购制方式下，生产企业将产品卖给出口中间商以后，出口盈亏的责任就由出口中间商承担；而在代理制下，产品出口盈亏的责任仍由生产企业承担，外贸公司只是负责办理有关出口业务，并收取代理费。

1) 间接出口的优点

间接出口主要具有以下优点：

(1) 所需销售费用较少。在间接出口方式下，企业可在不增加营销费用的条件下将产品销往国外。例如，企业无需设立办理出口业务的专门机构，不必培训和增加从事国际市场经营的人员，也不需要亲自去搞市场调研及在国外设立销售网点，这些都可大大节省额外的投资和费用。

(2) 产品进入国际市场快捷。企业可以利用国内出口贸易机构或贸易伙伴现有的业务机构、销售渠道、商业信誉及其国际营销经验，使自己的产品方便、快捷地进入国际市场。

(3) 企业承担的经营风险较小。企业从事国际经营，其风险往往较国内大。在间接出口情况下，企业可采取卖断的方式，将这种风险转由出口贸易机构承担；在实行代理制时，由于出口贸易机构长期从事出口业务，积累了丰富的经验，具有广泛的市场信息来源，因此也可使风险大为减少。

(4) 经营方式具有较大的灵活性。间接出口方式下，企业在选择出口贸易商、确定与出口贸易商的合作期限以及转而采用其他进入方式时，都有着较大的灵活性。

2) 间接出口的局限性

间接出口方式有其明显的局限性，主要表现在以下几方面。

(1) 企业缺少国际市场的信息反馈，难以及时了解国际市场环境、市场行情、竞争形势以及产品发展趋势等方面的信息，也无法了解国外用户对产品的使用意见，使企业难以适时做出决策以更好地适应国际市场的需求。

(2) 企业对中间商的依赖性较大，获利程度往往有限，产品销售也不易稳定。企业产品在国际市场的销售需依靠中间商来进行，中间商往往会利用这一点，压低产品的购买价格，使企业的获利程度受到限制；一旦国际市场发生变化，如竞争加剧导致营销费用增加或是获利减少，市场上出现了新产品，或是某些企业能提供更为价廉物美的产品时，中间商可能会抛弃伙伴而另寻新主。

(3) 企业对国际市场营销的控制能力很弱，甚至根本无法控制国际市场经营。企业生产的产品在国际市场销售是由中间商来完成的，生产企业几乎不涉及产品的国际市场经营，因此，当市场形势发生变化需要对产品的市场营销做出相应改变时，企业往往无从下手。

鉴于间接出口所具有的上述优势与局限性，一般而言，它较为适应以下两种情况：一是对于一个刚刚从事国际市场的企业来说，由于企业缺少直接从事出口的条件和经验，间接出口不失为企业介入国际市场的富有价值的第一步；二是对于一些实力雄厚、经验丰富的大企业来说，它可以作为一种辅助性方式，主要针对那些潜力不大的市场。

但是，当企业产品在国际市场上的销售迅速增长，或是产品的销售前景极为广阔时，企业便会寻求采取直接出口的方式。

2. 直接出口

直接出口是指企业不是通过国内中间商，而是自身在国际上直接从事营销活动。直接出口与间接出口的主要区别在于，企业自身直接从事各种出口营销活动，而不是委托于别人。

直接出口具有以下三种主要方式：一种是企业接受国外客商的订货，按合同要求组织生产、出口产品；另一种是企业在国际市场上设立自己的营销机构，在国际市场上独立开展营销活动；第三种是将产品直接出售给市场上的经销商或委托于国外代理商。

1) 直接出口的优势

直接出口主要具备下列优势。

(1) 企业对国际市场营销的控制权比较大，这是因为，采取直接出口方式时，企业直接从事各种国际市场营销活动，诸如市场调研、目标市场选择、产品定价、产品运输与保险、销售渠道选择、产品促销等。这些活动，企业均可根据需要而做出决定。

(2) 企业可直接获取国际市场上的各种有关信息。企业能直接面对国际市场，及时、全面地了解国际市场上的各种信息，诸如市场环境及其变化、产品竞争情况、消费者的需求与爱好、产品发展趋势等。

(3) 企业风险有限，经营的灵活性较大。直接出口的风险虽比间接出口大，但比起其他进入方式，其风险还是要小得多；同时，采用直接出口的方式，企业与国外客商或经销商所签订的合同期限往往比较短，且一般无太大固定资产方面的投资，因此，企业要想改换其他进入方式或市场时，灵活性就比较大。

2) 直接出口的缺点

直接出口所具有的缺点主要表现在以下几个方面。

(1) 成本比间接出口高，工作量比间接出口大。企业采取直接出口方式，需增设一套出口的销售机构，增加专门从事国际营销的专业人员，其费用必然增加；同时，企业要亲自处理各种出口业务，在国际市场开展营销活动，工作量也必然增大。

(2) 经营成果受自己营销机构的完善程度和推销人员水平的限制。在间接出口方式下，企业可借助出口中间商现成的销售渠道及其丰富的国际市场经营经验；而采取直接出口的方式，在经营初期，企业的经营成果常常会因自己营销机构的不完善、销售渠道的不充分及自身推销人员经验不足等因素而受到限制和影响。

(3) 风险比间接出口大。与投资进入等方式相比，直接出口的风险要小得多，这是它的一个优点；但与间接出口比较，其风险却要大得多，这又成了它的一个缺点。

企业采取直接出口方式，其中一个重要的问题是：认真选择国外市场的经销商与代理商。

二、契约进入方式

契约进入方式是国际化企业与目标国家的法人之间长期的非股权联系，前者向后者转让技术或技能。这种方式使企业进入国际市场时，能够依据契约具体条件，选择最有利于自己的灵活方式，降低风险并最大限度地获得利润。契约进入有多种方式，如许可证贸易、工程承包、对外加工装配、双向贸易等。

1. 许可证贸易

许可证贸易是指许可方(即国内公司)与被许可方(即国外企业)通过签订许可证协议，允许被许可方使用其无形资产(专利、商标和技术诀窍等)，并借以取得报酬的一种技术贸易方式。在许可证贸易方式下，许可方通常有义务向被许可方提供技术说明书、样品、施工图纸等技术资料，或直接派人传授技术、经验，帮助组织生产等；被许可方则应当向许可方支付技术费用，并承担保守秘密等义务。

许可证贸易的具体形式有独占许可、排他许可、普通许可、可转让许可、不可转让许可和交换许可等，其中前三种为主要形式。独占许可是指许可方在向被许可方提供技术许可后，被许可方即独占该项技术，在许可协议规定的地区和期限内，许可方和其他任何第三方都不得再使用该技术。排他许可是指许可方在向被许可方提供技术许可后，自己仍保留技术使用权，但不允许第三方再使用和购买该项技术。普通许可即许可方在向被许可方提供技术许可后，自己仍保留技术使用权，同时还可以将该项技术再转让出去。

1) 许可证贸易的优点

作为一种介入国际市场的方式，许可证贸易主要有下列优点。

(1) 在国外目标市场存在进口限制(如关税、配额等)的情况下，许可证方式可以顺利地绕过进口壁垒。这是许可证方式一个较为明显的优势。

(2) 投资少而费用低。采用许可证方式，企业无需进行生产和市场营销方面的特别投资。

(3) 政治风险及其他风险比较小。由于许可方在目标市场国家一般不拥有有形资产，因而不存在财产被东道国剥夺的政治风险，即使发生风险，企业所损失的也仅仅是许可收入。

(4) 当产品运输费用及其他费用较高而使产品在目标市场失去竞争力时，许可证方式成为一种可供选择的有利方式。

(5) 在某些情况下，企业由于受进口投资限制而不能进入国外目标市场时，许可证方式可能是唯一可行的进入方式。

(6) 对于以最终产品为服务的企业来说，与在国外设立分支机构比较，许可证方式也可能是一种更好的选择。

(7) 当产品进入目标市场国家需进行重大改变而导致成本大量增加时，许可证方式可将这一改制成本转嫁给国外被许可方。

(8) 许可证方式作为一种投入资金较少的方式，对于小型企业更为适用，从而具有更强的吸引力。

2) 许可证贸易的缺点

许可证贸易主要有下列缺点。

(1) 采用许可证方式，企业必须拥有国外潜在用户感兴趣的专利、商标或专有技术，缺乏这些无形资产，企业采用这一方式便无从谈起。这是许可证方式的一大局限性。

(2) 容易培养出竞争对手。当许可证协议最后终止时，许可方可能会发现他已经为自己培养出一个或一批新的竞争对手。

(3) 缺乏对市场营销的规划和控制。采用许可证方式，许可方完全依赖于被许可方的市场经营，无法迫使被许可方更好地经营。在这种情况下，许可方无法对市场经营进行规划，市场可能得不到很好的开发与利用，竞争对手随时可能乘虚而入，对许可方今后的市场占领造成不利；同时，许可方对产品质量等也往往难以有效控制。

(4) 排他性较强。许可证方式常常因被许可方的需求而给予其独占权，以致在许可协议有效时期和地区内，当市场环境出现明显有利变化时，连许可方也不能以任何形式进入被许可方的独立销售区域。

(5) 许可证方式的另一缺陷是收益比较低。许可费通常只在营业额中占很小的比重，如2%～7%，一般远远低于企业自己从事制造所得到的收益。

(6) 采用许可证方式，还有可能发生专有技术或技术诀窍泄密的风险。

尽管许可证方式存在着上述缺陷，但对于无形资产优势较为显著的企业来说，仍是一种较为有利的选择。但是，采用许可证方式的一个前提条件是，目标市场国家必须能够对企业的无形资产提供法律保护，否则，企业的无形资产得不到保护，便不能选择这一方式。

2. 工程承包

工程承包方式指的是企业通过与国外企业签订合同并完成某一工程项目，然后将该项目交付给对方的方式进入外国市场。它是劳动力、技术、管理甚至是资金等生产要素的全面和配套的进入，这样有利于发挥工程承包者的整体优势。工程承包进入方式最具吸引力之处在于，它所签订的合同往往是大型的长期项目，利润颇丰。但也正是由于其长期性，这类项目的不确定性因素也因此而增加。

3. 对外加工装配

对外加工装配业务是对来料加工和来件加工的总称，是生产和销售结合起来的一种国际贸易方式。对外加工装配业务是由国外厂商提供原材料或零部件、元器件和技术等，国内企业按对方要求进行加工装配，成品交由对方处置，国内厂商按规定收取加工费。

对外加工装配业务有来料加工和来件装配两种形式。来料加工(Processing with Customer’s Materials)是指国内企业对国外厂商提供的原材料和包装物料，必要时还由对方附带提供某些设备或技术，按照对方要求的产品质量规格进行加工生产，其成品按规定时间交给对方。来件装配(Assembling with Customer’s Parts)是由国外厂商提供元器件、零部件，必要时也提供某些设备或技术，由国内企业按照对方的设计工艺等要求进行装配后，将成品交给对方。无论是来料加工，还是来件装配，国内企业都从中收取加工费，不负责销售盈亏。

来料加工和装配业务的作用是：增加外汇收入，较快地改进生产技术，提高出口产品质量和企业管理水平，提供更多的就业机会，发展和繁荣本国经济。

4. 双向贸易

双向贸易是指在进入一国市场的同时，同意从该国输入其他产品作为补偿。双向贸易通常是贸易、许可协定、直接投资、跨国融资等多种国际经营方式的结合。根据补偿贸易合同内容的不同，双向贸易可以分为易货贸易、反向购买和补偿贸易三种形式。以下重点介绍补偿贸易。

补偿贸易(Compensation Trade)又称产品返销(Product Buy Back)，它是在信贷基础上进行的。进口设备、引进技术或进口货物的一方以直接产品或相关产品偿付进口货物的价款。如果用进口的设备或其他物质所生产出来的产品(直接产品)偿付货款，则称为直接补偿贸易。如果不是用直接产品而是用其他商品或劳务(间接产品)偿付货款，则称为间接补偿贸易。一般说来，这种方式比较简单，涉及面不那么广，而且有利于企业核算，因此使用比较广泛。补偿贸易有如下特点。

(1) 补偿贸易是贸易和信贷相结合的贸易方式。银行一般采用两种做法：一种是由输出方银行给输出方提供信贷后，由输出方向引进方提供商业信贷，即所谓卖方信贷；另一种是由对方银行直接给引进方或引进方银行提供信贷，待引进投产后，将其产品出售给输出方以偿付银行贷款，即所谓买方信贷。因此，补偿贸易与信贷相关，信贷是贸易顺利进行的必要条件。

(2) 补偿贸易是贸易与生产相联系的一种贸易方式，尤其是在直接补偿贸易的情况下，生产与贸易直接相联系，因为机器设备的货款是用其直接产品偿付，所以输出方十分关注设备安装工程的进展和产品的生产情况。为保证工程项目顺利投产和产品质量与数量达到一定的标准，输出方往往还要承担提供零件、技术和培训人员等义务。

(3) 参与补偿贸易的双方是商业买卖关系。对设备引进方来说，不仅对进口设备和原材料拥有完全的所有权，而且对建成的工程和生产的产品，亦拥有完全的所有权。对设备输出方来说，则负有接受补偿产品的责任。

三、投资进入方式

投资进入方式是指企业在国外进行投资生产，并在国际市场销售产品的方式。当企业已经具有了丰富的国际市场营销经验，且企业实力和国际市场潜力较大时，可以采用这种方式。

投资进入方式属于进入国际市场的高级阶段。我国的“走出去”战略所指的主要就是投资进入方式。

1. 合资经营

合资经营是一国企业与国外企业共同投资、共同经营、共担风险、共负盈亏的经营方式。以这种方式建立起来的企业称为合资经营企业，其利润的分成比例按双方的投资额计算。一般来说，是由国际企业提供先进的技术与设备、工业产权、外汇现金等，当地企业提供土地使用权、厂房、动力、辅助设施、原材料及劳动力等，按协议价格计算投资份额。合资经营企业的合资另一方通常为目标市场国家的当地企业，但也可能是第三国在目标市场国家的企业。合资经营企业在法律上通常分为股份有限公司和有限责任公司两种形式。

1) 合资经营的优点

合资经营是二次世界大战后海外直接投资的一种最为普遍的形式，对国际营销企业而言，其主要优点如下：

(1) 有助于降低或避免政治风险及其他风险。合资企业的另一方通常是当地企业，具有本国企业的形象。当所在国实行国有化政策或民族主义情绪增强时，独资企业往往首当其冲，易于遭受灭顶之灾，而合资企业则能够避免这种风险，或减少这种风险造成的损失。此外，由于当地合资者熟悉本地各方面的情况，也有助于减少其他经营风险。

(2) 通常情况下，合资企业除可享受对外资的待遇外，还可享受所在国对本国企业的优惠待遇。并且，通过当地合资者的关系，可取得当地财政贷款、资金融通、物资供应、产品销售等优惠，从而提高企业的经济效益。

(3) 如果国际营销企业是以机器设备、工业产权、管理知识等作为股本投资，则企业实际上是输出了“产品”；如果合资企业生产中使用的原材料等需要进口，则国际营销企业又可以获得原料性商品的优先供应权，有助于扩大产品销售。

(4) 有助于企业产品适应当地市场的需求。目标市场上的需求总量、需求结构和倾向，往往受到当地的自然条件、社会文化、法律制度和竞争状况等环境因素的影响和制约。如果企业对这些环境因素及其作用不够了解，就会陷于管理上的误区，使企业产品和服务难以被当地消费者所接受。而与当地投资者合资经营，就可以借助他们对当地环境因素的透彻了解，调整企业的经营管理方式，改进产品的设计、包装、价格和其他推销手段，从而使企业的生产经营活动和产品更能适应当地市场的需求，增强企业的竞争能力。

(5) 如果合资的另一方是发达国家的企业或拥有先进的产品、技术与管理，则国际企业也可以通过合资方式，从对方那里学到先进的技术与管理，提高企业的产品质量和管理水平。据报道，美国通用汽车公司在与日本丰田汽车公司合资经营的过程中，认真研究了丰田汽车公司的流水线操作方式、无库存供销系统和人事管理经验，在其有关部门和单位加以吸收和运用，从而收到了良好的效果。目前，在许多发展中国家的国际企业积极向发达国家投资以建立合资企业，其主要动机就是借助于东道国的优势，学习东道主的长处。

2) 合资经营的缺陷

与独立经营方式一样，合资经营也有着一系列缺陷。

(1) 不利于企业的统一协调与控制。在全球战略管理和营销控制上，合资企业显然不如独资企业。在合资经营方式下，当地合资方出于自身利益，通常会抵制国际企业的统一协调与管理，反对把合资企业完全纳入外国企业的生产经营网络。这样，合资双方在日常的决策与管理中就会产生分歧，如果当地合资方占了上风，企业的计划和意图就可能得不到贯彻落实。

(2) 合资双方因利益不同易于产生摩擦与冲突。独资企业的利益与母公司的整体利益基本上是一致的，而合资企业的利益则不尽然。利益主体的多元化，很容易造成合资企业内部各方之间的冲突。如果母公司向其合资子公司提供技术和中间产品，它会希望把所得的收入和利润返回总部，或调往在第三国的子公司(通常是独资子公司)，这很可能会引起当地合作方的强烈不满。在分配利润时，国际营销企业(母公司)出于财务上的考虑，主张提高股息率，而当地合作方则为了扩大规模，会主张把较多的利润用于再投资。在出口市场的选择、转移价格的制定、主要管理人员的任命等方面，双方之间都可能出现矛盾与摩擦。这种利益上的冲突会影响合资企业的生产效率，甚至导致合资企业的解体。

(3) 容易泄漏企业的技术秘密和财务情报。如果国际营销企业拥有先进与独特的垄断技术，那么，它就可以这种技术优势在全球范围内获取超额利润；同时，为逃避或减少在目标市场国家的税收负担，防止目标市场国家的外汇管制和限制利润返回可能造成的损失，企业也不愿公开其子公司的财务情报。但是，在合资企业中，当地合资方凭借其所拥有的股权，直接参与企业的决策与管理，能够了解或有权了解企业的技术秘密和财务情报。在民族主义依然根深蒂固的今天，企业的技术秘密和财务情报就难免不被当地合资方泄露出去，从而使国际营销企业丧失其竞争优势。

(4) 更容易培养出自己的竞争对手。与独资企业相比较，合资企业更容易培养起自己的竞争对手。这是因为，在合资企业中，当地合资方直接参与生产经营与管理活动，他们可直接从合资外方那里学到先进的技术与管理经验，迅速提高其在国际市场上的竞争能力。

2. 合作经营

合作经营又称契约式合营，它通常是由国际营销企业和目标市场国家的投资者根据目标市场国家的法律，以各自的法人身份共同签订合作经营合同，规定合作各方的投资形式与规模、风险责任、经营方式、收益分配等权利和义务的经营方式。

契约式合营通常有两种基本方式，即"法人式"合作经营和"非法人式"合作经营。前者指合作各方通过契约组成统一的合营经济实体，具有目标市场国家的法人资格，并拥有独立的财产处置权(即合作各方的投资归独立的法人所有)，法律上有起诉权和被诉权。"非法人式"的合作经营是合作各方通过契约组成一个松散的合作经营联合体，不具有法人资格，这种合作经营组织没有自己独立的财产所有权和处置权，资产所有权仍然归合作各方自己所有。

合作经营与合资经营是合营的两种基本形式，前者为非股权式合营，后者为股权式合营，两者在基本面上是相同或相似的，即它们都是由各方共同投资、共同经营管理、共享收益和共担风险的。但是，两者也有一定的区别，其中一个最主要的区别是，合资经营的投资各方不论以什么方式投资，都必须以货币计算各方的股权比例，并按股权比例分享权益、承担责任和风险。而合作经营中各方的投资和服务不计算股权，合作各方的投资内容、经营管理权、责任、风险和收益分配等不是根据股权，而是通过签订合同来规定的，也就是说，合资经营的基础是股权，而合作经营的基础是合同。此外，与合资经营相比较，合作经营还具有出资比例和方式比较灵活、组织管理形式不拘一格、经营管理多样化、收益分配和资本回收方式多种多样、经营期限较短等特点。有关合作经营的其他长处与弱点，则与前述合资经营方式的优缺点基本相似。

3. 独资经营

独资经营是指国际营销企业直接在国外投资经营企业，设立子公司或分公司，拥有子公司或分公司的全部股权。独资经营有收购和创建两种主要方式。

1) 收购

收购是指国际营销企业通过购买国外现有企业的股权从而接管该企业的一种方式。

(1) 收购的类型。

根据收购者与被收购者的经营范围的差异，收购可分为四种类型。

① 横向型——收购企业与被收购企业具有相同或相似的产品线和市场；

② 纵向型——收购企业与被收购企业具有产前、产中或产后的联系，如被收购企业是收购企业的供货商或客户；

③ 集中型——收购企业与被收购企业具有相同的市场，但各有不同的技术；

④ 混合型——这是一种收购企业跨行业的投资收购行为，也即被收购企业与收购企业处于不同的行业。

收购方式被认为是企业介入国际市场的一种现代方式，也是目前国际上普遍采用的一种方式。

(2) 收购方式的优点。

收购方式之所以有这么大的吸引力，是因为它有着一系列明显的优点。

① 时间短、见效快。收购方式的最大特点，是能够使企业以较快的速度实现投资意愿，尤其是当企业只有通过投资方式才能迅速摆脱政府干预，或迅速进入国外市场时，收购方式就成为企业的最佳选择。

② 通过跨行业的收购活动，可以迅速扩大企业的经营范围，增加企业的产品种类，节省企业自行研制新产品所需要的时间和成本。尤其当企业实行多样化经营战略时，在缺乏有关新产品生产和营销方面的技术和经验时，采取收购方式显然比创办新企业更为稳妥。

③ 可以利用被收购企业的销售渠道打入目标市场，或扩大在目标市场的占有率，甚至可以利用被收购企业的商标知名度来扩大产品销售。例如，瑞典著名家电公司 Electrolux 曾以 180 亿美元买下了意大利的大型家电厂商 Zanussi，获得了 Zanussi 在西班牙、葡萄牙、意大利和德国的销售网络，从而使其在欧洲地区的市场占有率从 14% 增加到 30%，成为欧洲最大的家电公司。

④ 可以利用国外当地企业现有的生产设备、技术人员和熟练工人，甚至可以利用被收购企业先进的技术和管理经验。特别是收购发达国家的先进企业，更有利于提高企业的技术水平。

⑤ 可以以低廉的价格支出，形成更大的生产规模，从而节省资本投入。收购比创建便宜，主要基于以下三种情况：一是被收购企业低估某些资产的现期重置价值，使得收购者廉价地买下了这家企业；二是低价购买不盈利或亏损的企业，利用对方的困境压低价格；三是利用股票价格暴跌，乘机收购企业。

(3) 收购方式的缺点。

当然，收购方式也有其不足之处，主要表现在以下几个方面。

① 价值评估比较困难。在收购时碰到的最复杂的问题，莫过于对目标企业的资产价值的评估。影响投资者正确评估的主要因素有：有关外国市场的信息常常难以充分收集，或可靠性较差；不同国家拥有不同的会计制度；虚假或错误的财务报表；一些企业的资产往往还包括商誉等无形资产，增加了评估的难度。

② 失败率较高。统计资料表明，通过收购而建立的子公司的失败率大大高于创建新公司的失败率。其主要原因，一是由于原被收购企业某些隐藏的经营机密及不宜公开的企业内部关键问题在收购后暴露出来并难以解决，而导致失败；另一个是在管理“接口”上存在问题，被收购企业的原有管理体制往往不适应新体制的要求而又很难有效地转变，从而导致企业收购失败。

③ 企业选址和规模上的困难。采用收购方式，往往难以找到一个在定位和规模上完全符合自己意愿的目标企业。

④ 目标市场国家的法律限制因素。不少东道国，往往对外来资本加以限制，如对外来资本的股权限制、反托拉斯法、被收购企业的行业限制。

2) 创建

创建和收购是国际企业对外直接投资的两种可相互替代的方式。创建是指国际营销企业为了扩大在目标市场国家的生产销售，进行投资建立新的公司。

当国际营销企业实力雄厚，国际经营与管理的经验丰富，对目标市场情况比较了解，当地政府不反对独资形式，且当地消费者又无明显的地方偏好时，企业就会倾向于选择创建的方式进入目标市场。

(1) 创建新企业的优势。

独资创建新企业具有以下优势。

① 创建方式使母公司拥有对国外子公司或分公司的绝对的经营控制权，从而可以保证国外子公司或分公司按照母公司的战略意图行动，实现母公司的整体战略目标。

② 母公司与子公司(或分公司)、子公司与子公司之间可根据实际情况实现灵活的资金调度和财务安排，从而有利于实现整个公司利润的最大化。

③ 可以使企业在技术、管理、商标等无形资产方面保持垄断地位，避免技术等扩散，从而维持公司的特有优势。

④ 可以不受原有的契约或传统关系的束缚，也不存在价值评估、企业规模和选址上的问题，成功率比较高。

(2) 创建新企业的局限性。

独资创建新企业也存在许多局限性，主要表现在以下几个方面。

① 周期长、营销成本大。独资创建新企业一切都须从头开始，如选址、修建厂房、安装设备、安排管理人员、培训企业员工等，都需要相当长的时间，此外，还须建立和开辟新的销售渠道和销售网络，这些都导致成本增加。

② 创建方式要求企业具有一定的投资经验，具有较强的生产和经营能力，对目标市场的营销环境较为熟悉，以适应激烈的市场竞争。

③ 目标国家的有关政策法律规定，也增加了创建方式的难度，甚至使创建新企业成为不可能。如一些国家对独资企业进入作了许多限制甚至禁止，迫使投资者不得不采用合资等方式来进行直接投资，以介入目标市场。

【思考与练习】

1. 国际营销政治环境的影响因素主要有哪些？
2. 技术环境对国际营销的影响主要体现在哪些方面？
3. 在目标市场国中，对企业的国际市场营销产生的经济因素有哪些？
4. 企业进入国际市场有哪些国际化要求？
5. 契约进入国际市场方式主要有哪些？
6. 选择两个中国企业(跨国公司)，对其进入国际市场方式进行比较。
7. 阅读“孟晚舟事件”，谈谈你对国际市场营销环境(主要包括政治与法律、经济与技术、社会文化等因素)的认识。

2018 年 12 月 1 日，华为首席财务官孟晚舟在温哥华被捕。

2018 年 12 月 5 日，加拿大《环球邮报》援引加拿大司法部发言人的话称，美国已要求引渡孟晚舟，加拿大法院定于当地时间 7 日就此事举行保释听证会。报道说，加拿大司法部以此事已发布报道禁令为由，拒绝提供其他细节。美国司法部发言人马克·雷蒙迪则拒绝就此事发表评论。

美国东部时间 2019 年 1 月 28 日下午 4 时 30 分，美国司法部、商务部以及联邦调查局(FBI)官员共同召开记者会，宣布正式提交了针对中国华为技术公司及其旗下多家子公司，以及华为首席财务官孟晚舟的总共 23 项刑事指控。

一份由美国纽约州布鲁克林检察官办公室提交的指控文件称，华为及其两家子公司和其首席财务官孟晚舟涉及 13 项罪名，控罪包括华为在与受制裁伊朗的商易交易中，误导银行，进行电汇诈骗，妨碍司法公正等。

另一份由华盛顿州检察官办公室提交的 10 项罪名指控文件称，华为从美国电信公司 T-Mobile USA inc.窃取机密，以及向成功从竞争对手处获得技术的员工提供奖金。

2019 年 1 月 29 日，美国司法部宣布了对华为公司、有关子公司及其副董事长、首席财务官孟晚舟的指控，并正式向加拿大提出引渡孟晚舟的请求。

8. 阅读下列材料，请分析在“一带一路”战略背景下，我国企业在国际市场营销中，具有哪些得天独厚的进入国际市场发展的优势和同时面临着众多的突出问题。

近年来，伴随着我国经济的快速发展和经济全球化进程的不断深入，我国企业的市场空间也在不断扩展，与世界经济的联系也越发紧密。

2013 年 9 月和 10 月，由中国国家主席习近平分别提出建设“新丝绸之路经济带”和“21 世纪海上丝绸之路”的合作倡议。它将充分依靠中国与有关国家既有的双多边机制，借助既有的、行之有效的区域合作平台，“一带一路”旨在借用古代丝绸之路的历史符号，高举和平发展的旗帜，积极发展与沿线国家的经济合作伙伴关系，共同打造政治互信、经济融合、文化包容的利益共同体、命运共同体和责任共同体。

“一带一路”连接陆海、横贯东西、连接欧亚，形成了新亚欧大陆桥经济走廊和区域合作战略经济带。这是我国重要的发展战略规划和经济转型升级的里程碑，也是我国扩大国际市场渠道，提升国际营销水平，发展外向型经济的一大创新。

应该清醒地认识到，由于我国多年急速发展的经济暴露出的深层次的结构问题，导致产能过剩现象突出，外汇储备充盈，而原有的国际、国内市场规模和份额已经形成，市场消费后劲不足，难以有突破式的发展。“一带一路”沿线涵盖 60 多个国家，总人口约 44 亿人，经济总量约为 21 万亿美元，分别占全球的 63%和 29%。这些国家大多属于新兴经济体和发展中国家，普遍处于经济发展的上升期，且资源丰富，需求旺盛，是尚未深入开发的巨大国际市场，有着巨大的互利合作潜力和广阔的发展前景。我国企业的主动进入，积极全面地打开世界新的营销市场，能使我国的经济找到新的增长点，为我国的产品输出提供更广阔的空间，给我国经济带来新的发展前景。

“一带一路”经济区开放后，承包工程项目突破 3000 个。2015 年，中国国企共对“一带一路”相关的 49 个国家进行了直接投资，投资额同比增长 18.2%。2015 年，我国承接“一带一路”相关国家服务外包合同金额 178.3 亿美元，执行金额 121.5 亿美元，同比分别增长 42.6%和 23.45%。

项目九　机电产品的电子商务与网络营销

【项目导航】

21 世纪展现在人类面前的是一个以数字化、网络化、信息化为特征的信息时代。经济全球化与网络化已经成为一种融合互动的发展潮流，信息技术革命正在加快世界经济结构的调整与重组，从根本上改变着企业生存和发展的环境。电子商务作为信息时代的新商贸形式，不仅仅对企业的经营方式和运作过程产生巨大影响，也对消费者的思维方式、工作方式和生活方式有巨大影响，这种环境变化要求企业必须建立与之相适应的新的经营理念和管理模式。近年来，电子商务发展很快，网上贸易、网上银行等，几乎涉及商贸、金融活动的全部内容，网络营销也随之成为企业经营的必备武器。

本项目将介绍电子商务及网络营销的一些基本特征和内容。

【案例导入】

案例 9-1　小米手机的网络营销

小米最新公布的数据显示，其在 2019 年度手机的总销量突破了 1.25 亿台。

小米手机在本质上是一个电子商务的平台，而其电商系统的本质是对用户需求的把握。据了解，小米在米聊论坛建成了一个“荣誉开发组”，从几万人的论坛中抽一批活跃度相当高的用户，大概 200～300 人，他们会和小米内部同步拿到软件更新的版本。最后，内部和外部的人一起同步测试，发现问题随时修改。这样一来，小米就很好地借助了外力，很好地解决了复杂的测试环节。同时，通过 MIUI 论坛、微博等平台进行营销，对发烧友级别的用户单点突破，成功实现口碑营销，避免了电视广告、路牌广告等“烧钱”式营销。

据消息称，小米的微信账号已经有百万粉丝，属于企业微信账号中的超级大号。小米自己开发了微信操作后台，通过微信联系的米粉极大地提升了对小米的品牌忠诚度。“我们是把微信服务当成一个产品来运营的。”小米分管营销的副总裁黎万强表示。

小米手机每周有一次开放购买活动，活动时会在官网上放置微信的推广链接以及微信二维码。据了解，通过官网发展粉丝效果非常之好，最多的时候一天可以发展 3 万～4 万个粉丝。

知识点1　电子商务

一、电子商务的含义

电子商务是指以现代网络技术为依托进行的一切有偿商业活动和非营利业务交往或服务活动的总和，包括电子政务和企业内部业务联系的电子化、网络化。

电子商务一经问世便显示出了强大的优势和生命力，并得到迅速发展。《中国信息报》报道，国家统计局电子商务交易平台调查显示，2019 年全国电子商务交易额为 34.81 万亿元。

电子商务(如图 9-1 所示)包括了利用 Internet 进行的各种商务活动，是一个比较广泛的概念，而网络营销是电子商务活动的一个子集，它是利用 Internet 进行的各种营销活动。

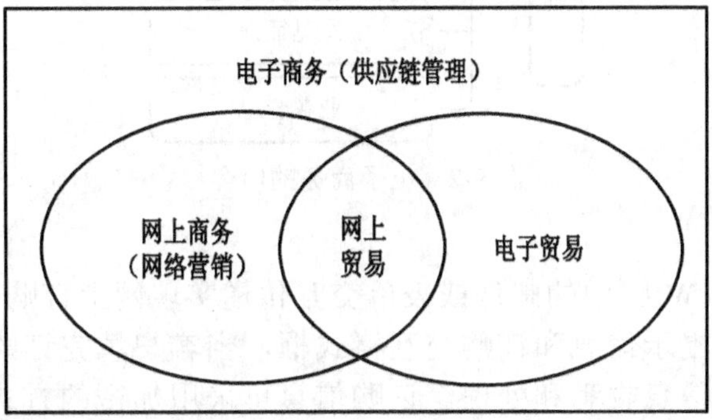

图 9-1　电子商务的概念

电子商务融合了因特网能达到的广阔领域和现代信息技术的巨大能量，它是动态的、交互式的、时空范围广阔的商务模式，它利用网络节点将客户、卖主、供应商和雇员以一种前所未有的、规模空前的方式联系起来。简而言之，电子商务利用电脑网络有效地把有价值的信息和需要这些信息的人联系起来，形成了价值增值链。

电子商务包括一系列以电脑网络为基础的现代化电子工具在商务过程中的应用，如电子数据交换(EDI)、电子邮件(E-mail)、电子资金转账(EFT)、数字现金(Digital cash)、电子密码(Electronic cryptography)、电子签名(Electronic signature)、条形码(Bar-code)、图像处理(Image processing)、智能卡(IC)等。电子商务可以实现商务过程中的产品询价、合同签订、供货、发运、投保、通关、结算、批发、零售、库存管理等环节的自动化处理。

二、电子商务的内容

电子商务从企业来看，就是将企业的核心商务过程通过网络实现，以便改善客户服务，减少流通时间，降低流通费用，从有限的资源中得到更多的收获，最终卖出商品。它提供了与传统经营方式不同的一种新机会、一组新需求、一套新规则。对一般企业经营而言，电子商务包括的内容有：业务信息交换、售前售后服务(提供产品和服务的介绍、产品使用指南)、销售、电子支付(电子资金转账、信用卡、电子支票、电子现金)、运输(依托条形码和密码技术对实物商品发送和运输，实行网上跟踪，并对可电子化传送的多媒体产品的实际发送)、组建虚拟企业、厂商和贸易伙伴共享商业信息等。

电子商务可以提供网上交易和管理等全过程的服务，包括网上订购、服务传递、咨询洽谈、网上支付、广告宣传、意见征询、业务管理等七项内容，如图 9-2 所示。

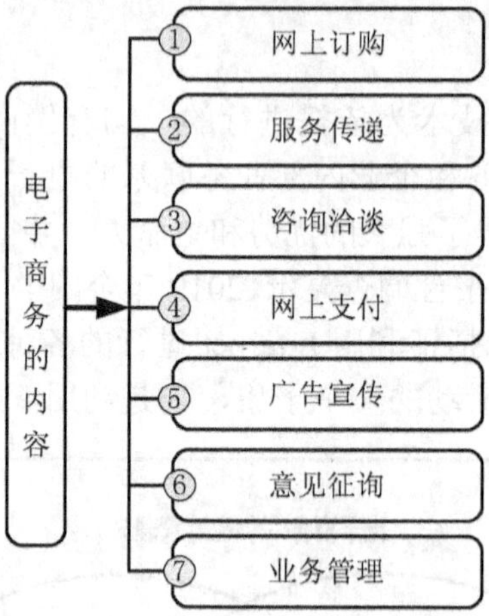

图 9-2　电子商务的内容

1. 网上订购

电子商务可借助 Web 中的邮件或表单交互传递实现网上订购。企业可以在产品介绍的页面上提供订购提示信息和订购交互格式框，当客户填完订购单后，通常系统会回复确认来保证订购信息收悉和处理。订购信息可采用加密的方式使客户和商家的商业信息不至泄漏。

2. 服务传递

对于已付款客户，应将其订购的货物尽快传递到他们的手中。若有些货物在本地，有些货物在异地，电子邮件和其他电子工具可以在网络中进行物流调配。而适合在网上直接传递的信息产品，如软件、电子读物、信息服务等，则可以直接从电子仓库发到用户端。

3. 咨询洽谈

电子商务可借助电子邮件、新闻组和实时的讨论组来了解市场和商品信息，洽谈交易事务，如有进一步的需求，还可用网上白板会议来互动交流有关图形信息。网上咨询洽谈能减低交易成本，而且往往能突破人们面对面洽谈所受的一些局限，网络能提供多种方便的异地交谈形式，如三地、四地参加的多方洽谈。

4. 网上支付

客户和商家之间可采用多种支付方式来保证交易的可靠性，这样不但节省费用，而且还能加快资金周转。网上支付需要更可靠的信息传输安全性控制，以防止诈骗、窃听、冒用等非法行为。网上支付必须要有电子金融中介的支持，如网络银行、信用卡公司等提供网上操作的金融服务。

5. 广告宣传

电子商务可凭借企业的 Web 服务器，在 Internet 上发布各类商业信息，利用网页和电子邮件在全球范围内做广告宣传，客户也可借助网上的检索工具迅速地找到所需商品的信息，与以往的各类广告方式相比，网上广告成本最为低廉，给顾客的信息量却相当丰富。

6. 意见征询

电子商务能十分方便地采用网页上的“选择”“填空”等格式文件来收集用户对销售商品或服务的反馈意见，使企业的市场运营能形成一个快速、有效的信息回路。客户的反馈意见不仅能提高售后服务的水平，更能使企业获得改进产品的宝贵信息，发现新的商业机会。

7. 业务管理

企业业务管理包括人、财、物等多个方面，涉及与相关部门和单位、个人的复杂多角关系，如企业和企业、企业和消费者及企业内部各方面的协调和管理。电子商务技术为提高各项业务管理的效率创造了重要的基础条件。

电子商务推广应用是一个由初级到高级、由简单到复杂的过程，从网上相互交流需求信息、发布产品广告，到网上采购或接受订单、结算支付账款，企业应用电子商务是从少部分到大部分，直至覆盖全部业务环节。从具体业务领域来看，也是由少到多逐步发展完善的，如电子贸易的电子订单、电子发票、电子合同、电子签名；电子金融的网上银行、电子现金、电子钱包、电子资金转账；网上证券交易的电子委托、电子回执、网上查询等。

电子商务经过几十年的发展，已经在发达国家中显示出巨大的经济潜力，对我国的企业来说，电子商务既是契机也是挑战，而网络营销则是赢得挑战的突破口，是企业电子商务战略中不可忽视的重要一环。通过网络营销缔造贸易良机是中国企业抓住机会迎接挑战的重要手段。

知识点2　机电产品网络营销

20世纪90年代初，飞速发展的因特网促使网络技术在全球范围内被广泛应用，世界各地纷纷掀起应用因特网的热潮。网络技术的发展和应用不仅改变着信息的分配和接受方式，也深刻影响着人们的工作、学习和生活方式。企业也争先恐后地利用新技术变革企业的经营理念，探索新的管理和营销方法。网络营销正是在这一背景下产生的。

一、机电产品网络营销的概念

网络营销(On-line Marketing或E-Marketing)就是以因特网为基础，利用数字化的信息和网络媒体的交互性来辅助营销目标实现的一种新型的市场营销方式。网络营销常见方法有搜索引擎营销、电子商务营销、电子邮件营销、论坛(BBS)营销等。

随着因特网和电子商务应用的迅速普及，网络营销也迅速兴起并快速发展，且成为电子商务加速推广的重要推动力。

作为新的营销方式和营销手段，网络营销的内容非常丰富。一方面，网络营销活动要求企业决策者能够及时把握虚拟市场的消费者特征和消费者的行为模式，为企业在网上虚拟市场进行营销活动提供依据；另一方面，在网上开展营销活动要有助于实现企业的目标，使硬性生产系统和柔性生产系统结合起来，最大限度地满足客户需求，以达到开拓市场、增加利润的目的。网络营销的实质是客户需求管理，其主要内容包括：网上市场调研；网络营销策略的制定；产品与服务策略的制定；网络渠道选择与管理；网络广告；网络宣传等。

如果想通过网络购买某公司或生产厂家的某种机电产品，该客户可以通过网络直接进入该公司或厂家的网站，浏览产品介绍主页；如果是想购买某一类机电产品，也可以直接上网浏览查询，在找到了该类产品的主页后，可以阅读这些产品的产品性能介绍、使用、保养及其他方面的资料介绍。如果觉得产品比较合适，可以通过网上的表格填写购买申请，以发送电子邮件的形式发回至厂家或公司，厂家或公司确认后通知购买者用信用卡、电子现金或者是智能卡等方式付款。厂家或公司对客户的付款确认后，客户就可以在家里或单位等着送货上门了。这样，客户足不出户就可以完成网上购物了。

二、网络营销的基本步骤

网络营销在一般情况下可以通过明确网络营销的目标、编制年度网络营销预算、企业网页的创建与改进、实施网络营销策略、进行有效的反馈信息管理、进行网络营销效果评价五个步骤构建其商业站点并开展商务活动。

网络营销的基本步骤如图 9-3 所示。

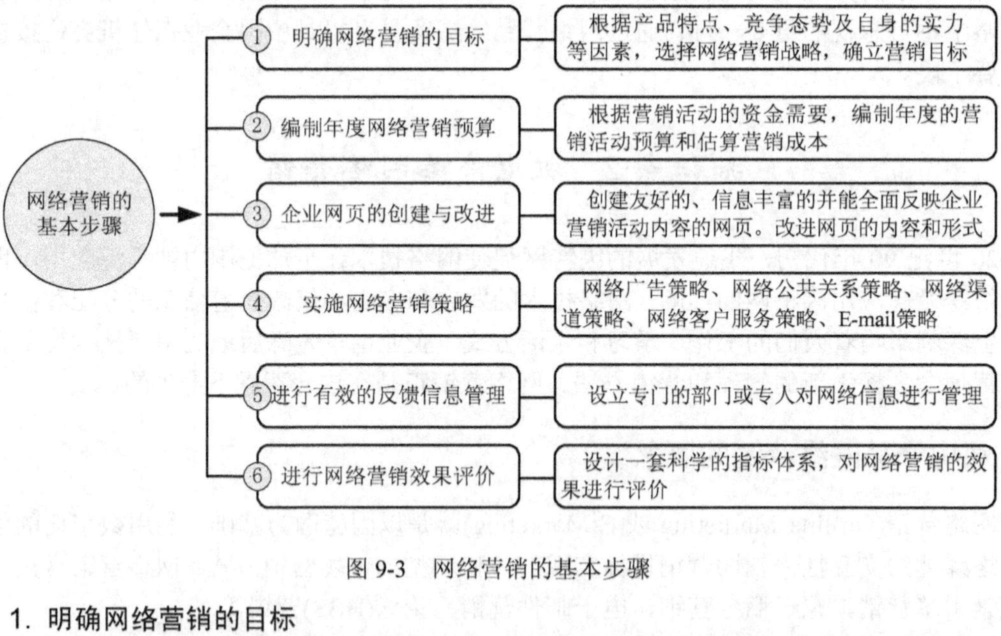

图 9-3　网络营销的基本步骤

1. 明确网络营销的目标

只有确立了明确的营销目标，才能有计划、有组织地实施营销活动，并对其做出正确的评价。由于网络营销的涉及面十分宽广，因此许多理论与实践问题尚未解决。即使国外许多企业已在因特网上设置了自己的站点网页，其目的往往不是直接进行网上销售，而是着眼于网络营销所产生的其他效应，如通过网络广告向潜在顾客提供有关信息使其重复购买，减少营销费用和时间，支持其他营销活动等。企业实施网络营销时，应根据产品特点、竞争态势及自身的实力等因素，选择相应的网络营销战略，确立相应的营销目标，避免在目标不明确的情况下，盲目地进入网络营销。

2. 编制年度网络营销预算

企业应根据网络营销的目标和可能采取的营销活动的资金需要，编制年度的营销活动预算。企业要充分衡量自己的获利能力，设定具体可行的网络营销目标和估算营销成本。聘请程序员改编系统设置是否值得？是否进行网上顾客购买行为调查？诸如此类的问题都需在编制预算中进行充分的考虑。

3. 企业网页的创建与改进

网络营销计划的一个重要内容是创建友好的、信息丰富的并能全面反映企业营销活动内容的网页。一个好的网页能够更好地展示商品，即通过图片、数据、文字等方式将商品的特点、性能、规格、技术指标、价格、售后服务及质量承诺等信息传递给消费者，帮助消费者成为该商品的行家。网页的设计应营造出一种使消费者身临其境的商业氛围，网页内容的制作应由纯粹的艺术创意转向科学的信息分类、索引，以简便、灵活、快捷、双向互动的方式将信息查询服务给予网络的访问者。通过网页内容和形式的改进，达到企业与消费者不仅可以交流信息，而且可以交流感情的效果。

4. 实施网络营销策略

企业网络营销的主要内容是通过对消费者采取网络广告策略、网络公共关系策略、网络渠道策略、网络客户服务策略、E-mail 策略等营销策略的搭配组合，增加社会公众对企业的了解，扩大企业的知名度，使潜在顾客变成企业产品的现实购买者，增加顾客的购买频率，并培养顾客对企业的品牌忠诚度。

5. 进行有效的反馈信息管理

网络双向互动的特点决定了网上企业随时会收到大量的反馈信息，企业应设立专门的部门或专人对这些信息进行管理。究竟由哪个部门管理，取决于企业的类型和网页的内容，或者由产品部门负责，或者由顾客部门负责，或者由两个部门协调负责。访问者的反馈信息一般是通过发给企业的 E-mail 而获得，若企业只有唯一的地址，则应设立专门的 E-mail 分类管理人员，将反馈信息的内容进行分类并发给相应的部门，或不同部门设置不同的 E-mail 地址，由该部门的管理人员按信息的内容发送到相关部门。对访问者提出的各类问题，有关部门应尽快、尽可能详细地给予答复。对一些普遍性的常问问题，可通过预先设置自动应答器即时给出预备的答复，让访问者查询企业的 FAQs(frequently asked questions，经常被提出的问题)；对一些不能即时答复的问题，企业应回复访问者，并承诺给出答复的时间限制，一般应在 24 小时之内。

6. 进行网络营销效果评价

企业实施网络营销战略，其目的归根结底是为了获得企业利润的实现。因此，企业必须设计一套科学的指标体系，对网络营销的效果进行评价。通过对企业的网络营销活动进行效果评价，一方面，可以对企业本年度的网络营销活动的实际经济效果进行客观的测试；另一方面，还可以发现企业目前的网络营销活动尚存在的问题与不足，以便及时加以纠正，使企业的网络营销活动走向良性的发展道路。

三、机电产品网络营销的特点

机电产品采用网络营销的方式，生产企业不一定要直接和用户打交道，而是可以通过网络的方式间接与用户打交道，这一营销方式的改变也导致了传统营销方式其他方面相应的变化。机电产品采用网络营销的特点如图 9-4 所示。

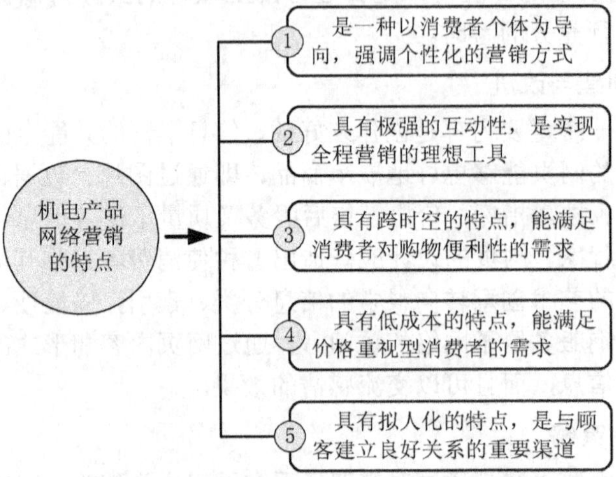

图 9-4　机电产品采用网络营销的特点

1. 机电产品网络营销是一种以消费者个体为导向，强调个性化的营销方式

从营销方式上看，网络营销是将传统营销方式中“为大众服务”的“ 目标市场营销”演变为“ 为个人服务”的“微营销”。也就是说，传统营销理论中的目标细分市场在网络营销时代得到了彻底细分，单个用户的需求取代群体的需求，成为企业组织生产和销售的依据，即所谓“定制营销”或“一对一营销”方式，它的出现向大众市场提出了挑战。

在网络环境下，消费者将拥有比过去更大的选择自由，可以根据自己的个性特点和需求主动在全球范围内寻找满足自己需要的商品，从而使自己开始从群体中分离出来。消费者的主动参与降低了市场的不确定性，同时也弱化了传统商品流通机制的作用，使消费呈现多样化和个性化的特点。此外，随着计算机辅助设计、人工智能、遥感和遥控技术的进步，现代企业具备了以较低成本进行多品种、小批量生产的能力，从而有可能更好地满足不同消费者的特殊需求。企业这一能力的增强为网络时代的“个性化营销”奠定了基础：企业的各种销售信息在网络上将以数字化的形式存在，可以以极低的成本对外发送，并且能随时根据需要进行修改，庞大的促销费用因而得以节省；此外，企业也可以根据消费者反馈的信息和要求通过自动服务系统提供特别服务。从个性化营销角度来看，一个企业要实行网络营销，无论是营销理念还是营销操作都要进行一系列改革。

2. 机电产品网络营销具有极强的互动性，是实现全程营销的理想工具

成功的企业必须实行全程营销，即必须由产品的设计阶段就开始充分考虑消费者的需求和意愿。在网络环境下，企业可以通过因特网展示商品目录，提供有关商品信息的查询与定制服务，可以和顾客作双向沟通，进行产品测试和消费者满意度调查，可以收集

情报，为产品设计提供指导。即使是小企业，也可以通过电子布告栏、线上讨论和电子邮件等方式，以极低的成本在营销的全过程中对消费者进行即时的信息搜集、意见征询以及服务反馈。

网络环境使得信息源(企业)主动提供信息素材的同时，作为信息接收方的消费者也可以积极地向企业索要自己感兴趣的信息。消费者可以通过网络直接向技术人员咨询，并提供建议，甚至可以根据自己的喜好设计产品，直接参与生产过程。这种双向的信息需求和传播模式提高了消费者的参与性和积极性，促进了商业信息和信息传播业的发展，更重要的是它能使企业的营销决策有的放矢，从根本上提高消费者的满意度，实现企业的全程营销理念。

3. 机电产品网络营销具有跨时空的特点，能满足消费者对购物便利性的需求

从商品买卖过程来看，传统的购物方式一般需要经过看样—选择商品—确定需购买商品—付款结算—包装商品—取货(或送货)等一系列过程。这个买卖过程大多数是在售货地点完成的，往往还要受营业时间限制，再加上购买者为购买商品去购物场所的路途时间、购买后的返程时间及在购买地的逗留时间，购买商品不是一个轻松的过程，消费者必须付出较多的时间和精力。因特网具有的超越时间约束和空间限制进行信息交换的特点，使得脱离时空限制达成交易成为可能，从而可以大大简化购买过程。

在网络环境下，交易过程可以简化为以下三个步骤。

(1) 售前。企业通过因特网能够每天 24 小时向消费者传送丰富生动的产品信息及相关资料(如质量认证、专家品评等)，消费者可以在全球范围查看和比较商品的性价比，然后作出购买决定。

(2) 售中。消费者无需出门，无需排队等待，也无需为联系送货而与商场工作人员交涉，坐在家中即可浏览网上虚拟商店，通过电子结算完成购物。

(3) 售后。如果商品在使用过程中发生问题，消费者通过网络可以随时与厂家取得联系，得到卖方及时的技术支持和服务。

总之，网络营销能简化购物环节，节省消费者的时间和精力，满足其对购物便利性的需求。

4. 机电产品网络营销具有低成本的特点，能满足价格重视型消费者的需求

通过因特网进行信息交换以代替传统的实物交换的销售方式，一方面可以为企业节省店面租金成本，减少巨额的流通费用和促销成本；另一方面由于绕过了中间商进行网络销售，企业可以减少由于多次迂回交易导致的额外成本，使产品成本和价格的降低成为可能；再者，由于网络和电脑使企业可以及时获得大量的、比较精确的需求信息，因而可以有效了解与满足消费者的需求，及时顺应市场变化，甚至有可能做到“零库存”生产和销售，进一步降低企业的存货成本，实现信息时代商业流通的即时性。网上购物这种“低成本”特点带来的经济利益是由交易双方共同分享的，对消费者而言，就是能以更低的价格实现购买。

亚马逊(Amazon)是全球最大的网上书店，经营的图书达 100 多万种，若把这些书在传统书店里展示，几乎是不可想象的。

网络营销实际上是一种直销方式，因而可以减少商品流通的中间环节，如批发商、零售商等。传统营销方式中虽也有直销方式——上门推销商品，但盲目性较大，成功率不高。而厂方自己开设专卖店，虽可克服上述的盲目性，但需租用店面增加开支，营销成本的降低幅度有限。

5. 机电产品网络营销具有拟人化的特点，是与顾客建立良好关系的重要渠道

因特网上的促销不仅是一对一的、理性的、消费者主导的、非强迫性的、循序渐进式的，而且是一种低成本的、多媒体化的、人性化的促销方式。它可以避免推销员强式推销的干扰。通过信息传送与交互式交流建立客户档案，企业可以根据消费者的特点提供信息和服务，与消费者建立起长期良好的关系。

网络营销能适应市场的需求，及时更新产品或调整价格；无店面租金，节约水电与人工成本；减少印刷与邮递成本；可经由信息提供与互动交谈，与消费者建立长期良好的关系。在未来，人员营销、广告营销、经销代理等传统营销的方法，将会随着网络营销的发展而风貌大改，未来的营销方式将会依赖网络作为顾客联系与产品促销的主要渠道，因此，企业网址(URL)也会成为企业对外的重要联络代号。

四、网络营销的影响

1. 网络营销对机电产品生产企业组织的影响

因特网是一种利用通信线路将全球电脑纳入国际互联网的信息传送系统，可以 24 小时随时随地地提供全球性的营销服务，它必将是未来市场营销最重要的渠道。因特网是一种功能最强大的营销工具，它同时兼具营销渠道、促销、电子交易、互动顾客服务以及市场信息收集分析与提供的多种功能。网络营销的特性使它对企业组织带来了重大的影响。网络营销对机电产品生产企业组织的影响如图 9-5 所示。

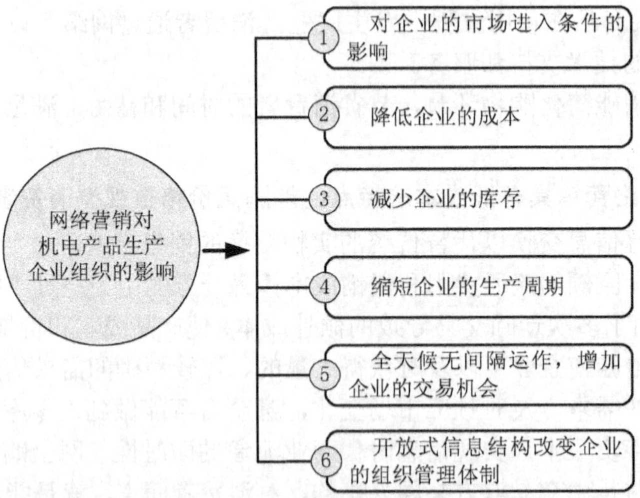

图 9-5　网络营销对机电产品生产企业组织的影响

1) 网络营销对企业的市场进入条件的影响

因特网是一个开放式的大市场，网上客户关心的不是公司的大小，而是该公司给他们提供的产品或服务的价值，因此不论公司的大小，机会是均等的，只要企业提供的产品能够满足消费者的需求，即使是小公司也可能获得与这种巨人一样的机会与地位。或者说，网络的自由开放性将会削弱大企业所拥有的规模经济的竞争优势，从而使得小企业更易于在全球范围内参与竞争。近年来，依靠高科技力量，以高科技人才为主体的公司白手起家走向成功的例子数不胜数。国外最著名的例子是谷歌、脸书、亚马逊和戴尔公司，俨然是新经济的领头羊；国内的则有阿里巴巴、腾讯、百度等。

市场进入方式的变化导致市场进入壁垒的降低。但是，机会与挑战是并存的，市场竞争也将因此愈加激烈。企业如果要保持绝对的竞争优势，就必须从以产量和质量为指标的二维生产经营方式转变为以产量、质量、个性化和时间为指标，以达到用户满意为目的的四维生产经营方式。企业的产品或者服务必须能满足客户需求，同时又有自己的独特点，或者说产品要具备个性化的竞争优势。此外，企业还必须尽量缩短满足用户需求的相应时间，这往往要求企业有计算机网络和相应的组织结构，这是决策管理部门亟待解决的关键问题之一。

2) 降低企业的成本

开展网络营销给企业带来的最大影响(或者说最直接的竞争优势)就是降低企业的成本。作为新的营销管理模式，网络营销通过整合相关业务部门，可以最大限度地控制企业的成本费用。首先，因特网技术的发展和应用可以把不同地域、不同种类和不同特点的企业连接起来，企业在网上就可以直接面对全球市场，实施全球营销，从而减少了传统的交通和通信费用。随着企业网络营销活动的展开，企业提供有效的网络客户支持系统也可以大大地降低电话咨询的次数，同样节约了企业的沟通费用。其次，利用计算机网络沟通和处理各方面的信息，尤其是系统外部的信息，实现企业管理的网络化、信息化，可以方便客户准确、及时地查找到所需要的设备情况，不仅提高了工作效率，还可以减少工作中不必要的人员，降低人工费用和日常运转费用。第三，通过因特网，企业可以实现无店铺经营，降低办公室租金成本。

此外，利用网络进行直销，可以实现订货、结算和送货的自动化管理，减少管理人员，降低渠道费用，提高销售管理效率。而且因特网作为“第四媒体”，利用网上促销还可以降低企业的促销费用。据国际数据公司的调查：利用因特网作为广告媒体，进行网上促销活动，其结果是在销售额增加十倍的同时，费用只是传统广告的十分之一。“酒王”五粮液在中国浓香型酒中独树一帜。近几年，五粮液作为高端白酒品牌，在打广告及营销方式上发生了改变。2017年中秋，以“五粮液，让世界更和美”为主题开展了网络营销，通过微电影、纪录片视频营销、微博/微信营销、电商促销、线下活动推广等网络营销手段，降低了产品成本。从微电影到全民约酒，从线上到线下，“酒王”真正走进了寻常百姓家。

3) 减少企业的库存

产品的生命周期越长，企业就需要更多的库存来对付可能出现的交货延迟、交货失误。但是库存的增多会增加运营成本，降低企业的利润，面对市场的反应也就减慢。因此，适当的库存容量是尽可能地减少企业运营成本、提升企业竞争优势的锐器。为了达到上述目标，企业必须提高库存管理水平，在提高库存周转率的基础上，降低库存总量。通过互联网的网络营销活动，企业可以加强与主要供应商、销售商之间的协作，将原材料的采购和产品的制造过程有机地结合起来，形成一体化的信息传递和处理系统。企业在接到顾客的订单或付款后，甚至会直接从供应商处发货，不需要商品储备，降低了库存费用和装运费用。

以戴尔公司为例。戴尔公司在创始之初就坚持摒弃库存的原则，它的目标是实现“零库存”。戴尔公司通过将自己的市场、销售、订货系统以及服务和支持能力连入顾客自己的互联网络，精确、迅速地获得客户需求的信息，并且采用不断缩短生产线和客户家门口的时空距离的方式，使得戴尔公司在全球的平均库存天数不断下降。据调研数据表明，戴尔公司在全球的平均库存天数可以下降到8天。库存的下降大大降低了戴尔公司的成本，并促使其从一个高度价格竞争的行业中抢占大量的市场份额。

4) 缩短企业的生产周期

网络技术的发展和应用能够为产品的开发与设计提供快捷的方式，有助于缩短产品的生产周期。首先，开发者可以利用网络与顾客进行交互式沟通，了解最新的市场需求，并针对消费者需求开发新产品和提供新服务；其次，开发者可以利用网络的信息传播速度，快速了解产品和服务的市场反馈情况，以便及时对所开发产品和服务进行再改良；再者，开发者可以利用网络的技术了解竞争对手的最新情况，从而对自己的产品进行适当的调整，以取得竞争优势。这一过程在传统生产中将要花费一个漫长的过程，从而延长了产品的生产周期，提高了生产成本。现在，网络营销改变了一切。

5) 全天候无间隔运作，增加企业的交易机会

由于网络的开放性和全球性，使得基于因特网的网络营销没有时间和空间的限制。可实现 24 小时营销模式，并突破传统市场中的地理位置分割，将市场拓展到世界任何一个角落。由于计算机可以实现消费者自助地浏览、咨询和订货，因此利用网络实现的市场机会增加不会导致企业额外的营销费用。但是，这也会使竞争从常规的广告、促销、产品设计与包装等扩大到无形的虚拟市场的竞争，从而企业将面临更严峻的挑战。此外，网络营销可以改变传统贸易中的一对一或一对多的模式，变成多对多模式，创造出众多买卖商家聚集的在线交易空间。买卖双方不仅可以寻找到更多的贸易伙伴，增加更多的商业机会，还能够享受更多的便利和标准化的商务服务，获得一个良好的商务环境。

6) 开放式信息结构改变企业的组织管理体制

计算机网络导致的现代信息流动方式与管理相结合发展的本质是实现水平型的管理组织结构。畅通的信息通道使高层管理的控制能力大大增强，原来以上传下达信息为主要任务的中层管理将逐渐萎缩，企业的组织结构将趋于扁平化。高层决策者可以与基层执行者直接联系，基层执行者也可以根据实际情况及时进行决策。管理组织结构由金字塔型变为矩阵型是大势所趋。

总体来说，网络营销对企业的竞争方式的影响主要体现在：网络营销消除了企业竞争的无形壁垒，降低了中小型企业和新型企业进入市场的初始成本，使大企业面临更多的挑战，市场竞争因此愈加激烈；通过整合相关业务部门，网络营销可以最大限度地控制企业的成本费用，增加企业的竞争优势；网络营销使企业可以实现最少库存，降低库存成本，加快自身的市场反应能力；网络营销使企业决策者能及时地了解消费者的爱好、需求和购物习惯，从而促进企业开发新产品和提供新型服务的能力，缩短企业开发新产品的周期；网络营销扩大了企业的市场机会，使竞争从常规的广告、促销、产品设计与包装等扩大

到无形的虚拟市场的竞争；信息流动方式的改变促使企业组织管理机制由阶梯型向扁平型发展。

2. 网上交易对消费者的影响

电子商务对消费者最明显的影响莫过于消费者在网络上直接面对的所有相关商家，使消费者能最大限度地进行比较和挑选，大大提高了他们的购买效率。通过网络和浏览器，消费者可以足不出户看遍世界，网上搜索功能可方便地带领他们货比多家，身临其境地浏览各类产品，可以购买书籍、食品、电视机等实物商品，也能买到信息、录像、录音、数据库、软件等知识产品，还能获得如安排旅游、网上诊疗和远程教育等服务商品。消费者以十分轻松自由的自我服务方式完成交易，从而使消费者对服务的满意度大为提高。

网络营销的企业竞争是一种以顾客为焦点的竞争形态，争取顾客、留住顾客、扩大顾客群、建立亲密的顾客关系、分析顾客的需求、创造顾客的需求等，这些都是最关键的营销课题。在因特网上打广告，把业务扩展至世界的各个角落，已不是什么新鲜事，不过，目前仍然有许多人抱着怀疑的态度，于是如何增强顾客对网络营销的信任感就成为了首要的问题，首先要考虑网上交易的安全性。为了确保这方面的安全，网络上的付款方式应多样化，除了采用传统的付款方法以外，也可采用数码钞票或智能卡，甚至实行“电子身份证”来进行各种消费活动和保安服务。

因特网跨越时空连贯全球，网络时代的企业不仅要熟悉跨国市场顾客的特性，争取信任与满足他们的需求，还要安排跨国生产、运输与售后服务等。网络时代的目标市场、顾客形态、产品种类与以往会有很大的差异，因此网络营销要根据跨越的地域、文化、时空的差距再造顾客关系的要求来进行。

现在网络上用户的年龄都非常年轻，年轻人差不多占了一半，同时这些用户的文化程度都比较高，销路较好的多是那些以信息产品为主的产品。从一些统计数据可以看出，Internet 上的商品主要是计算机及其有关附件，其次是书籍、CD 盘作品、家用电器和旅游服务如酒店订房等。目前电子商务的市场还十分狭小，产品种类也不多，因此，使机电产品在网络上能进行大规模的营销活动，吸引更多的顾客上网购物，还有待于网络营销市场的进一步发育。

3. 网上交易对金融机构的影响

在电子商务的结构系统中，银行是重要和必不可少的角色，银行负责贸易活动的结算，甚至还要负责商家与消费者相互的认证问题。

1) 安全性的要求提高

电子商务交易要求银行采用更坚实的技术和政策手段为贸易提供可以信赖的电子化资金收付机制。银行应该能够给顾客和厂商的网上交易创造一种安全环境，使它们不担心收付风险，保护厂商免受欺诈或赖账损失，同时顾客也不必担心自己的信用卡号会被窃取盗用，消费者的个人隐私和个人信息不会泄漏。

2) 支付有关的系统集成

在信息化进程中，银行业一直是新技术应用较早的行业之一。大多数的银行拥有自己建立在专用网上的业务系统，并且业务模型和流程都已相当成熟。但在电子商务条件下，银行需要将企业已有的软件和硬件环境与贸易环节中其他部门进行衔接和集成。例如，在

BtoB(Business-to-Business)方式下，原来的信用证结算方式并没有大的变化，但在技术上需要通过专用的软件和技术将支付系统集成到企业之间的贸易环节中去，使企业只需考虑它们之间的交易而不用去考虑与结算和支付相关的细节。在BtoC(Business-to-Customer)的交易中，银行原来通过信用卡、支票等方式进行支付的手段也仍然可行，但要移植到因特网上，使个人的支付实现电子化，这就需要银行把个人的支付连接到企业的网上商店中去，这一移植在技术上有较高要求。

知识点3　机电产品网络营销的手段和策略

在过去分工经营时期，企业只需专注在本企业和本地市场，外地市场则委托代理商或贸易商经营即可。但是网络购物跨越地理和时空的限制，企业不得不进入跨国经营的时代。因此，网络营销必须重新检视企业的营销策略，早日将网络营销的组合纳入规划中。

一、机电产品网络营销的经营战略

机电产品网络营销的经营战略是在以消费者为中心的导向下，机电产品营销管理上的4P产品(Products)、价格(Prices)、地点(Places)、促销(Promotions)应与4C顾客(Customers)、成本(Costs)、方便(Convenient)、沟通(Communications)进行充分的有机结合。

1. 产品/服务

一般而言，适合在因特网上销售的产品通常具有以下特性的某一项或某几项：具有高科技感或与电脑有关；以网络群族为目标市场；不太容易设店售卖的特殊商品；市场需要覆盖较大的地理范围；消费者可经由网上信息立刻做出购买决策的产品。对于机电产品而言，汽车等时尚消费品最易于为网络群族年轻人这一目标市场所接受。经由网络所提供的产品与服务主要还是在于提供信息，它除了将产品的性能、特点、品质以及顾客服务等内容充分加以显示外，更重要的是能以人性化与顾客导向的方式，针对个别需求做出一对一的营销服务。网络营销有关的功能包括：

(1) 利用电子布告栏(Bulletin Board Systems，BBS)或电子邮件提供线上售后服务或与消费者做双向沟通，为顾客提供与产品相关的专业知识，如汽车商提供汽车的保养常识，此举不但可以增加产品的价值，同时可以提升企业的形象。

(2) 提供消费者与消费者、消费者与公司在网上的共同讨论区，一则可以借此了解消费者的需求、市场趋势等，为公司改进产品、开发新产品提供参考；二则可以对消费者进行意见调查，借以了解消费者对产品的意见，协助对产品的研究与改进。

(3) 提供线上自动服务系统，可根据客户的需求，自动地在适当的时机经由网上提供有关产品与服务的信息，例如：汽车商在网络上提醒客户有关定期保养的通知等。

(4) 利用消费者在网络上设计的产品需求，提供个性化的产品与服务，例如：顾客可以在网上选择汽车的不同款式与颜色的组合。

2. 促销

网上推广与促销具有一对一和消费需求导向的特色，在网络上做广告除了具有许多优点以外，同时也是挖掘潜在顾客的最佳渠道。但是，网上促销基本上是被动的，同时网络营销面对的是全球的顾客，各国的语言、风俗、价值观都不相同，这就存在如何做广告的问题。因此，应针对不同的国家、地区采取不同的促销方式，吸引消费者上网，并且提供具有价值诱因的机电产品。

3. 价格

网络交易消除了中间人的角色，从而使交易成本较为低廉，但是因为在网络上交易形式的多种多样，机电产品的需求具有一定的价格弹性，因此，企业应充分检视所有营销渠道的价格结构后，再设计合理的网上交易价格。

4. 地点/渠道

通过网络营销的方式，理论上可以在世界的任何地方实现购物与售卖，但是要对销售渠道作较大的改变。传统的国际市场营销主要有 3 个环节，依次是国际市场营销总部、各国之间的渠道、国内渠道，经过这三个环节，产品才能到达客户的手中。现在因特网直通消费者，剔除了中介人，商品直接展示在顾客面前，回答顾客的疑问，并接受顾客的订单。这种直接互动与超越时空的电子购物，无疑使营销渠道会做出深刻的变化。

二、机电产品网络营销的竞争战略

网络营销的优势在于能将产品说明、促销顾客意见的调查、广告、公关、顾客服务等各种营销活动整合在一起，进行一对一的沟通，而以最新、最快、最详尽的方式获取顾客的信息。再通过网上的互动资料修订与智慧型的统计分析功能，拥有大量的主要顾客与潜在顾客的完整资料。因此网络营销的竞争策略，就是如何利用这一优势，扩大主要顾客与潜在顾客的购买规模。

1. 机电产品网络营销的策略

(1) 扩大产品线规模。不局限于主要产品，而是根据拥有的顾客资料，分析其消费需求与欲望，进而改进产品，开发出多种类型的产品，甚至为顾客提供个性化的产品与服务，增加购买规模，刺激业务的增长。

(2) 强化顾客关系，提供满意的售后服务。加强与顾客的双向互动，经由顾客资料的运用与分析，设法掌握更多的顾客特性，进而开发出更多的顾客需求。为顾客提供在线自动服务，在适当的时机提供有关产品与服务的信息。为顾客提供与产品相关的专业知识，进一步为顾客服务，提高售后服务的质量。

(3) 营销渠道多元化。将传统营销渠道与包括网络在内新型的渠道进行紧密的结合，以扩大与顾客的接触。

(4) 消费需求准确化。经由分析、归纳顾客资料，可以更准确地了解顾客的需求及市场趋势，从而更加准确地定位目标市场，这样才能做出有效的市场促销。

2. 机电产品网络营销战略的实施

企业在选择了正确的战略和相应的政策之后，网络营销的战略管理中心就从战略的制定转向了战略的实施。美国管理学者托马斯•波奈玛曾就企业战略实施的重要性提出了他的看法：“一个合适的战略如果没有有效的实施会导致整个战略的失败。但是有效的战略实施不仅可以保证一个合适战略的成功，而且还可以挽救一个不合适的战略，或者减少它对企业造成的损害。”

(1) 开拓国际市场。因特网无所不及，超越时空限制，任何人在世界上任何一个角落都可以上网去浏览他们所要看的资讯。因此，对有意进军国际市场的公司或机构来说，因特网确实提供了一个最有利的通道，使他们能够以最低的成本面向世界宣传，从而取得最大的功效，使开拓新的国际市场的机会随网可得。但是不要忽略因特网是一种创新性的媒体，因此，要研究提升网络营销的效果，或拓展市场潜力的方法。

(2) 企业战略本身是一种较为抽象的长期计划，因此它的实施要求企业战略管理者运用计划的职能来加以具体化。首先，要建立网络营销战略的实施计划体系，使各级管理人员明确自己的任务和责任，保证企业的各种营销活动都与网络营销的战略相一致。其次，要调整和改变企业的组织形式。网络营销是一种新兴的营销渠道，它与科技界、软件产业密切联系。因特网上的促销是一对一的直接营销，它消除了中间人的角色，必然会对传统的营销造成冲击。虚拟门市、虚拟部门等企业内外部虚拟组织的盛行，使得企业的业务人员与直销人员减少，从而使组织层级减少。未来在家上班、个人工作室、弹性上班等都将会十分普遍，因此，原先的企业组织必定要重整。再次，要调换和任用新的管理人员。网络是一种利用通信线路，将全球电脑纳入国际联网的信息传送系统，因此，有必要提升新媒体部门的功能，引进兼具营销素养与电脑科技的人才，才能在未来具备市场的竞争优势。最后，建立与新战略相适应的文化。每个国家有各自的价值观、风俗和禁忌，企业在制订营销计划之前，必须了解外国消费者对某些产品的看法及其使用方式。因为适于国内市场的企业文化，未必适应其他国家，因此，原有的企业文化应作相应的变化，使之与全球营销的战略相适应。

(3) 网络销售是一种创新型的媒体，要经过一段相当长的发展期，才能找到它的市场潜力。但在网络技术越来越先进的趋势下，配合合理的网上价格，网络营销已成为许多消费者的购物方式。很多跨国公司、大企业已经在因特网上设立了公司的网站。目前世界最大的 500 家企业中，基本都已经设立了公司的网站。国内外也有许多网络商店成功的例子。

随着 Internet 的持续加温，网络营销风起云涌，越来越多的企业在网上设立了自己的网站，向用户提供产品和服务。电子商务成为主导购物方式的趋势是不可阻挡的。

知识点 4　我国机电产品网络营销面临的问题

随着计算机网络技术的飞速发展，电子商务走入寻常百姓家。据中国电子商务研究中心发布的《2018 年度中国网络零售市场数据监测报告》显示，截至 2018 年 12 月底，中国网购用户规模达 5.6 亿人。另据报告显示，截至 2018 年 12 月中国网络零售市场交易规模破 90000 亿元，占到社会消费品零售总额的 22.9%。伴随着电子商务的蓬勃发展，以网络为媒介的营销活动极大地改变了企业的市场营销模式。网络营销俨然成为 21 世纪企业竞争的利器。

经过十几年的摸索发展，国内的网络营销得到了很大的发展，取得了较大的成就，网络营销已经成为企业营销战略的重要组成部分，但是与发达国家相比，我国网络营销发展的总体水平较低，仍停留在发展的初级阶段。

网络营销在世界范围内已经逐渐完善、成熟，西方一些先进国家的很多企业纷纷利用网络技术进行营销活动。据统计，美国大概有60%的企业利用因特网销售自己的产品，而在我国这个比例仅是25%。我国企业网络营销面临的一些问题如图9-6所示。

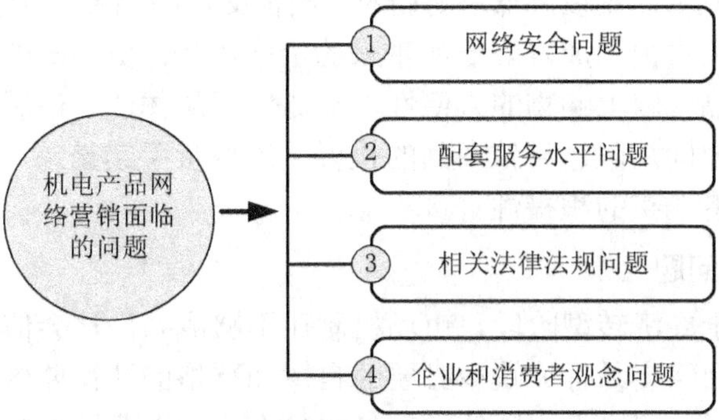

图9-6　网络营销面临的问题

1. 网络安全问题

一直以来，由于网络的虚拟性和开放性，网上交易面临种种风险。网络安全问题成为横亘于企业和消费者间的巨大障碍。据中国互联网络信息中心(简称CNNIC)的调查显示，2018年，54%的网民表示在过去半年中曾遭遇过网络安全问题。通过对用户遭遇的网络安全问题进行区分，可以发现，电脑或手机中病毒或木马、用户遭遇个人泄露、账号密码被盗和遭遇网上诈骗的比例最高，其中遭遇个人信息泄露的比例高达28.5%。

(1) 网络支付安全问题。目前企业对网上交易最担心的问题之一是支付的安全问题，有三分之一的企业对网上交易的安全性表示担心。这主要是因为目前缺乏满足网络营销所要求的交易费用支付和结算手段，银行的电子化水平不高，安全性差，银行之间相对封闭，尚未能承担支付电子交易费用的角色。虽然已经有中国银行、招商银行等先行者，但远不能满足全面网络营销的要求，消费者面临网上欺诈的危险，害怕自己的信用卡号码被盗用，担心个人隐私被泄露。而企业与企业之间安全资金结算更有很长的一段路要走。因此，建立一个安全的交易环境将是网络营销亟待解决的问题。

(2) 安全信用问题。目前，我国的信用体系还不健全，假冒伪劣商品屡禁不止，坑蒙、欺诈时有发生，市场行为缺乏必要的自律和严厉的社会监督。消费者担心将款汇出后得不到应有的商品。企业担心拿到的信用卡号码是盗用的而收款出问题。因此，要发展网络营销，必须加速培育市场，创造比较成熟和规范的社会信用环境。这就需要建立并完善相应的法律、法规、认证制度。比如，电子合同、数字签名的法律效力问题、网上交易的经济纠纷问题、计算机犯罪问题等。目前，《中华人民共和国经济合同法》不承认电子合同，《中华人民共和国票据法》不承认电子签名，当然更谈不上保护。网上交易需要新的立法对消费者权益和经营者权益进行保护。我们应吸收和借鉴国际上比较成熟的经验，立法先行，防患于未然。

2. 配套服务水平问题

首先，金融电子化水平不高。现阶段，有相当一部分电子商务只能做到“在线订货，离线交易”，极大影响了网络分销的效率。此外，我国各大银行选用的网络平台不通用，给网络交易支付和结算造成不便，一定程度上抑制了网络营销发展。其次，目前网络营销配送需求尚未达到物流企业所需的最低规模化运作要求，加之因特网的无边界性特点导致了网络营销客户区域的分散与不确定性，少量的供给和过于分散的配送网络，使物流企业无法分摊较高的固定成本而难以降低服务价格。顾客支付的除商品价格外，还需支付运费，这有可能使网上企业失去由于成本降低而带来的价格优势，更不妙的是，顾客有可能需等很长时间才能取到商品，网上购物的方便性、快捷性无从体现。最后，售后服务不尽如人意。由于网络购物的空间局限，导致商品的投诉、退换货手续繁琐，鉴定困难，费用大，周期长，影响了消费者购买的积极性。

3. 相关法律法规问题

目前，我国仍处于经济转型阶段，市场机制还不够成熟，社会信用体系不完善，相关的法律法规不健全，网络交易行为缺少必要的自律和严格的法律监督。因此，一些人钻法律的漏洞，大打擦边球，网络上假冒伪劣产品屡禁不止，消费欺诈时有发生，导致网络营销存在很大的风险。

4. 企业和消费者观念问题

从企业管理层来看，大多数企业领导对网络营销的重要性还没有认识到，甚至不能正确理解什么是网络营销，认为网络营销就是网上销售，而目睹网络商店亏损累累的现象后，更失去了网络营销的动力。实际上，网上销售是网络营销发展到一定阶段的结果，企业通过网上提升企业的品牌价值，加强与客户之间的沟通，对外发布信息等都属于网络营销。

目前，国内不少企业未能充分认识到网络营销的重要性，仍然着力于传统营销模式，开展网络营销的手段陈旧落后。不少企业对官网缺乏必要的后续维护，相关信息长时间得不到更新，官网形同虚设。即使那些网络营销开展相对较好的企业也多囿于利用网络视频、图片、E-mail 等进行宣传促销上，涉足网络调研、网络分销、网络新产品开发等营销活动者乏善可陈，网络营销的巨大优势与潜力远远没有被充分挖掘，致使企业丧失了大量的市场机会。

从消费者来看，很多人的消费观念和消费习惯一时难以转变。在传统商业中，消费者通过看、闻、摸等多种感觉来判断与选择商品。而在网上购物，却受到只能看见实物外表的局限性，加之其他不规范市场行为带来的负面影响，使人们对网上购物产生疑惑，对产品质量产生怀疑。另外，消费者对上网购物所持的态度也会因人而异，有些人认为上网购物是一种休闲，而仍有相当一部分人觉得在网上购物失去了上街闲逛购物的乐趣。中国人的时间观念尚没有充分树立，人们宁可多花钱、多跑路、多费时间，也要“眼见为实”的心态，也会制约网络营销活动的发展。前不久的一次调查表明，有34%的被调查者已经或将要在网上购物；29%的被调查者是喜欢上网查询商品信息，网下购买；有15%的被调查者表示永远也不改变传统购物的方式。其余的人表示等到网上购物环境彻底完善后再选择网上购买。

尽管网络营销存在着这些问题，但是随着科技的进步，这些问题必将会得到改善，网上购物必将成为下一个世纪新的购物方式，网络营销作为新兴的营销方式，也必将成为未来营销的主流。

随着因特网和 Wifi 技术的发展，移动互联网为用户创造了各式各样的应用场景，用户对因特网的使用行为被改变，可以实现随时随地上网，用户时间被越来越多的应用分享和切割，流量越来越分散。用户的消费行为可能出现在任意时间和任意场景，并且每次通过手机消费的时间都比较短，商家和平台直接、精准的推送愈加关键。

知识点五　我国因特网的发展状况

中国互联网络信息中心(CNNIC)在京发布第 43 次《中国互联网络发展状况统计报告》(以下简称《报告》)。《报告》从因特网的基础建设、应用发展、政务应用发展、产业与技术发展及安全等多个方面展示了 2018 年我国因特网的发展状况，如图 9-7 所示。

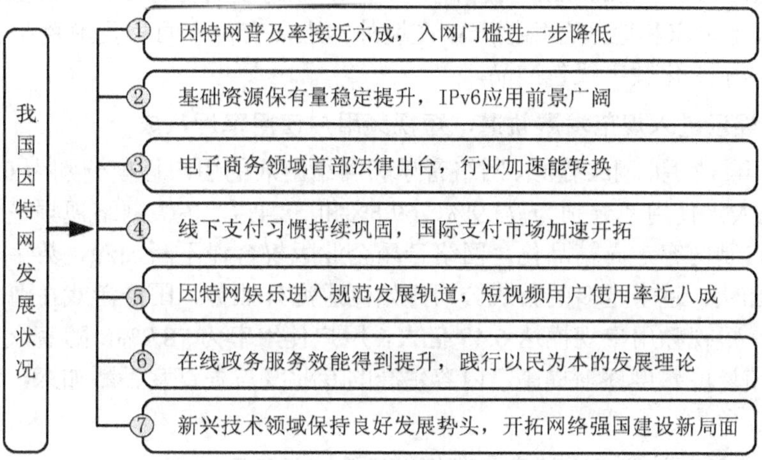

图 9-7　2018 年我国因特网的发展状况

1. 因特网普及率接近六成，入网门槛进一步降低

截至 2018 年 12 月，我国网民规模达 8.29 亿人，普及率达 59.6%，较 2017 年底提升 3.8 个百分点，全年新增网民 5653 万人。我国手机网民规模达 8.17 亿人，网民通过手机接入因特网的比例高达 98.6%。2018 年，因特网覆盖范围进一步扩大，贫困地区网络基础设施“最后一公里”逐步打通，“数字鸿沟”加快弥合；移动流量资费大幅下降，跨省“漫游”成为历史，居民入网门槛进一步降低，信息交流效率得到提升。

2. 基础资源保有量稳步提升，IPv6 应用前景广阔

截至 2018 年 12 月，我国 IPv6 地址数量为 41079 块/32，年增长率为 75.3%；域名总数为 3792.8 万个，其中“.CN”域名总数为 2124.3 万个，占域名总数的 56.0%。在 IPv6 方面，我国正在持续推动 IPv6 大规模部署，进一步规范 IPv6 地址分配与追溯机制，有效提升 IPv6 安全保障能力，从而推动 IPv6 的全面应用；在域名方面，2018 年我国域名高性能解析技术不断发展，自主知识产权软件研发取得新突破，域名服务安全策略本地化定制能力进一步增强，从而显著提升了我国域名服务系统的服务能力和安全保障能力。

3. 电子商务领域首部法律出台，行业加速动能转换

截至 2018 年 12 月，我国网络购物用户规模达 6.10 亿人，年增长率为 14.4%，网民使用率为 73.6%。电子商务领域首部法律《中华人民共和国电子商务法》正式出台，对促进行业持续健康发展具有重大意义。在经历多年高速发展后，网络消费市场逐步进入提质升级的发展阶段，供需两端“双升级”正成为行业增长新一轮驱动力。在供给上，线上、线下资源加速整合，社交电商、品质电商等新模式不断丰富消费场景，带动零售业转型升级；大数据、区块链等技术深入应用，有效提升了运营效率。在需求上，消费升级趋势保持不变，消费分层特征日渐凸显，进一步推动市场多元化。

4. 线下支付习惯持续巩固，国际支付市场加速开拓

截至 2018 年 12 月，我国手机网络支付用户规模达 5.83 亿人，年增长率为 10.7%，手机网民使用率达 71.4%。线下网络支付使用习惯持续巩固，网民在线下消费时使用手机网络支付的比例由 2017 年底的 65.5%提升至 67.2%。在跨境支付方面，支付宝和微信支付已分别在 40 个以上国家和地区合规接入；在境外本土化支付方面，我国企业已在亚洲 9 个国家和地区运营本土化数字钱包产品。

5. 因特网娱乐进入规范发展轨道，短视频用户使用率近八成

截至 2018 年 12 月，网络视频、网络音乐和网络游戏的用户规模分别为 6.12 亿人、5.76 亿人和 4.84 亿人，使用率分别为 73.9%、69.5%和 58.4%。各大网络视频平台注重节目内容质量提升，自制内容走向精品化。网络音乐企业版权合作不断加深，数字音乐版权的正版化进程显著加快。越来越多的游戏公司开始侧重海外业务，国产游戏在海外市场的影响力进一步扩大。短视频用户规模达 6.48 亿人，用户使用率为 78.2%，随着众多因特网企业布局短视频，市场成熟度逐渐提高，内容生产的专业度与垂直度不断加深，优质内容成为各平台的核心竞争力。

6. 在线政务服务效能得到提升，践行以民为本的发展理念

截至 2018 年 12 月，我国在线政务服务用户规模达 3.94 亿人，占整体网民的 47.5%。2018 年，我国“因特网+政务服务”深化发展，各级政府依托网上政务服务平台，推动线上、线下集成融合，实时汇入网上申报、排队预约、审批审查结果等信息，加强建设全国统一、多级互联的数据共享交换平台，通过“数据多跑路”，实现“群众少跑腿”。同时，各地相继开展县级融媒体中心建设，将县广播电视台、县党报、县属网站等媒体单位全部纳入，负责全县所有信息的发布服务，实现资源集中、统一管理、信息优质、服务规范，更好地传递政务信息，为当地群众服务。

7. 新兴技术领域保持良好发展势头，开拓网络强国建设新局面

2018 年，我国在基础资源、5G、量子信息、人工智能、云计算、大数据、区块链、虚拟现实、物联网标识、超级计算等领域发展势头向好。在 5G 领域，核心技术研发取得突破性进展，政企合力推动产业稳步发展；在人工智能领域，科技创新能力得到加强，各地规划及政策相继颁布，有效推动人工智能与经济社会发展深度融合；在云计算领域，我国政府高度重视以其为代表的新一代信息产业发展，企业积极推动战略布局，云计算服务已逐渐被国内市场认可和接受。

【思考与练习】

1. 什么是网络营销？

2. 网络营销行为有哪些特点？

3. 为什么说电子商务已成为市场营销的一种选择？

4. 电子商务的优势与生命力何在？

5. 与传统营销相比，网络营销有哪些优势和特点？

6. 阅读案例，试分析汽车网络营销在营销活动中有哪些优势。

(1) 2012年2月，梅赛德斯-奔驰与京东商城联合首发限售300辆Smart流光灰特别版，149 888元的售价比市场价格低13 000多元，当日开售后不久便抢购一空，线上预订，线下到经销商实体店付全款看车、试车、购车，Smart与京东的合作开启了汽车产业网络销售的新模式。除此之外，雪佛兰、吉利等车企也在淘宝商城建立了自己的品牌直销店。

(2) 在国内汽车视频营销的案例中，最为成功的当属2010年雪佛兰克鲁兹携手中影集团与优酷网推出的“11度青春系列电影”。通过11位中国当代年轻导演的优秀作品，整合优酷网视频平台的传播，唤起了克鲁兹与年青一代消费群体的共鸣，展示出积极向上、充满朝气的产品特点。

(3) 2010年，东风雪铁龙正式开启微博营销大门，借着成都车展启用微博墙，“挑战林丹”的话题在网上引发热烈讨论，中国汽车企业间在微博上的竞争大幕就此拉开。

(4) 2009年，一汽-大众与网络赛车游戏《飙车》合作，透过在游戏中对速腾逼真的驾驶感受，向玩家及潜在消费群体传达了该车型的卓越性能和出色的操控性，为速腾之后在中国的成功奠定了良好基础。

7. 请考察一种社会网络服务(Social Networking Services)，如在博客、微博、社区网站等中任选一种，并探讨该种服务可以实现哪些网络营销功能。

参考文献

[1] 赵智锋，施华．市场营销学[M]．北京：人民邮电出版社，2012．
[2] 曾凌.市场营销与策略入门[M]．北京：人民日报出版社，2014．
[3] 菲利普·科特勒，加里·阿姆斯特朗．市场营销：原理与实践[M]．16版．楼尊，译．北京：中国人民大学出版社，2015．
[4] 陈志杰．市场营销[M]．浙江：浙江工商大学出版社，2015．
[5] 王宝敏．机电产品营销[M]．北京：机械工业出版社，2015．
[6] 王晓伟．机电产品绿色设计与生命周期评价[M]．北京：机械工业出版社，2015．
[7] 王奎英．典型电子整机与电子产品营销[M]．北京：电子工业出版社，2016．
[8] 熊国钺，元明顺，吴泗宗．市场营销学[M]．5版．北京：清华大学出版社，2017．